商业地产策划与投资运营

（修订版）

董金社　著

2019年·北京

图书在版编目(CIP)数据

商业地产策划与投资运营/董金社著.—修订版.—北京：商务印书馆,2013(2019.8重印)
ISBN 978-7-100-09184-8

Ⅰ.①商… Ⅱ.①董… Ⅲ.①城市商业—房地产开发—营销策划—中国②城市商业—房地产—经营管理—中国 Ⅳ.①F299.233

中国版本图书馆 CIP 数据核字(2012)第 104421 号

权利保留,侵权必究。

商业地产策划与投资运营
（修订版）

董金社　著

商　务　印　书　馆　出　版
（北京王府井大街36号　邮政编码100710）
商　务　印　书　馆　发　行
北　京　新　华　印　刷　有　限　公　司　印　刷
ISBN 978-7-100-09184-8

2013年6月第1版　　开本 787×1092 1/16
2019年8月北京第2次印刷　印张 24
定价:58.90元

序 言 一

商业地产在我国是一个刚刚兴起的朝阳产业,具有广阔的发展前景,商业地产策划与投资运营又是一门技术性很强的边缘学科,它是以房地产开发理论为基础,通过应用商业运行规律和商业业态定位而产生的行为经济学。作者董金社正是以自己的理论功底和实践经验编写这本书,并获得修订再版机会,这标志着作者的理念、策划、运营和具体操作,获得了同行业界的认知和认可,具有较强的社会效应和实用价值。阅读全书后,我深受教育和启发,写下一些感想,就算作为本书的序言供广大读者和业界人士共勉。

商业地产是既传统又现代的产物,作为买卖场所,它伴随着商业的产生而产生、发展而发展,从行商走街串巷,到坐商等客上门或以家为店,到租店或实店销售,标志着原始的商业地产的产生,而传统的商业地产或依附于土地的所有者,或依附于计划经济下的住宅的开发,直到进入改革开放的时代,特别是随着工业化、国际化和城市化的发展,多种商业业态的出现,才迎来了商业地产发展的新阶段。作为一项新兴产业,它引起了各方重视;作为一项投资建设,它成为与城市商业发展同步的新型产业。

中国商业地产正处于大发展阶段,据中国购物中心有关材料统计,仅购物中心的建筑面积全国已达1.77亿平方米,投资总额达1.065万亿元,已开业2,812家,2012年预计新增295家,预计到2015年止,总体开发数量可达4,500家,扩张总量和速度都居全球之首。随着城市化进程加快,每年以1%~1.2%的速度发展,每年新增城市人口都在1,500万~2,000万之间,以每个城市居民需要 0.8 平方米的商业面积计算,每年新增的商业地产面积都在 1,500 万平方米以上,这不仅意味着巨大的商机,同时也存在着泡沫和风险。建什么,建在哪里,有多大,就成为策划与资本运营的重要内容。如何科学地指导商业发展,有效地进行商业地产投资,就成为市场竞争的重要条件。同时,在总结和规划商业地产发展的经验和教训时,必须认真处理好以下几个方面的关系:

第一,城与市的关系。

市以城在,城以市兴;

依城建市,以市兴城;

商业地产是城市的名片、窗口和形象;

商业发展的状况决定城市的兴衰;

商业改变城市生活,商业地产改变城市面貌。

第二,主体与基础的关系。

大型商业建筑,包括购物中心、综合体、商业中心和各类专业市场是城市商业的主体。

社区商业、商业的基本设施(包括加工厂、仓库、物流配送)是城市建设的基础;既要重视主体形象塑造,也要重视基础商业的建设;商业地产的发展既重大也不要歧小,重视主体建设的同时,夯实城市商业基础。

第三,传统与创新的关系。

城市没有传统就没有文化,没有创新就不能发展;

推倒重来比较容易,但将继承传统与发展创新有机结合起来,则是一门艺术,需要精心设计,精心规划;

创新既是形象的塑造,也是内涵的提升,是两者有机的结合,是建设大型商业地产成败的关键。

第四,硬件与软件。

要克服商业地产建设重硬与轻软的倾向;

店不在大,楼不在高,路不在宽,货不在多,有情则灵,有特则行,有客则旺,有信则兴;

硬件是百年大计,要重视建筑质量、外观设计,突出亮点,软件是即时大计,每天每刻都在吸引顾客、接触顾客、方便顾客;

要从大处着想,要从细处着手,处处以人为本,体贴民情。

第五,规划与策划的关系。

商业地产特别是大型项目的定位,必须服从城市发展的总体规划,同时,也要重视营销策略,建得起、卖得出、租得上、赚得钱;

要优化资源配置,完善城市功能,突出城市特点,服务生产生活;

要控制总量,策划增量,优化存量,提高质量;

服从规划,重视策划,抓大放小,市场运作。

第六,超前与可持续关系。

商业地产开发要有超前意识,要有战略眼光,没有超前就没有后续,没有超前就不能抢占商机;但这个超前是适度的、有限的,不是一味求大、求多、求洋,脱离城市现实。

人气的集聚,商气的上升,有一个周期,少则二三年,长则五七年,要经得起超周期的考验或亏损。

任何一个城市商业地产的发展,都要与一定周期人口增加、GDP增长和消费水平的提高相适应。要面对现实,立足未来,适度超前,科学发展。

第七,终端与环节。

城市商业是一个系统工程,商业地产不局限于终端环节,是由多业种、多业态、多环节构成的,这就决定了商业地产开发的系统性、多元性、多环节、多结构性。

终端决定生存,环节决定效率,设施决定基础,物流决定配送,要有全局观念,多层次开发。

第八,是零和战略还是多赢战略。

一项大型商业地产，体现了多重的经济关系，关系着多方的经济利益、衡量标准，不仅仅是投资方的回报，还要兼顾经营商、零售商的利益，它们是相互依存、共生、共荣、互利的关系。

它是一项民生工程，要经得起市场、时间和历史的考验，惠顾民众，政府满意，富裕一方，持续发展，是一项多赢战略。

中国人民大学商学院教授、博士生导师、商业专家
黄国雄
2012 年 8 月

序　言　二

2007年，董金社先生的大作《商业地产策划与投资运营》一书问世，立即成为行业读者争相拥读的不可多得的实战手册。经过近五年的行业大发展，董先生感觉无论内涵和外延，这本书都需要做些增补，以总结和指导新形势下更加成熟的市场。

董金社先生是我的老朋友，他既是一位睿智的学者，也是一位商业地产的实操专家。他是泉城十年商业地产发展的见证者和实践者，对传统商业和现代商业、城市发展与城市规划有深刻的理解和感悟。

新版《商业地产策划与投资运营》，重点增加和修订了"商业地产价值律与价值链策划"、"商业建筑空间策划"、"商业地产策划与运营案例分析"等章节的内容。

董金社先生在新版中提出了商业地产策划的"天、地、人"认知空间，"形、势、时"谋略空间，用中国古代哲学智慧结合现代商业地产策划与投资运营的方法，透彻地解析了如何认知和解决商业地产及城市综合体发展和建设中的复杂问题。

随着城市区域开发与旧城改造规模的不断增大，规划了办公、居住、商业设施等多种功能，形成互为价值链关系的、集群式的、高集约的、高使用率的城市综合体。从简单的商业物业或商业地产开发建设，进入到高强度开发、高精细化运营的时代。

本书尤其注意到，现代商业地产和城市综合体的发展和建设除了一般

 业地产策划与投资运营

的规划控制技术考虑外,还要取得环境、文化和可持续发展要求上的平衡,部分因素是非技术性的,这就要求在策划、规划、实施项目时理顺各种非技术性的关系,而这些关系并不在现有的规划技术范围内。需要连接开发商、政府、经营者、社会各界的更为广泛和深入的沟通和论证,才能保证不留遗憾和硬伤。

该书最大的价值还在于让商业地产的产业链角色,尤其是新进入的开发商了解商业地产策划、规划和投资运营的正确程序和必要的投入,提升项目开发的策划水平和事前控制水平。

同时,新版也注意到体例和体裁的规范性,更为考虑基础读者的需求,也就是说可以作为高校教学参考书使用。

著书期间,董金社先生还要忙于教学和项目工作,承受了很大压力,但他还是坚持完善了必要的内容。交流中,我们也经常谈起如何提高甲乙方之间更好的专业协同和价值认知。

真朋友,便是伤侧问安,寒侧送衣,哪怕是心志的激励和善意的倾听,必定挥去人生旦夕的烦恼,激荡起新的雄心和壮志。

我们共同期待中国商业地产的革命性升级,更加成熟和稳健!

"看似寻常最奇崛,成如容易却艰辛。"希望新版《商业地产策划与投资运营》能够给商业地产和城市综合体业界读者带来实用的知识和启发! 也希望董金社先生再接再厉,不断推出新著作!

穆健玮

2012 年 9 月

(穆健玮,北京和美商地投资管理有限公司董事长,国内知名商业地产投资策划专家,兼任亚太商业地产合作论坛执行主席、中国房地产品牌资源联盟首席商业地产专家、上海商学院特聘教授。)

自　　序

　　2002年被称为商业地产元年,是因为这一年商业地产从房地产行业中独立出来受到社会的广泛关注。一时间商业地产迅速红遍大江南北、长城内外。受大连万达的订单商业地产模式启发,各地购物广场、购物中心等项目迅速发展。2003年,各种形式的"Mall"在神州大地迅速蔓延,北京、上海、广州、深圳、重庆、成都和武汉等地竞相规划发展。

　　2004年12月,国家商务部一项权威性调查显示:大型商业设施投资近两年发展迅速,北京、上海在建和拟建的大型购物中心建筑面积超过100万平方米,深圳已建和在建的购物中心面积也在100万平方米,武汉市在建5,000平方米以上的商业设施面积达到150万平方米。2004年1～10月,全国商业营业用房完成投资同比增长34.7%,高于房地产开发投资增幅5.8%;全国商业营业用房竣工面积增幅达16.2%,高于房屋竣工面积增幅6.4%。

　　进入2005年,商业地产开发热度不减。国家为了给房地产市场降温,在3～5月间相继出台房地产新政,稳定住房价格,把过高的房价降下来。但新政的措施似乎针对住房价格,没有涉及商业地产。业界普遍解读为利好消息,不少企业明确表示要加入商业地产开发的行列,分享商业地产盛宴,商业地产市场竞争将更加激烈、残酷。

　　2008年爆发的世界性金融危机对我国房地产市场带来了短暂的不利影响。随着世界各国推出规模宏大的救市计划,尤其是我国推出4万亿元

业地产策划与投资运营

的救市措施,房价竟然在2009年出现爆发性的增长局面,商品房销售价格上涨21%,其中商品住宅上涨25%,由此引发了一轮又一轮的房地产调控政策,限制商品住房投资和投机行为,甚至推出"限购政策",要求房价上涨过快的城市限制城乡居民购买商品住宅。在这种情况下,开发商和广大投资者将目光转向形形色色的商业地产,以求获得较为稳定的回报,商业地产开发和投资的热潮被点燃。

我国的商业地产之所以发展迅速,是因为商业地产的高利润、市场需求强劲和地方政府推动。我国广义货币(M2)供应连年大幅放量是重要因素之一,据中国人民银行金融统计数据报告,2012年5月末,广义货币余额90万亿元,比2008年翻一番还多,1998年房改时10.45万亿元,2003年房价开始上涨时20.62万亿元,恰好与房价快速上涨吻合。由于需求旺盛,致使商业地产开发利润居高不下,商业地产开发商大连万达集团的王健林连续多年荣登胡润富豪榜首位即是明证。地方政府为谋求城市更新、积累城市变革动力,大力发展各种形式的商业地产,一二线大城市以CBD规划、城市综合体开发为契机树立城市中心区域新地标,地县级城市以市政广场、商业街和综合批发市场建设为重点塑造城市发展增长极。据权威部门统计数据,我国2011年仅购物中心的建筑面积已达1.77亿平方米,投资总额达1.065万亿元,已开业2,812家,2012年预计新增295家,到2015年止总体开发数量可达4,500家,扩张总量和速度傲视全球。

商业物业大发展,喜中有忧。喜的是,我国出现了不少的商业地产开发新理念、新模式,例如潘石屹领衔的"SOHO模式",王健林率领万达集团发展的"订单式商业",并从订单式商业向"城市综合体"升级演变。在营造商业空间的同时,商业地产开发商把重点转向"内容"的营造,通过注入和培育主力店铺吸引专卖店、专业店,形成商业生态系统。资金是商业地产开发的最大难题,故有识之士将视角转向"商业地产融资",探索发行"REITS"(房地产投资信托证券)为商业地产开发融资的路径,并有所斩获。

自序

令人忧心的是，我国商业地产业发展脱胎于住宅类房地产开发，投资、开发运营模式与住宅基本没有差别，结果造成了诸多问题和麻烦。例如，把大商场切割成小商铺，像鸽子笼，开发商高价卖给投资者，开业后不久就经营涣散，难以为继，整个价值链断裂。开发商、投资者和经营者不得不承担损失，重组价值链。更有部分地方政府、开发商不懂得商业地产运营规律，盲目上大项目，一个20万人口的县城，动辄上马50万平方米的商业大市场、批发城、义乌商品城等，有地级市竟然报出1,500万平方米的巨无霸批发市场，以极具诱惑力的言辞诱导投资者购买。这是非常危险的，其本质是吹大房地产泡沫，对投资人也是很不负责的。这样的市场建成后，由于缺乏产业基础和市场拓展能力，往往会产生大量的、长期的空置房，沉淀巨量的社会财富，等待时间老人慢慢吸收泡沫。

综上所论，我国丰富的商业地产实践需要系统的理论指导。本书的第一版基于2006年前我国的商业地产开发实践，也是本人根据对商业地产和策划的初步理解撰写的，旨在通过对商业地产的解剖，解决策划如何为商业地产开发和营销服务的大问题。其间，经过两次加印，表明该书获得了市场认同。但随着商业地产研究的深入，有越来越多的理论、实践经验需要总结、补充完善，与时俱进，才能更好地服务读者，服务商业地产开发、营销和招商实践。基于此，本人决定编写本书的修订版。

本修订版对商业地产的内涵和外延做了广义的解释，目的是让人们在关注商铺、商场、购物中心的同时，关注写字楼、酒店和工业厂房类物业，以促进商业地产的全面健康发展，因此书中举例不限于狭义的商业地产，还涉及广义的商业物业类型。例如，旅游休闲物业、文化设施，当居民收入逐步提高引爆消费升级，文化消费、休闲消费增加，将会提升对文化、休闲设施的需求。同时，本书对策划做了深度解剖，建立了策划模式，点明了策划的精髓，即通过创新性思维发现事物的新价值。

其次，本书用价值链分析的原理系统分析了商业地产开发企业的价值

来源、价值决定、价值行为和价值链构建问题,主张从消费者价值角度出发,尊重商业经营者和商业物业投资者的价值追求,实现商业地产价值的均衡分配,使参与各方都能够从中获益。有些地产商已经采取此类措施,例如他们长期持有,只租不售,租金根据市场行情和竞争状态波动,实现各方利益均衡分配。

为了做好商业地产价值策划,必须做好市场调查和研究,进而做好市场定位。就定位问题,我们提出了商业街区生命有机体理论,把功能定位矩阵融合进来,进一步提出定位的方式、方法。在客户定位方面,我们采用客户关系管理的分析理论和方法。

本书用专门一章讨论商业物业的建筑策划问题。商业物业远比住宅物业系统构成复杂,建筑形态对价值的影响程度极大,必须从更深层面认识商业建筑,认识建筑策划。我们以建筑策划理论为指导,结合商业物业的特点提出建筑策划的方法、步骤和程序。

商业地产招商和推广是业界公认的老大难问题。我们以招商价值论为核心,提出招商的系列解决方案,并就推广做了深入论述,借鉴整合传播理论,提出了推广理念金字塔概念。这里我重点向读者介绍安徽白马商城的商业地产开发及运营理念——三母模式,商业物业的生母,商业氛围的养母和商家的保姆,做到开发、销售、商业运营一条龙,摈弃建设+销售的房地产开发思维。

巧妇难为无米之炊,商业地产融资是开发、策划的首要问题。目前,我国开发企业的融资渠道仍然非常单一,银行融资占到融资量的70%～80%。但是一些新的融资方式,如房地产投资信托和投资基金,即将掀起红盖头。只要国家法律、政策到位,即可成为企业融资的重要途径。商业地产的资产运营大幕刚刚拉开,随着供应量的上升和空置率的提高,如何盘活存量物业(住宅称二手房)成为社会各界关注的问题。本书用一章的篇幅介绍了商业地产资产运营的方法和途径,列举相应案例说明。同时,我们还就资产运营与资本运营的关系展开了讨论,解析大企业、大财团是如何通过资产运营成就商业帝国的。

本书最后一章以案例揭示了商业地产开发的诀窍,一方面读者可以直接用于实践;另一方面,可以对照本书各章加以系统掌握理论知识。目的是让读者感到理论来自于实践,又用之于实践,"钻得进去,跳得出来"。

另外,本书在写作与修订过程中,得到了责任编辑王艺博先生的大力支持和鼓励;黄国雄先生、穆健玮先生欣然为本书作序,对他们表示衷心的感谢。同时也感谢家人、朋友、公司同事的大力支持。他们的支持表达了对我国商业地产健康可持续发展的殷殷期待。

董金社

2013 年 2 月

第一章　商业地产及其策划：一般概念 …………… 1
第一节　商业地产及其特征 ……………………… 1
第二节　商业地产类型 …………………………… 11
第三节　策划的一般原理 ………………………… 31
第四节　商业地产策划的基本内容 ……………… 51

第二章　商业地产市场调查与分析 ………………… 65
第一节　商业地产调查及内容 …………………… 65
第二节　商业地产市场调查方法 ………………… 76
第三节　商业地产项目市场分析 ………………… 84

第三章　商业地产价值律与价值链策划 …………… 97
第一节　商业地产价值律 ………………………… 97
第二节　商业地产价值链分析 …………………… 117
第三节　商业地产价值链策划 …………………… 129

第四章　商业地产定位 ……………………………… 143
第一节　商业地产定位概述 ……………………… 143
第二节　商业地产功能定位 ……………………… 148
第三节　商业地产客户定位 ……………………… 161
第四节　商业物业的价格定位 …………………… 167
第五节　市场形象定位 …………………………… 180
第六节　定位评价和比较决策 …………………… 183

第五章　商业建筑空间策划 …………………………………… 189
第一节　商业建筑空间解读 ………………………………… 189
第二节　商业建筑策划内容 ………………………………… 194
第三节　商业建筑策划与设计 ……………………………… 209
第四节　建筑策划和设计方案评价 ………………………… 223

第六章　商业地产的招商与推广 ………………………………… 239
第一节　商业地产招商 ……………………………………… 239
第二节　商业地产整合推广 ………………………………… 262

第七章　商业地产投资与资产运营 ……………………………… 271
第一节　商业地产投资运营 ………………………………… 271
第二节　商业地产融资 ……………………………………… 278
第三节　商业地产投资信托融资模式 ……………………… 286
第四节　商业地产资产运营 ………………………………… 299
第五节　国内典型的商业地产运营模式 …………………… 319

第八章　商业地产策划与运营案例分析 ………………………… 325
案例一　订单式商业地产,双赢模式 ……………………… 325
案例二　定位与市场错位 …………………………………… 343
案例三　SOHO商业地产模式的成功密码 ………………… 353

参考文献 …………………………………………………………… 365

第一章 商业地产及其策划:一般概念

第一节 商业地产及其特征

"商"之溯源

商人、商业之"商"的来源,今学界看法大体一致,即源自我国的商朝之民善于从事商品交换的作为。商之祖先契因辅佐大禹治水有功,被封于"商"。殷商朝的辖地地处中原,黄河下游地区,一则周边部族压迫,二则河道决口,导致殷商朝流徙不定,《史记·殷本纪第三》中云:"自契至汤八迁,汤始居亳,从先王居。""帝中丁时,都迁于隞,河亶甲居相。祖乙帝时又迁于邢。""帝盘庚之时,殷已都河北,盘庚渡河南,复居成汤之故居,乃五迁,无定处。殷民咨胥皆怨,不欲徙。"在盘庚的劝说下,才完成迁移,此后两百多年,殷商都城未再迁徙。殷商人动荡不居的生活,大概是他们善于在地区间互通有无、做买卖的动力之一。由于定居农业不发达,殷商人通过做买卖生存下来,甚至以商业贸易为战争手段,战胜强大的夏部落。如果我们考察犹太人和今天温州人的经商经历,就会发现经商与流徙的生活环境有很大关系。契的六世孙王亥很会做生意,经常率领奴隶,驾着牛车到黄河北岸去做买卖,被今人称为"华商始祖"。殷墟遗址出土中国最早货币贝壳和占卜使用的龟板,多为沿海藩国所进贡,商代发达的青铜冶炼所需锡矿来自于遥远的南方,而出土的许多精美玉器,其原料则来自河南南阳及新疆和阗,可见殷商时代的商业扩展范围是多么广阔了。

《尚书·酒诰》中有言曰:"小子！惟一妹土,嗣尔股肱,纯其艺黍稷,奔走事厥考厥长；肇牵车牛远服贾,用孝养厥父母。"意思是殷商遗民要安于故土,用勤劳耕种庄稼,用力侍奉父兄。命令你们可以开始牵着牛车到远处做生意,用以奉养父母。孔子曰"殷路车为善,而色尚白"(《史记·殷本纪》),是说殷人的路与车皆好,崇尚白色,这是他们牵牛车远赴他乡做买卖的资本。郭沫若先生在《古代研究的自我批判》一文中推测说:"肇者始也,可见在周初人的眼目中认商行为是始于殷,所以后世称经营这种行为的人便为'商人'的吧。"吴慧在其著作《中国古代商业史》(第13页)中认为,周灭商后,殷商族人成了周朝的种族奴隶,被迫迁居到各地,由周朝严密监视和统治。一些原先的商朝贵族和平民虽仍能"各居其宅,田其田",保有一部分田宅和享有自由民的身份,但经济状态已不如昔日,甚至不能很好地赡养家属。商朝贵族一向脱离生产,身无长技,下等人的殷商遗民只好操旧业以求生。由于周人是农耕起家,定居为主,故而把经商之人统称为"商人"。我中华传统文化以周人的农耕文明为主流,儒家更是推崇三代、周公之政,旨在恢复周礼。故在"士农工商"四民的排位中,靠做生意生活的商人居于社会的末流,不时受到帝王的贬抑,也就不难理解了。周代的商人处在社会的底层,与罗马帝国征服以色列的犹太人之后,被流放到罗马帝国地盘上的犹太人被迫经商的经历有莫大相似之处。但随着生产力的发展和劳动剩余的扩大,商品交换关系的发展成为潮流,势难挡也。商人地位也水涨船高,成为社会经济发展的核心动力。

因此,从"商人"的本源看,他们就是从事货品买卖谋利者,这种买卖关系在殷商之前的夏代也存在着，与今天的买卖关系并无差别，只不过因了商朝，这种买卖谋利的活动被称为"商"而已。

行商、坐贾，地产和网店

人们经商做买卖，从商品送达客户的方式看，分为行商、坐贾两种。《白虎通义第六》可能是最早做出定义的书："商、贾何谓也？商之为言，商其远近、度其有亡、通四方之物，故谓之商也。贾之为言固，固有其用物以待民来，以求其利者也。行曰商，止曰贾。"行商们无固定营业场所，往往车拉肩扛，挑着担子带着商品，走四方，路迢迢，水长长，走街串巷，把商品卖掉，或者换回本地需要的产品，返回来卖掉，有些类似今天沿街叫卖的小商小贩、流动性摊位，与城管人员玩猫捉耗子的游戏。"肇牵牛车远服贾"大概指"行商"，因为当了奴隶的多数殷人是无任何资产的，更遑论有店铺了，他们只能做些贩夫走卒的生意。白居易的《琵琶行》中有"商人重利轻别离，前夜浮梁买茶去"，该商人大概亦是"行商"，说走就走，以抓住稍纵即逝的商机。"坐贾"是坐在商店里等待客户上门的一类，其服务对象主要是当地人，要么将商品或者服务卖给当地人，要么收当地人的土特产，转手销往外地，坐贾的辐射范围较小。我们研究商业及商业地产时，涉及最多的是"商圈"，该商圈是针对"坐贾"一类的商业经营行为。表面看，似乎"行商"无商圈，其实我们只能说他们无固定的商圈。虽然在流动中，还是有商圈的，如摆摊设点者，他们还是会选择客户最可能多的地方，客户的来源地就是其商圈。可他们同样喜欢扎堆，到"坐贾"密集的闹市去贩卖。即使如今天的北京、上海繁华的闹市区，高档店铺林立，仍然有小商小贩、身上挂满了商品的贩夫行走其间。

从商业经营行为看，"行、止"是一个过程的两个阶段，行商虽然走的路多，但也要停下来找个客户容易集中的地方，短暂地停止下来，例如集市、墟、大城市的专业批发市场、大商场的门口人流集中地，以最快的速度把商

业地产策划与投资运营

品卖掉。此类交易不太需要房产,但离不开"地产",要找个好地角,十字路口最佳,摆个地摊。即使如农贸产品集散地,露天作业也是常事,商人们交点进场费(实为地租)。这可以说是"行商"催生的商业地产之一种。此类商业行为对地产要求高,对房产要求低。坐贾则不同,他们不但需要一个客户易发现、易到达的地方,还需要一个舒适的经营场所——房屋,在房间内摆放各类商品,商人和顾客都感到很舒适,在里面讨价还价,达成交易,各取所需。这样的经营场所是"房产+地产"的组合。因此,不论行商还是坐贾,都需要"地产",其次才是"房产",地产为主,我们就不难理解人们为何要把"商业房地产"简化为"商业地产"了。其实,决定商业物业价值的是地产,是土地地段的改善与升级。由此,商业地产的第一原理须从"地产"上找,策划活动亦须从地产出发。不论初涉商业地产者,还是资深商业地产从业人员均需明了这一根本。

行商的高级形态是商务活动。随着交易活动的深入,社会分工更加精细化,行商坐贾中,便有些人专门从事商业交易的服务性工作或者完成交易环节之一,而把商品买卖委托给销售员、服务人员和小商贩去做。这些分化出来的功能,我们称为商务活动。现代化的大生产企业,把商品卖向全球,销售团队到处跑,搞各种各样的"促销活动",向各个分销商、代理商推销,向消费者喊话,可算做是"行商",可商品和服务实体却要通过"坐商"送达需求者手中。这时,"坐贾"就不能再称为小商小贩了,而是换上西装革履,成了正儿八经的"高级商务人员",整天拿着样品、说明书和"思想",动用充满智慧的大脑,鼓起三寸不烂之舌,搞策划、做广告,扩大影响力。这类活动的发育催生了写字楼、酒店、会展等商业物业的发展。原始的行商坐贾与升级后的行商坐贾并存,使得商业物业的类型多样,极大地丰富了商业地产的内涵。

行商与坐贾各有利弊,总体来看,行商不需支付房屋租金(房屋折旧和地租之和),只是负担些"过路费"和"地盘费"(通称盘缠),深受小本经营者的欢迎,而高级商务活动之行商的盘缠,相对于庞大的交易额亦是微不足

道。坐贾的最大特点是接近顾客,具有持续性、稳定性的经营特征,缺点是房租成本和人员工资较高,直接推升了商品价格。

人类一直寻求利用行商坐贾优点的办法,网络商店的兴起算是一个重要途径。随着信息网络之普及,"网上商店"大有替代实体商店的趋势。网上商店相当于沿街店铺,售卖各类商品,需求者坐在家中、办公室,甚至在旅途可选定自己中意的商品下订单。商业地产开发商与经营者,必须重视网络的"商业地产开发"趋势。网店的最大特点是实现"B(商家)—B""B—C(消费者)"的直接对接,减少了中间环节和实体商店的成本。网店的另一名称是电子商务,从本质上看,系"行商"范畴。我们可以把"网店"作为一种商业地产看待,谁开了网店,谁就拥有了一间虚拟的商业地产产业。就阿里巴巴、亚马逊、eBay这样的商务门户网站而言,虽然被列为物流的范畴,与网络密切相关,但以商业地产的眼光看,它们本质上是虚拟的"超级百货商店",但与繁华都市中心的超级百货商店相比,一点也不逊色,如马云这般人物,实际上是超级商业地产开发商。这似乎表明,网店是对实体商业地产的打击,因为它减少了对实体店铺的需求,坐在家中、生产车间就可完成买卖。但是,网店的发展又催生了其他生产和消费需求,例如物流产业因网店而获得发展,这种打击有多大,现在还很难说。商业地产领军人物王健林主张说,网店兴起对实体商店是个冲击,但网店兴起本身又增加了更多的商业物业需求,如客服中心、物流中心、物流管理等,创生了相关需求的发展,并不能简单判断网店发展对商业地产市场是个利空因素。

商业与商务活动的分野

从行商坐贾的演变看,商业经营活动存有两种形式:固定场所内的实物交易与服务交易,如顾客到商场购物,选中商品后付款交货,货款两清,各得其所。商铺、百货商场、超市、批发市场等完成的交易活动大多为实物交易,理发店、饭店、医疗健身服务必须在固定的场所内供需双方同在的情况下完成。固定场所内还有一种基于实物生产和交易的活动,即商务活动。例如,合作双方在办公室洽谈合作后签订合同,约定货物或者服务的规格和品质,为生产和交易订立交易规则,实物交易在别的场所完成。这类活动建立在商业和服务的有形交易基础之上,一般在写字楼、宾馆、饭店、展会内进行,此类单笔交易金额远比零售店铺中为大,往往被冠以"高级商务"的标签。由于商务活动的场所相对于临街的商铺、百货商场、超市安静,有人因而名之曰"静商"。但是,安静只是小环境的安静、表面的安静,谈判双方为各争私利暗地里钩心斗角,斗智斗勇,是看不见硝烟的战争,远比商铺中的买卖"讨价还价"来得紧张刺激,故而,高级商务活动的称谓绝非虚名。在商业地产开发与营销策划实践中,业者常把写字楼、宾馆、会展等交易集中区称为高级商务区。

图1-1 商务中心区演变:商业与商务的分野

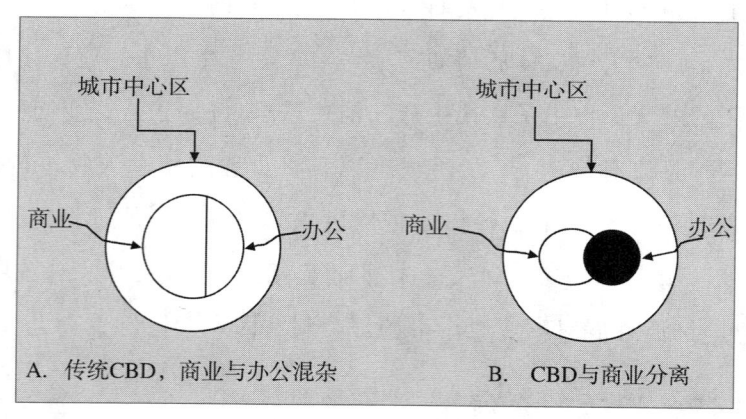

商业地产概念

上文提到商业地产是"商业房地产"的简称,是地产与房产的综合体,对应的英文词是"commercial real estate"。显然,这种叫法强调了"商业属性",把诸如商铺、百货商场、超市、便利店、批发中心、购物中心等商品交换类的物业推到前台,而弱化了"business"的商务属性,即写字楼、工业厂房等亦属商业地产范畴的物业。那么到底商业地产有何特殊的规定性呢?目前,业界有如下四种说法:

1. 商业地产是指用于各种零售、餐饮、娱乐、健身服务、休闲设施等经营用途的房地产形式,从经营模式、功能和用途上区别于普通住宅、公寓、写字楼、别墅等房地产形式。①

2. 商业地产是以商业物业的建设和经营为目的的地产开发。国内大多数开发企业不参与商业经营,也不长期持有物业以从中获取租金收益。但从世界上其他国家的实践看,商业物业其实不采取出租方式,而是和商户共同经营,获取巨大的增值额。

3. 按物业用途划分,房地产可以划分为居住房地产、写字楼房地产、商业房地产、工业房地产四大类及其他房地产。"这里所说的商业房地产主要就是指按照用途划分的用作商业用途的房地产,包括酒店、超市、临街商铺、大型住宅的商业配套、购物中心、特色商业街、商业广场、专业批发市场、Shopping Mall 等用途的房地产。"②

4. 王健林先生认为:商业地产不是商业,也不是地产,也不是简单的商业加地产。它是以零售物业的租金收入为目的的长期房地产投资,如果开发后销售出去,称不上商业地产。

上述定义从用途、功能、经营、持有、收益等方面强调商业地产的属性,各有侧重。但是,它与住宅类地产最大的不同还是在是否产生收益上。因此,我们认为,商业地产是用于商业和商务经营活动的房产和地产,所有者

---

① 《商业房地产投融资指南》,陈建明著,机械工业出版社,2003年。
② 《商业房地产投融资与运营管理》,王学东著,清华大学出版社,2004年。

从经营活动中产生收益。经营活动包括所有权人自营收益（租金＋经营利润）、所有权人出租房屋收益（租金）。以是否存在经营过程中的预期收益作为商业地产的核心属性，可谓触及商业地产的灵魂。有些机构把"持有并经营"视为商业地产的重要特征，偏离了"商业属性"，是不准确的。因为所有的房屋都有产权人，都处在被持有状态。

上述定义较为宽泛，当住宅出租作为办公室使用时，它也应该属于商业地产（如潘石屹的SOHO）；当临时建筑用做餐馆对外经营时，也可被视为商业地产；当工业厂房被使用，产生收益时，也可被称为商业地产。商业地产的价值和资本运作，与预期收益紧紧挂钩！

从城市规划、土地性质和房地产开发的角度，商业地产应限于商业、办公、仓储、厂房等非居住、公益性用地上的开发建设的物业。

在房地产开发行业的语境中，商业地产系策划、设计、建设、销售商业物业的开发建设行为，以及为了销售和获取收益而采取的招商、商业管理行为。本书基于商业地产定性，主要探讨商业地产开发相关的系列问题。

目前，国内的商业地产活动主要局限在商铺和商场类物业，写字楼物业在大城市，如北京、上海、深圳等地需求旺盛。所以，从狭义上讲，商业地产主要是指商铺、商场、购物中心、商业街、批发市场、写字楼和宾馆酒店类物业，因为它们的用途就是商业经营。由于篇幅所限，本书只涉及狭义的商业和商务地产的投资开发策划。

商业地产的五大特征

1. 价值体现在商业经营活动中，是重要的生产要素

商业地产与住宅差别明显。住宅是以消费为目的的耐用消费品，其价值在使用过程中被消耗掉。因此，人们习惯上把物业分为居住类物业和非居住类物业，非居住类物业除了特殊用途外都能产生收益，范围大体相当于

广义的商业地产。

但是在实践中,住宅有时被用做办公室,甚至出现了宜商宜住的物业类型,如商住公寓、酒店式公寓、SOHO 住宅,这反映了人类消费和生产活动的两面性和不可分割性。当物业被转作商业用途时,我们就可以把它作为商业地产看待。虽然这类物业数量不多,但却成为我国房地产开发领域中一道独特的风景。

商业经营成果决定物业价值。其价值是物业期望收益的现值,商业经营效果好,物业价值就高;反之则差。商业地产开发商为获得更高的附加值,就必须在商业经营管理上多投入,而不能"销售完拍屁股走人",大型物业的开发和营销管理尤其要重视商业经营效果。

商业经营与商业地产的开发商紧密结合。商业地产含有商业经营和地产开发两层意思,缺一不可。开发商不可重开发轻商业服务内容。商业经营业绩好,物业价值才能得以提高,所以开发商需要商家的配合才能共同做好商业地产大文章。

2. 区位决定商业地产价值

区位因素决定了物业的"级差地租"和物业价值。俗话说"金角、银边、草肚皮",意思是处在十字交叉口各个角的物业是金,在街两侧的是银,不靠街在街区内部的就不太值钱了。级差地租在物业开发和运营的不同阶段归属不同的权益人。例如,开发阶段,土地的级差地租归政府所有,通过地租、土地出让金的形式体现。开发商则通过对土地的集约性投资创造级差地租,集约性投资越大,开发商创造的级差地租越高,获益越高。因此,区位分析在商业地产的开发和经营过程中是关键。

3. 商业地产是地产领域中较为复杂的细分市场

地产领域的细分也有不同的方式,我们将它大致分为普通住宅、高档住宅(别墅)、办公物业、商业物业、工业物业等,其中商业地产就包含办公和商业两大类。住宅类物业虽然种类多,但开发商建成销售后就进入消费环节,而商业地产类物业建成后要进入生产领域,是企业的生产资料,必须通过商业活动实现其价值,如果没有商业实践活动,其价值就无法得以体现。如何建造适合生产经营者胃口的房屋是开发商特别关心的问题,成为招商工作的重点和难点。

4. 公共空间在商业建筑中的地位重要

公共空间是所有功能空间的共享空间,商品和服务的提供者和需求者交会经营之所。例如百货商场的建筑入口、大堂、走廊和公共休息区、写字楼和宾馆酒店大堂、商店的公共走廊和交通引导区无不起着吸引人、留住人和引导人的巨大作用。因此,商业地产的公共面积分摊一般大于住宅,得房率①低于住宅类物业。做好公共空间的规划和设计是商业物业开发和建设的关键环节。

5. 商业地产具有投资大、风险大和收益大的特点

商业地产项目一般处在城市中心区,地价高、拆迁费用高、配套费用高、造价高是其突出特点;一旦投资决策失误,市场表现达不到预期要求,项目很容易中途搁浅,形成烂尾楼,长期难以激活。但是,商业物业开发建设一旦获得成功,收益率非常高。例如社区商铺与住宅相比,两者造价基本无差别,但销售价格相差很大。一般地,社区商业物业价格是住宅价格的2倍以上;写字楼底商的售价是办公室的2.5倍以上,两者的差距就构成了商用物业创造的超额利润。

---

① 房屋套内面积占该套房屋总建筑面积比。由于分摊面积大,故套内面积占的比例小。

第二节　商业地产类型

商业地产分类

1. 商业地产功能分类

广义上,商业地产可按不同标准细分,其中按用途分类比较符合实际,也比较容易理解。一般分为如下四类:

(1) 商业经营类物业。包括商业街、百货商场、购物中心、超市、独立门市房、产权商铺、展览中心等。

(2) 办公用物业。包括写字楼、商住两用楼(SOHO式办公)、对外出租的政府办公楼等。

(3) 餐饮酒店类物业。包括餐馆、饭店、酒店、酒吧、快餐店、咖啡店、宾馆、旅馆等。由于房地产开发向深度和广度扩展,房地产与宾馆、酒店的嫁接趋势明显,出现了产权式酒店、公寓式酒店、经济型酒店等类型,开发商考虑把"宾馆服务"内容装进自己开发的房屋内,不再局限于商业经营内容,显然是一大拓展。

(4) 仓储、厂房类物业。是物流的重要组成部分,联结生产和消费,包括仓库、储存罐、标准厂房、工业园区、物流港等。

2. 商业地产类型细分

按照不同标准进行细分有助于我们全面认识商业地产的特性,具体分类见表1-1。

表 1-1　商业地产细分表

分类标准	类型	备注
按照功能类型	零售功能	百货商场、超市、家居、建材、商业街、批发市场、大型购物中心等
	娱乐功能	电影城、娱乐城、KTV、游乐园等
	餐饮功能	大中型酒店、中小型快餐等
	健身、休闲服务	运动会所、健康中心、美容中心等
按购买消费内容	物品交易场所	为消费者提供购物场所,包含购物中心、家居建材、超市、商业街等
	服务交易场所	为消费者提供某种服务的场所,如餐饮、酒店类
	体验业态	为消费者提供身心体验场所,如娱乐、健身、美容、美发等场所
按客户广度	大众客户类	面向所有社会上的人群,为大众消费者提供服务,如超市、餐饮等
	小众客户类	面向社会上的少数人群,如面向年轻人的娱乐迪吧、面向高收入的高级会所等
按照建筑形式	单体商业建筑	单一建筑体,独立于其他商业建筑
	底层商业建筑	如住宅底层商铺
	地下商业建筑	地下商业街,多由人防工程改造而成
	综合商业建筑	多种商业建筑的集合体,多种经营方式集合在一起
按照市场覆盖范围	近邻型	如小卖部、便利店、食品店、粮食店
	社区型	菜市场、超市等
	区域型	购物中心
	超大区域型	中心商业街
按照商店销售产品类型	综合商店	提供不同类型货品和服务的综合性场所
	服装和饰品店	服装城、服装批发市场、女装店、鞋店等
	家具和家居用品店	家具店、装饰材料店等
	其他	书店、玩具店、箱包店、珠宝店和运动器材店
	便利店	包括超市、食品店和药房

商业经营物业主要类型

1. 购物中心(Shopping Mall 或者 Shopping Center)

购物中心是汇集多种零售业态和若干零售店铺的大型购物场所。美国购物中心协会认为:"购物中心是由开发商规划、建设、统一管理的商业设施;拥有大型的核心店、多样化商品街和宽广的停车场,能满足消费者的购买需求与日常活动的商业场所。"国家质量技术监督局的定义是:企业有计划地开发、拥有、管理运营的各类零售业态、服务设施的集合体。购物中心的特点是:所有权与经营权分离,一般只租不售;策划、开发、建设、经营都在统一的体系内运作;一站式购物,尊重顾客的选择权;多业态、营销方式的组合;具有强大的商圈竞争力。美国土地研究所和国际购物中心联合会把购物中心分为六种类型[①],每种类型都由主力商店和嵌入式或商业街小商店组成。

(1)邻里中心。出售便利商品(如食品、药品、卡片和杂货),提供个人服务(如干洗、美发、美容、旅游代理和音像出租等),以满足周边地区人们的日常需要。邻里中心面积在 3,000～15,000 平方米范围内。主力店多是超市。大型的邻里中心服务范围在 2～3 英里的半径范围内。

(2)社区中心。日用品与邻里中心类似,但增加了更多的服装和专卖店空间。主要租户一般是一家超市或一家折扣商场。家庭装修材料店、五金店、园艺店、礼品店、银行和大型餐饮中心也在社区中心。社区中心面积在 15,000 平方米比较典型,占地可达 30 英亩,交易半径达 3～6 英里。

(3)功能中心。发端于 20 世纪 80 年代,也称为超级社区中心。面积在

[①] 《房地产市场分析——案例研究方法》,〔美〕阿德里安娜·施米茨、德博拉·L.布雷特著,张红译,中信出版社,2003 年。

25,000～100,000平方米之间或者更多。其中至少包括3个大仓储或无差别商店,每个至少2,500平方米。功能中心至多有20%的小商店,有些甚至没有嵌入的空间。服务半径大于5英里。

(4)地区中心。主要集中销售百货、服装、家具和家庭装饰用品。通常由2～3个百货商店构成,也可包括电影院、餐饮街和餐馆。面积在4～8万平方米,80%的顾客来自方圆10英里的半径内。

(5)超级地区商业街。至少有8万平方米的总租赁面积,3～4个百货商店和一定的娱乐场所。一般面积为100,000平方米,最大的超过200,000平方米,占地超过100英亩。在人口稠密的区域,其交易区域半径可能为5英里;在人口稀疏地区,则可能超过10英里。

(6)折价购物中心。由折扣商店组成,由厂家直接经营,主要出售过季和过时积压产品。大多是露天的,也有在过时的旧建筑内。没有主力商店。

当然,我国也有最新的分类,见表3-1。

2. 折扣店

以销售自有品牌和周转较快的商品为主,以有限的销售品种、有限的经营面积、有限的服务,并通过低成本、低价格的快速运作,向消费者提供"物有所值"的商品为主要目的的零售业态。从本质上讲,折扣店的竞争战略是"物美价廉"。折扣店可以分为品牌折扣店和非品牌折扣店。前者经营品牌商品,后者以经营日用品为主。

3. 便利店

顾名思义,便利店就是选址在居民区或者靠近居民区的,营业面积在50～200平方米左右,经营品种在2,000个左右,营业时间大于15小时,全年不休息,主要经营方便食品和日用杂品,实行敞开售货、顾客自我服务的零售商店。其突出特点是接近居民区,店铺规模小、用人少;目标客户以单身、上班族、学生、夜生活丰富者为主;经营的商品以方便、即食为主,如饮料、报纸杂志等;以连锁经营为主。

4. 超级市场或超市

是指布局在社区内,商品敞开供应,顾客自助购物、自由进入、统一在出口收款、有相当大规模的零售商场。营业面积一般不低于500平方米。我国对超级市场的定义是"连锁超级市场门面店营业面积一般在500平方米以上,商品以肉类、禽蛋、蔬菜、水果、水产品、副食品、粮油及其制品、日用百货为主,其中经营肉类、禽蛋、蔬菜、水果、水产品及粮油(包括上述商品的活体、鲜品、冻品、半成品、熟制品形式等)的面积占全部营业面积的30%以上;开架自选售货,出口处集中收款"。

5. 产权式商铺

地产商将商业项目开发建成后,将项目的产权划小并对外进行公开销售,由专业商业经营管理公司负责对外招商和整体经营,进入正常运营以后投资者根据产权的多少获得租金回报。这样将商业楼盘产权细化销售并专供投资者投资的新型商场称为产权式商场。而商场内的每个铺位称为"产权式商铺",其突出特点是所有权和经营权在投资者购买物业时就分离开来,投资者获得规定年限内的收益权。

6. 旺铺、分享型商铺和借势型商铺

旺铺是指某地点的零售业,其吸引力大,使周围人流基本上经常当做目的地光顾,如汇集了有名的专卖店、超市和快餐店等。分享型商铺是旺铺的补偿性物业,其商品和服务组合起来就可以有足够的吸引力吸引顾客,比如名牌的服装店和快餐店、箱包店和首饰店等。借势型商铺的市场吸引力来自某个独立来源,比如公共交通设施、著名的成人教育大学、写字楼群等,它

们吸引人到该地方来，商铺经营者借势销售商品。例如，在儿童活动中心周围发展起来的童装店、钢琴销售店、书店等就属于借势型商铺。

商务写字楼类型

1. 写字楼特点

在西方，最早的写字楼概念是作为大家写字办公交流的场所，由于缺乏必要的交流工具，人们便聚集在一起办公，以提高工作效率。因此，办公的场所就是写字的场所，故称为"写字楼"。

我国过去称办公楼，工作人员都为公家办事。办公楼是一种对外完全封闭，对内进行行政管理、大而全的物业概念。随着我国的对外开放、市场经济的确立和民营经济的发展，特别是外国公司、国有大公司、私营公司的壮大，封闭式的、不考虑经济成果的物业模式不再适合市场需要，而开放式、按市场价值运营、服务于商务活动需要的物业——写字楼在我国城市中蓬勃兴起（见表1-2）。

表1-2 写字楼和办公楼比较表

比较内容	位置	间隔	房间大小	公共性	使用者地位	形象	产权
写字楼	中心地段	灵活	开敞	大	平等主体	重要	多样性
办公楼	非中心地段	不灵活	封闭	小	非平等主体	次要	单一性

写字楼的需求与企业发展规模密切相关（图1-2）。当企业规模小时，它会选在住宅、公寓或者低端写字楼里办公；当规模扩大时，企业的承受能力提高，业务量增大，出于提高工作效率和展示企业形象的目的，它就会向高档写字楼迁移，促进高档写字楼的发展。我们观察一个区域的写字楼需求状况和发展前景，重点观察该区域内企业结构组成和赢利能力即可。

图1-2 企业规模、成长与办公场所对应关系

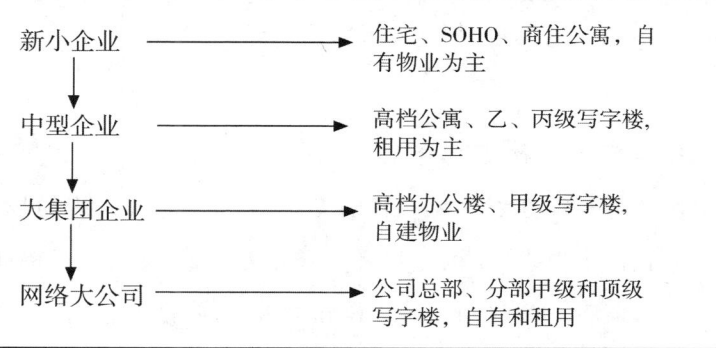

2. 我国写字楼的演变阶段

第一阶段:传统办公楼占主导地位。它具有两大特点:立足于自然通风和采光,以小空间为单位排列组合而成。这一类办公楼起始于底层或多层砖混结构,较小的开间和进深尺寸。如:3.6~4.0米的开间、5~8米的进深等,层高一般也在3.6米左右。建筑向高处发展以后,产生了钢筋混凝土的框架结构,但是使用空间仍按传统的模式,仍属于传统办公楼的一种。传统办公室的优点是私密性强,工作者可自行控制工作环境(灯、百叶窗、家具布置等)。缺点也非常明显,表现在空间利用率低,缺乏灵活性。

第二阶段:早期的现代办公楼,其特点是大空间框架模式,注重空间的实效。该模式不利的地方是办公环境比较冷酷、机械,工作人员的身心健康没有受到应有的重视。

第三阶段:后期的现代办公楼。其特点是办公环境富有人情味,周围环境优雅、舒适,内庭院或中庭绿化景观好。出现了以景观为突出卖点的办公室,即景观办公室,这样的办公室布局灵活,有适当的休息空间,用灵活隔断和绿化来保证私密性,地板、天棚均有吸音处理等。

第四阶段:智能化办公楼。20世纪70~80年代,随着信息时代的到来,世界上出现了一批举世公认的智能建筑,其中绝大部分是办公楼;20世

纪90年代,我国开始建成少量的智能建筑,如上海的金茂大厦。智能化办公楼发展迅速,继3A之后,目前又细化推出5A概念,智能建筑已成为21世纪办公建筑发展的趋势。

3. 写字楼分类标准与等级

美国通常把写字楼划分为A、B、C三个等级,其中A级为投资级,该类写字楼最适合市场要求,高档装修和完善的配套设施是主要特征。该类物业能使公司形象和地位得到提升。B和C级写字楼一般比较陈旧,设计和功能跟不上现代潮流,部分物业通过改造可以上升为A级。规模小、结构简单、配套设施缺乏的写字楼从建成起就被列入低级写字楼行列。

由于我国的写字楼发展历程短,分类标准还不成熟。目前,国内关于写字楼的划分有如下三种标准:

(1)"甲"系列分类。北京写字楼信息网在2000年第一次全面提出顶级、甲级、乙级、丙级的四级分类原则,是最早倡导和应用甲级、乙级、丙级分类原则的机构之一。所谓甲级、乙级、丙级写字楼主要是参照了星级酒店的评级标准,是房地产业内的一种习惯称谓。写字楼划分主要以硬件和软件为依据。硬件方面包括楼宇外观设计、内外公共装修标准是否具有超前性,是否达到5A写字楼水平;设备设施如电梯等候时间、中央空调管式数量、停车位数量、配套服务设施(电力负荷、绿化、夜间照明)等方面是否与世界甲级写字楼水平同步;软件方面主要指物业管理服务是否达到星级酒店标准。按照上述标准,写字楼分为如下四个类别:

> 顶级写字楼:在商圈内具有标志性、代表性和具有强大辐射力的甲级写字楼。因此写字楼的软硬件标准首先要完全达标;其次是具有代表性和标志性,在建筑规模、高度、服务品牌等方面出类拔萃、傲视群雄。在城市中具有非常强的美誉度和知名度。例如上海的金茂大厦、北京的国贸中心、广州的中信广场,不但城内的百姓知晓,

全国各地的人也略知一二。

- 甲级写字楼：硬件方面外观设计、内外公共装修标准相当于四星级酒店，达到5A级写字楼水平，设备设施基本与世界同步，如电梯等候时间小于40秒,中央空调为四管式①；软件方面物业管理服务水准达到三星级酒店以上标准。
- 乙级写字楼：硬件方面外观设计、内外公共装修标准与甲级写字楼相比较差，部分达到5A级写字楼水平，设备设施以合资品牌为主，如电梯等候时间大于40秒,中央空调为两管式；软件方面物业管理服务未达到星级酒店的标准。
- 丙级写字楼：硬件方面外观设计、内外公共装修标准为普通材料，基本的通讯设施及办公服务，设备设施基本为国产电梯、分体空调等；软件方面为传统的物业管理服务。

在写字楼开发和营销过程中，甲级写字楼是最常遇到的物业类型，为了使读者对甲级写字楼有更清晰的认识，全面认识甲级写字楼的复杂性和涉及的相关技术，我们把仲量联行甲级写字楼评定标准（表1-3）和高级写字楼分级建议表（表1-4）详列如下。

表1-3　仲量联行甲级写字楼评定标准

国际标准的甲级写字楼	一般甲级写字楼
位于主要商务区的核心区	一般是综合性物业
极佳的易接近性，临两条以上的主干路	位于主要商务区内
高质量的内外装修	良好的易接近性，至少临一条主干路
灵活的平面布局和高使用率（>70%）	
较大的层面积（2,500～3,000平方米）	较好的装修质量
宽敞的大堂和走廊	较好的物业管理

---

① 指无论春秋冬夏，大楼同时提供暖气和冷气，居住者可以根据自己的需要调节温度，热水两个管道和冷水两个管道，共四个管。

续表

高效中央空调系统,四管制空调,功率与大厦面积匹配 写字楼智能化预留扩展空间,适应技术变化随时扩展 电梯系统良好,客货梯分离 充足停车位,250平方米/个 现代化的服务配套设施 国际知名物业管理公司管理 知名专业房地产开发商开发 国外知名公司的租户组合 一般建筑面积不少于50,000平方米	配套服务齐备 一般建筑面积不少于25,000平方米

表1-4 高级写字楼分级建议表(空间组成及相关部分的指标)[1]

	A级写字楼	B级写字楼	C级写字楼
总建筑面积	>50,000平方米	3~5万平方米	<30,000平方米
办公总面积	>40,000平方米	2~4万平方米	<20,000平方米
公共配套内容	高档餐厅、员工食堂、咖啡酒吧、小商店、康乐设施、展厅、多功能厅、会议、商务中心、银行、邮局、会所	员工食堂、小商店、多功能厅、会议、商务中心、银行、邮局	员工食堂、小商店、会议、商务中心
每个车位服务总面积	<150平方米	150~250平方米	>250平方米
每客梯位服务办公面积[2]	<200平方米	200~300平方米	>300平方米
卫生间	男厕30人/个大便器 女厕20人/个大便器	男厕40人/个大便器 女厕30人/个大便器	男厕50人/个大便器 女厕40人/个大便器
自动控制[2]	完全	A/B/C/F/G/H/J/L/M/N/P	A/F/G/H/L/N

---

[1] 《高层写字楼建筑策划》,郑凌著,机械工业出版社,2003年。

续表

空调	集中空调，末端可控制温湿度、自动调节	集中空调	一般集中空调或分体、窗式空调
信息点密度③	＞2.5平方米/个		＜2.5～10平方米/个

①每个客梯位是每部电梯的额定载客人数。
②代码：A—空调；B—新风；C—给排水；D—制冷；E—制热；F—配电；G—照明；H—消防；I—背景音乐；J—紧急报警；K—有线电视；L—手机直放；M—闭路电视；N—车库管理；O—巡更；P—同声传译；Q—门禁系统；R—一卡通。
③一个信息点是指一个电话接口或者电脑接口。

（2）As系列分类。即按写字楼的自动化（automation）水平分类，自动化水平越高，舒适度增加，办公的效率也越高，所以在自动化被人们广泛重视的情况下，As系列分类常常被作为写字楼档次的标志。实践中，自动化被诠释成智能化，常常以智能化替代自动化的称谓。写字楼定级有3A级智能化和5A级智能化之说。3A是指3种自动化系统，包括楼宇自动化（Building Automation System）、办公自动化（Office Automation System）和通讯自动化（Communication Automation System）。由于楼宇自动化较复杂，专家们把它分为三类：楼宇自动化、保安自动化系统（Safeguard Automation System）、消防自动化系统（Fire Automation System），合起来称为5A。由此看，不能认为5A就高于3A。各系统包含的内容主要有：

> 通讯自动化系统。包括双向电视电话会议系统、共用天线电视系统、公共广播系统、数字式用户交换机系统、楼内移动电话系统、综合布线系统。

> 楼宇自动化系统。包括冷热源系统、空调系统、变配电系统、照明系统、给排水系统、电梯管理系统、停车库系统。

> 办公自动化系统。包括计算机网络系统、会议中心系统、门厅多媒体查询系统、物业管理计算机系统。

> 安保自动化系统。包括监视电视系统、通道控制系统、防盗报警系统、巡更系统。

> 消防自动化系统。消防联动、自动喷淋、自动报警等。

（3）按功能复合程度分类。分为纯写字楼、综合楼和商务综合体。纯写字楼是办公功能占绝对优势的物业类型,底层虽然有商业,但都是为办公活动提供服务。一般地在底层只有银行、咖啡店、高级餐馆、商务中心、娱乐场所、会议室等。

当有两种或者两种以上的主要功能并存时,我们称为综合楼。如办公与商场复合的类型,如北京的丰联广场、昆太国际大厦、万通大厦等。

商务宾馆分类

目前,国内关于酒店类物业开发和营销策划工作新思想、新方法层出不穷,特别是公寓式酒店、酒店式公寓、产权式酒店等在各大城市发展迅速,致使酒店物业的开发市场比较兴旺,所以有必要为读者提供背景说明。从房地产开发和营销的角度,美国按照细分市场划分酒店(宾馆)类型具有很高的参考价值(表1-5)。

表1-5 按用途划分宾馆类型

宾馆类型	属性	备注
会议宾馆	与大型会议中心连成一体或者彼此接近,大堂宽敞,套房占10%左右,客人可将套房中起居室用作接待室。多个宴会厅和会议场所。含400～500个房间	会务功能强大,在中心城市、度假地,依托政府
豪华宾馆	装修、设施和服务高档,配备高档饭店,雇员客房比高,客房少于300间	经济效益一般,餐厅、饭店豪华
商务宾馆	100～500间客房,公共场所面积小,提供食物和饮料的场所少	比较经济合理,餐厅小,提供食品有限
经济型宾馆	通常不提供餐厅、宴会场所、娱乐设施或其他传统宾馆提供的服务,观光旅游业和部分政府雇员是主要客户	又称自助宾馆、有限服务宾馆和经济宾馆,经济型宾馆在我国有十分广阔的发展空间

续表

套房或者居住型宾馆	客房区面积大于普通宾馆,一般超过50平方米,有一个独立于卧室的起居空间。有些套房还提供袖珍型甚至普通规模的厨房	套房宾馆的发展是为了满足长途旅行的商务旅客、变换工作地点的企业成员或因某项目需要长期居住异地的客户需求
行政会议中心	为行政和会议提供专业化服务,常位于乡村或者接近主要都市写字楼聚集的郊区,集会议和住宿设施于一身,会议中心通常拥有200～400间客房和大量专用会议场所	在我国以政府投资为主
其他类型	如夫妻旅店、B&B(Bed and Breakfast)宾馆、精品宾馆、公寓型宾馆等	公寓型宾馆在区分所有权建筑内提供服务和设施,通常为分时度假酒店

公寓式酒店和酒店式公寓

1. 公寓式酒店

公寓式酒店就是设于酒店内部的公寓形式的酒店套房。此种物业的特点在于:其一,它类似公寓,拥有居家的格局和良好的居住功能,客厅、卧室、厨房和卫生间,一应俱全。其二,它配有全套的家具电器,同时,能够为客人提供酒店的专业服务,如室内打扫、床单更换以及一些商业服务等。它既有公寓的私密性和居住氛围,又有高档酒店的良好环境和专业服务。四星级以上的公寓式酒店提供的服务则更为周到,如北京建国酒店,它的服务就包括餐饮、娱乐、洗理、游泳、复印、传真、打印、翻译等。

2. 酒店式公寓

亦即"酒店式服务公寓",是物业管理水平达到酒店服务标准的公寓。高档的星级酒店式公寓一般都具备国际标准的软硬件设施,出租率达90%以上,租金比一般公寓高出40%～50%,这样的"酒店式公寓"才名实相符,

但却都不提供产权分割出售,即只租不售。酒店式公寓和公寓式酒店的区别可以用下表反映出来:

表1-6 酒店式公寓与公寓式酒店的异同对比

属性 类别	建筑类型	居住目的	居住时间	房间大小	房屋设计	配套	管理服务	产权形式
酒店式公寓	住宅类	家居生活企业办公	较长,客户稳定	大,面积80~150㎡甚至更大,适合居住	公寓住宅类	家居用品,家庭装修	酒店式服务,内容少,物业管理公司基本胜任	混合产权、单一产权
公寓式酒店	酒店类	商务出差、旅游逗留	短期停留,周转多	小,40~80㎡为主,适合短期居留	酒店套房类	商务活动配套用品	酒店类配套齐全,酒店管理、公司管理	混合产权、单一产权

产权式酒店与分时度假酒店

1. 产权式酒店

所谓产权式酒店,是把酒店的每间客房分割成独立产权出售给投资者。投资者一般并不在酒店居住,而是将客房委托给酒店经营,获取投资回报。一般情况下投资人拥有该酒店每年一定时间段的免费居住权,可以作为个人投资者在郊区的第二居所或企事业单位的度假场所。

产权式酒店根据用途可分为商务型产权酒店、度假型产权酒店和养老型产权酒店。商务型主要分布在纽约、芝加哥、伦敦等地的CBD地区。度假型则风行于夏威夷、加利福尼亚和澳大利亚黄金海岸。养老型酒店一般是投资人(往往是最终使用者),购买用于退休后养老的物业。在退休前委托管理公司经营管理直至退休后自用,委托管理期间,投资人可获得一定的投资回报。一般情况下,该物业在产权人去世后由管理公司回购、再出售,收益归死者继承人所有。

产权式酒店是一种新型的投资经营方式。开发商通过出售客房产权回笼资金,扩大经营规模,分散经营风险,并借助国际酒店网络提高客源质量,实现赢利预期。投资者也可以跳出单一的"购房出租"模式,实现异地置业。

产权式酒店实际上为酒店起到组合投资的作用。首先,不是集资形成的债权债务关系,投资者获得的是明确界定的产权;其次,投资人购买的不限于客房所限定的空间,它还包括与酒店配套的附属空间设施和相关服务配套;最后,它不是股权,投资者自然不必承担酒店经营的风险,也不享受类似股东的权益。

对于产权式酒店来说,前期的销售只是成功了一半,决定这种产品命运的在于后期的经营管理业绩。投资产权式酒店能否有可观的利润,这与该酒店的位置和周边配套设施、酒店物业管理公司的经营、旅游季节都有很大的关系。最主要的是,在我国目前信用缺失的情况下,投资者利益由谁来保证?投资者如何能获得利益?虽然合同规定固定收益,但谁来监督和保证?我们认为有独立的第三方担保是营销的关键。

2. 分时度假酒店

分时度假酒店是把度假酒店或度假村的一个房间的使用权化整为零分时段卖给多个客人,使用期限可以是20年或30年,甚至更长。例如,开发商将每套客房分成7份,卖给7个人。房间售价为8,000元/平方米,那么每个客户承担房价的1/7。购买后委托专业酒店管理公司管理,享受产生的利润1/7,如果自己入住,每年可以享受若干天的免费居住权。

顾客购买了分时段的使用权后,即可每年或隔年在此享受固定时段的度假。顾客还可以用自己购买的酒店时段,去交换同属于一个交换服务网络中的任何一家酒店或度假村的另一个时段,从而达到前往不同地方旅游住宿的目的。目前我国发展分时度假酒店的主要困难是缺乏交易平台,不能在同一时间内互通有无。

从产权结构和运营管理角度看，公寓式酒店与产权式酒店的最大不同就是后者是混合产权的，即由多个业主共同持有酒店的所有权，委托酒店管理公司经营。前者可以是混合产权的，也可以是单一产权结构的，有实力的公司企业选择长期持有物业或者卖出部分房间。产权式酒店可以是公寓形式的，也可以是标准间形式的高档酒店。产权、经营管理模式、房间设计和配套相互交叉产生很多新型的酒店物业，开发和营销异彩纷呈。

商务综合体与商业综合体

当前商业物业集中了多种商业地产形态，如既有大型商场、专卖店，又有酒店、公寓、批发市场等，我们称之为商务综合体或者商业综合体。商务综合体和商业综合体的差别在于商业建筑以商务功能为主还是以商业交易为主。若写字楼、宾馆、商务公寓、会展的功能强，则认为是商务综合体，若在都市核心区，物业以购物中心为核心，百货店、大型超市、专业商店、专卖店等的零售商业为主，则可认为是商业综合体。商业综合体往往出现在商业街区，是商业区升级改造的结果。

商务综合体亦称综合性或者复合型建筑（群），集写字楼、公寓、酒店、商场、会展及影院等为一体，具有功能协同、空间紧凑、建筑复合、经济效益理想、时间节约、抗风险能力强的特点。商务综合体因其规模宏大、功能齐全，往往被称为城中之城，是城市功能的微缩，从而称为城市网络节点，在城市规划建设中扮演非常重要的角色。如美国纽约曼哈顿的洛克菲勒中心、东京的阳光城、北京的东三环与建国门外大街交叉口的国贸中心、东四环与建国门外大街交叉口的华贸中心均是商务综合体，规模宏大，功能复合，经济密度高。随着全国各主要确立了"国际化大都市"的城市定位，在城市的中心区，商务综合体呈现快速生长、快速复制的态势。

城市综合体

在商务(业)综合体发展的基础上，城市综合体发展起来，其功能的复合性更强、规模更大、交通组织更为复杂，土地利用强度更高。城市综合体基本具备了现代城市的全部功能，所以也被称为"城中之城"。这是最近几年商业地产业的热点。例如，大连万达第一代的商业地产多为商业综合体，体量较大的单体建筑，引入一家或者两家主力商店，然后再导入几个次主力店，其余的商铺卖给投资人，就像"盒子"一般，将商家装填进来。北京的万达广场增加了酒店、写字楼和公寓，成了典型的商务综合体。当商务综合体规模继续扩大，项目内单体多，住宅占比提高，商业街、室内步行街将各建筑空间联系起来，就是城市综合体了。

一般情况下，城市综合体集商业、办公、居住、酒店、展览、餐饮、会议、娱乐和综合交通等城市功能为一体的功能复合、高效率综合体，其各个组成部分存在相互依赖、相互促进、和谐共生的关系。就功能复合而言，城市综合体至少有三种核心功能，商业、办公、居住、酒店是基本的功能。早期的城市综合体类似商务综合体，但对大部分开发商而言，由于缺乏资金支撑，本来功能复合的商务综合体却因"拆分零售"弄得四分五裂，以求回笼资金，因此，开发商最后持有的物业反而较少，综合体的协同效应不彰。当复合进居住功能之后，通过住宅开发和销售，回笼资金和利润，用于支持商业物业、外部经济性较强的配套型物业(如影剧院)的持有，使得综合体的协同性大大增强。

城市综合体的规划设计理念演进为"HOPSCA"，世界各地有诸多按这一理念建设的商业区案例(如法国巴黎拉德芳斯)。所谓 HOPSCA，就是"HOTEL、OFFICE、PARK、SHOPPINGMALL、Convention、ARARTMENT"，是融居住、办公、公园、购物中心、娱乐、公寓等物业为一体的综合性城市街区。它是在总结城市中心区改造、新区建设经验教训的基础上提出的城市规划建设理念。

城市综合体一般在城市的核心地段选址,也有选址在城市郊区的,如法国巴黎的拉德芳斯商务区,是老城区升级改造和新城区扩展的动力引擎。我国大城市扩张速度极快,老城区的城市综合体和新城区的城市综合体发展均较快,而且,新城区的城市综合体好像在白纸上作画,建筑和功能布局更加完美,只是商业功能在发展初期遇到需求不足的"瓶颈",但随着新区扩张,"瓶颈"也逐渐被打破。城市新区的城市综合体多与政府规划相合,并获得市政府的大力支持(如配套费减免、地价低廉、住宅占比较高)。总体看,依托老城区的城市综合体更受欢迎,王健林领衔的万达广场和潘石屹领衔的 SOHO 系列盘踞在大都市核心区,是有深刻道理的。

城市综合体具有如下几个方面的突出特征:

1.交通的便捷性与高可达性。城市综合体因交通网络而生,居于交通便利的城市网络节点处,一般位于城市核心区,如位于城市 CBD 区、城市副中心或城市未来发展新区。它通常与城市地铁互联互通,处在至少两条城市主干道交汇处,与机场、火车站、长途车站通过四通八达的公交网络相连。自身拥有足量的停车空间,车行系统发达,人行系统也相当便利,构成树状交通网络,人们可以最快的速度、最短的时间到达目的地。在网络发达的时代,信息网络更是城市综合体的优势,借此可以不分昼夜地与世界各地互联互通。

2.城市综合体用地规划的高密度、高容积率和集约利用。为充分挖掘土地价值,相关部门在进行城市规划时,往往要求象征城市地标的超高层建筑、高层建筑、丰富的地下空间利用,土里利用的高强度,形成高楼林立的城市景观。人口密度往往是城市的峰值。不分白天黑夜,商务人群、居住人群、观光购物人群、娱乐人群,此起彼伏,成为地地道道的不夜城。

3.功能的无缝对接、完整性和复合性。城市综合体之所以被称为"城中之城""微缩的城市",就在于功能相互契合,功能完善,满足人们吃、喝、玩、乐、行等各方面需求，它本身就是一架完整的工作、生活配套运营机器。因此，城市综合体在土地利用上，强调均衡，合理搭配。

4. 建筑空间的连续性和完整性。包括横向空间的连续性、竖向空间的连续性、视觉空间的连续性和完整性。横向连续包括其与整个城市的连续、内部各组分水平方向的便捷沟通（地下通道的便捷、地面空间的美化与氛围营造等）；竖向空间的连续性指地下空间和高层空间的快速到达，不同建筑单体之间的互通互联。视觉连续性指建筑立面风格的整体性，让人产生浑然一体的丰富联想。

5. 地理标志性和巨大的社会、经济、人文效益。一般地，任何城市发展城市综合体，都对其寄予厚望，希望它成为城市的标志性建筑、城市名片，城市因之引以为荣。城市综合体还是都市生活的创新基地、时尚中心、新生活方式的源泉，由于城市综合体内企业实力雄厚、创新能力强大，企业总部聚集，而成为都市经济发展的引擎。由于它具有较强的开放性，与城市公共服务职能互为补充，也是市民聚集交往的场所，是社会、人文活动的中心。

6. 自我实现性。城市综合体是一种多功能复合体，住宅、公寓居住人群既是写字楼的使用者，又是商业经营的目标客户，是商业门槛人口的基本组成部分。商业经营反过来又为住宅公寓人群提供服务，促进住宅、公寓价值的提升。住宅和写字楼更是相生关系，办公和居住分离模式在交通拥堵的大城市越来越不受欢迎，两者近距离布局有助于减轻城市交通压力，缩短通勤时间，节约通勤成本。从开发角度看，住宅和公寓的销售回款及利润增强了开发商持有商业物业（百货、超市等）可能，使商业物业的可持续经营、树立品牌变为现实。

网络商业地产

前面提到网店对实体商业地产的扬弃，是虚拟商业空间对实体商业空间的扬弃。实际上，这一发展趋势已经非常明显而迅速了，我们研究商业地

产不能不重视网络商业地产这一新现象。

网络商业地产是以互联网（电脑、手机、数字电视等为网络终端）为基础，建立虚拟的商品和服务展示空间，约定商品买卖条件，然后通过物流系统将商品和服务递送至购买者的买卖方式。SOHO所推崇的居家办公概念是基于互联网的第一代网络商业地产，它是对写字楼、商铺空间的替代。网络商业的深入发展，形成B2B、B2C的网络交易模式，继而发展出如阿里巴巴、e趣之类的网上商城，在商城的虚拟空间内，商品和服务均可在网店展示并实现网络交易，这种网络交易平台就是地地道道的"网络商业地产"，建立并推广这种交易平台，吸引众多的商家和消费者进入该平台，相当于在城市的核心区建设一家超级购物中心，开发者能不在短期内致富吗？

现在又有新的网络商业地产形态，即把3D技术和网络对话技术、电子游戏的虚拟现实技术导入网店设计中，吸引品牌商家进场开店，让客户有种身临其境的真实感和购物的安全感。这比商品的平面展示方式有很大进步。

网络商业地产对实体商业地产的负面作用初步显现，例如，网络订票系统直接打通铁路局、航空公司与出行者之间的联系，票务代理就会受到强烈冲击，从而对商业地产的需求产生不利影响。网上店铺的低价格对实体店铺的商品需求产生严重打压，例如，客户在家中通过互联网看中某网店的一件服装，价格低廉，然后再去实体商店试穿，确定真材实料，然后再回到家中下单订货，这样实体商家的营业额会受到严重打压。但同时，实体商家会建一家网店，推销同样的商品以扩大营业额，那么，实体商店的租金会不会下降呢？这是非常复杂的问题。

我们相信，随着互联网技术的发展，网络商业地产将更加完善，消费体验将更加真实可靠，交易过程中存在的问题会逐步得到解决。作为商业地产的从业者和策划人，不得不重视这一新发展。尤其要认真研究其对实体商业地产的替代与打压，并在商业地产策划过程中加以利用和规避。

第三节 策划的一般原理

策划是什么？

从语源看,"策"是记载文字的"简"或者"占卜的蓍草"。可见,"策"和预测、筹划有关,可以被理解为"策略、谋略、计策、策动","划"有"戈和刀"之形,兵戈之意,也有将计谋刻在竹简上的含义。策划多与军事行动有关,"策"可以被理解为思想或者思维的创新性活动,"划"是行动指南和方案。现在,随着策划在经济、政治、文化活动中的广泛应用,其意义也日益丰富。关于策划的定义如下几种颇具代表性:

1. 房地产策划人王志刚先生认为,策划就是运用创造性的见解加之市场化的整合运营,以获得效益的一种商业化力量。策划不应仅仅停留在操作层面上,而应注重战略创新、理念开发。创新是策划的本源,策划的最大价值不是"克隆"已有的东西,而是采取超常规的战略思维,避免同质化竞争,找到一条通向目标的最佳路径[1]。例如,"草船借箭"（见本节案例）绝对是诸葛亮的创新之举——出乎周瑜的意料,也出乎曹操的算计[2],所以才能马到成功,做一本万利的大买卖。

2. 日本策划专家和田创认为:策划是通过实践活动获取更佳成果的智能,或智能创造行为。也就是在对企业内外部环境予以准确地分析并有效地运用各种经营资源的基础上,对一定时间内的企业营销活动的行为、实施方案与具体措施进行设计和计划。例如,诸葛亮的草船借箭就是"通过实践活动获得最佳成果的智能"。

---

[1] 《策划旋风》,王志刚著,人民出版社,2007年4月。
[2] 据说,曹操吃了败仗,回到洛阳,翻开易经一读,才明白易经中的一段话,只不过代价大了点。

3.著名策划人陈放认为策划是"为实现特定的目标,提出新颖的思路对策创意,并注意操作信息,从而制定出具体实施计划方案的思维及创意实施活动"。① 并认为,日本的策划叫做"企划",美国人的策划叫"软科学"、"信息咨询业"、"顾问业"。

4.策划相当于"庙算",是在测算基础上做出制胜的战略决策。"夫未战而庙算胜者,得算多也;未战而庙算不胜者,得算少也。多算胜少算,而况于无算乎!吾以此观之,胜负见矣。"②所谓"庙算"就是中国古时候凡国家遇及战事,都要告于祖庙、设于明堂,是分析形势、制定战略的方式,以"运筹于帷幄之中,决胜于千里之外"。其要者是基于物质条件和战争潜力,从道、天、地、将、法等系统比较、分析,对军事行动产生的各种可能性进行充分估计,制定预案,做出决策。

总之,策划是通过创新、创意行为更好地实现目标的智力产出行为,其核心是智能创意和创新,以最小的物质投入和最大的智力投入产生最大(佳)的效果。例如,诸葛亮在草船借箭一事上没费一兵一卒,用三天时间就"造箭"十万支,实现了智力投入对物质投入的替代。没有创意或者创新的活动只能算学习或者机械模仿,称不上策划。

策划构成六要素

1.策划对象(你是谁?)。策划的对象多种多样,例如,企业策划,文化活动策划,人才发展策划,土地价值提升策划,房地产营销策划,图书策划,等等。在草船借箭中,诸葛亮的策划对象就是"箭"。

2.策划目标(要到哪里去?)。即策划所要达成效果,使各种力量、资源朝共同目标前进,凝聚成合力。因策划是创新性活动,其目标不可能很具

---

① 陈放,《策划学》,蓝天出版社,2005年。
② 见《孙子兵法·始计》。

体,当然具体更好。所谓"条条大路通罗马,策划就是寻找最近的那条路"。故策划注重分析和把握策划对象,以求尽快确定策划目标。

策划目标分成两种,一者为价值,二者为意义,意义是高于价值的精神层面的东西,代表精神追求,是价值的浓缩,例如,真、善、美、义等就是意义层面的。在市场经济环境中,策划大多侧重价值提升、发现、创造及实现方面,是可量化的价值(价格)。但也有名胜古迹、区域人文文化的塑造等策划内容,这些内容之实施虽然不能立即产生价值,可间接地有助于价值实现。两军相交,攻心为上,"意义"策划就是攻心之术,其道不战而屈人之兵的目标。

3.策划信息。"巧妇难为无米之炊",策划人若对策划对象、执行主体、实施环境等一知半解,就难有好策划。"知己知彼,胜乃不殆;知天知地,胜乃可全"①,知己就是收集、分析策划对象、策划方案执行人等的主体信息,知彼就是了解竞争状态和竞争对手,知天是分析策划实施的时机信息,知地是指环境信息,如政策环境、法律环境、人文环境,等等。诸葛亮在草船借箭中就充分掌握了这四类信息,并加以系统利用,取得了出其不意的成功。

策划信息主要作用是调查研究要素信息,以拓展谋略空间,为系统整合打下基础。这就好比我们写文章先收集资料,然后用之以写出高水平的论文来。

4.创新性思维和方法(创意),原创价值最高。创意是什么?著名策划人陈放先生认为,"创意是延续人类文明的火花,他让我们把不可能的变为可能,把不相关的因素联系在一起,激发出新的生命的火花。"②创意就是创

---

① 《孙子兵法·地形篇》。
② 陈放,《策划学》,第七章,第83页,蓝天出版社。

新性的意念,或者灵机一动,或者顿悟,或者豁然开朗,发现一片崭新的天空,问题迎刃而解。习惯上,我们称创意为"点子"。创意实际上是多种因素、多种概念、复杂的地理系统交叉综合起来,策划人员苦思冥想,逐步提炼的概念或者方法的简练表达。在策划层面,"创意"、"创新"并非要首创,只要能较好解决问题均可称"创新"。例如,有人提出用"草船借箭"的模式解决经营中的问题(如挖竞争对手的人才,聘来为我所用,名义为借,实为偷),如果被证明可行,该点子本身就是创意!再如,房地产一度"欧陆风"盛行,欧陆风格可不是咱们首创的,可将它从欧洲搬到咱们大陆的想法是新点子,就是创意!

图1-3 策划功效:状态跃迁

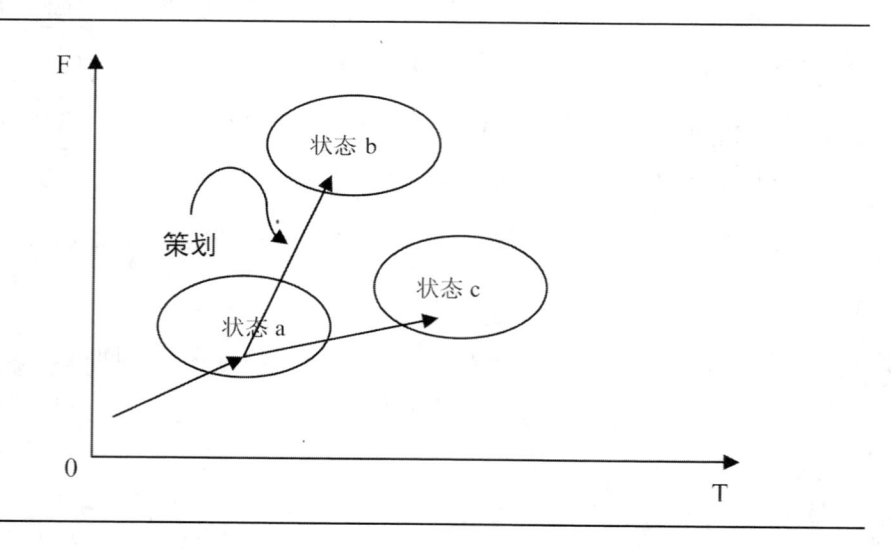

5. 智慧投入替代物质投入,呈现鲜明的效益放大性。策划的本质是以智力资源的投入替代物质资源的投资,降低投资成本,获得最大效益。一般地,开发商们聘请策划师、邀请专业技术人员、行业专家诊断,提出建设性意见,这类投入相对于土地价格、建造成本,可谓微不足道,但成效明显,具有很高的投入产出比。例如,诸葛亮在草船借箭中的作为,区区一介儒生,20艘小船,擂鼓的战士,两个时辰不到,就借来十万支箭,这是诸葛亮的智力资源投入替代了工匠、物料的投入,结果投入甚少,效果甚彰。

6. 实施方案。任何策划均应可操作、可执行,目标清晰、步骤明确、过程完整可靠,是一套连续的、前后一贯的操作方案。凡策划都要落实到策划方案上,以供利益各方评估、完善,是执行的依据。

案例 1 草船借箭中的策划智慧

《三国演义·草船借箭》一节中,诸葛亮的表现道出了"策划的谋略空间和谋略技巧"的精髓。

周瑜自知水平不及诸葛亮,便设计相害。军令帐下,诸葛亮斗胆签下军令状,约定3日之内造出十万支箭。周瑜想,人手、物料皆不备,诸葛亮怎么能在短短的3天内"造"出来呢?他死定了,而且他的死不是我周瑜的错,是诸葛亮逞能自找的。连鲁肃也感到大事不妙,唯恐坏了孙刘联合抗曹的大计。令他意想不到的是,诸葛亮依然不紧不慢,根本没有制造箭支的行动。直到他向鲁肃借船,船上绑满草人,凌晨乘着浓雾驶向对岸的曹营,鲁肃也还蒙在鼓里。等接近曹营,战鼓齐鸣,曹操以为周瑜大军掩来,就下令乱箭射击,不得轻易出兵作战,唯恐中下埋伏。如此,诸葛亮在天亮浓雾散去前,便"造"出了十万多支箭。鲁肃曰:"先生真神人也!何以知今日如此大雾?"诸葛亮对曰:"为将而不通天文,不识地利,不知奇门,不晓阴阳,不看阵图,不明兵势,是庸才也。亮于三日前算定今日有大雾,因此敢任三日之限。公瑾教我十日办完,工匠物料,都不应手,将这一件风流罪过,明白要杀我。我命系于天,公瑾焉能害我哉!"待到鲁肃把情况给周瑜一说,瑜大惊,慨然叹曰:"孔明神机妙算,吾不如也!"

上述故事揭示了策划的本质,主要表现为如下几个方面:

1. 语境的奇妙转换，是创新思维的源泉，是为奇门。周瑜命令诸葛亮"造"箭，其思维必然是：物料、工匠、时间、十万支箭，结果必然是"诸葛亮必死"，这是平常人都能想到的计策，不算高明。《孙子兵法》云："见胜不过众人之所知，非善之善者也。"周瑜的见胜之策实在很平凡。反观诸葛亮的计策，他综合了天、地、人各要素，阴阳变换、形势时的运筹，炒出一盘"借"箭的好菜，不但借来十万支箭，还保住了性命。图1-4清晰地显示，诸葛亮通过"借"之奇门，进入完全与周瑜不同的运筹空间，打开崭新天地，顺利地完成任务。

图1-4 瑜、亮获得箭支的凡门与奇门比较

造箭十万支　军令状　工匠　物料　时限　掣肘　违抗军令　痛杀诸葛亮　消灭竞争对手　独霸军功	借箭十万支　草船准备　天时把握　兵势紧绷　鲁肃合作态度　曹操的谨慎多疑　受箭的路径与时机　儒雅与诡道
周瑜的语境："造"之凡门	诸葛亮的语境："借"之奇门

2. 形、势的综合运筹——两军对垒，战弦紧绷，对方任何行为都有可能引起另一方的激烈反应。为了强化紧张感，诸葛亮采取了多种措施，如在多雾天，战鼓齐鸣等，好像大军压境，竟让多疑的曹操信以为真，乖乖放箭过来。

3. 天时、地利、人和的系统把握——在时机、地形、江流运动的选择上都是费尽了心机。在评价诸葛亮借东风时，国学大师南怀瑾说："……，不过十月有个小阳春，阴极而阳生，这时有几天气候的气温要回升。诸葛亮借东

风,就是利用这个气候。……这完全是诸葛亮玩的花样,东风哪里是他借来的,真正的原因是诸葛亮懂得《易经》,知晓天文,在某个气候的前三天后三天,会转东南风……"①就这么稍纵即逝的战机竟然被他抓住了,不是地理之功又是何者?"人和"是指诸葛亮有鲁肃这么个朋友,能暗地里切实帮助他,不然,草船借箭只是妄想而已。

4. 信息把握——孙子曰:"知己知彼,百战不殆;知己不知彼,一胜一负;不知己不知彼,每战皆负。"②诸葛亮不但料敌如神,而且对东吴的军事准备和意图却保密严谨,也严守自己意图,即使鲁肃也不透露分毫。这样才能达到"形人而我无形"、"无穷如天地,不竭如江河"③的目的。

5. 系统运营和精密安排——诸葛亮逼已入绝境时,已将战争中的全部要素考虑周全,才精心导演了草船借箭的大戏。任一环节掉链子,则全盘皆输。例如,消息走漏、雾天不来、敌人识破计谋都会使该计破产。但他综合考虑各种因素,终得"其势险,其节短"之效。

天、地、人知性与识性空间及其轻重之序

中国文化一直秉持"天、地、人"一体观,人生的最高目标是"天人合一",天地万物皆备于我,然后,运用之妙存乎一心,人的本心与外部世界的通路完全打开。孔子曰:"吾十五有志于学,三十而立,四十而不惑,五十知天命,六十而耳顺,七十从心所欲,不逾矩。"可见他对人事、物理的认识是有进阶的,人到了四十才对天地人有了完整的"知性",看得比较清楚了,不再迷惑。到了五十,才对"天命"这一形而上的概念有了认知。到了六十,才对自己交往的对象有了切身的感受,给予同情的理解,这是对"小我"的否定,而是对

---

① 南怀瑾,《易经杂说》,复旦大学出版社,2005。
② 见《孙子兵法·谋攻》。
③ 见《孙子兵法·军形》。

"大我"的张扬,进阶至自身与对象合二为一的境界,这时,孔子的识性空间完全打开。到了七十岁,则进阶到"天地人存乎一心"的圣境,心怀万物运化之律,举手投足皆合乎道。孔子用一生的学习和实践体悟"道",为社会设计理想模式,圣之至者也!这里不是在夸孔子,而是在让读者认识到,商业地产策划与运营,并非简单的事,学过几年就自以为了不起,它需要学习、实践、再学习、再实践,逐步提高,认识和理解天地人运化规律,并将策划活动建立在天地人系统之上。

在这方面,诸葛亮在草船借箭中的表现堪称楷模——知天,料定第三天必有大雾,然后算定大雾生成和消散的时机,这是对天文、气候、气象的认识;知地,对赤壁一带江水流动、河流走向有清晰的认识,对北方战士不习水战也有了解,由此判断双方兵力的优劣势;知人,对周瑜的借口杀人、嫉妒之心了然于胸,非有奇门不足以逃生,亦不足以达到联吴抗曹的目的;对鲁子敬希望孙刘联合抗曹的战略布局和为人厚道深信不疑,才敢向其借船借兵;对曹操的生性多疑有充分的把握,知道曹操军事集团在何种形势下不敢贸然出战,会乖乖地将箭射过来。上述因素有一不知,诸葛亮绝不敢导演"草船借箭"的好戏。"我命系于天,公瑾焉能害我"道出了诸葛亮对自己命运的把握方式:知天、运天、用天,天就是自己的护身符!此处,诸葛亮之"天"是"天地人"的有机混成。

天、地、人三者各有其内容与功用。孙子兵法云:"道者,令民与上同意也,故可以与之死,可以与之生,而不畏危。天者,阴阳、寒暑、时制也。地者,远近、险易、广狭、死生也。将者,智、信、仁、勇、严也。法者,曲制、官道、主用也。"其中,道、将、法属于人文因素,居于十分重要的地位。天主要指时机,寒来暑往、秋收冬藏、惊蛰冬眠是天地运行的结果;地则主要指地形地貌、通达性。天地之运行构成人的环境,人生天地间而有所作为,构成生态共同体。

人的作为首在利用天地之便利,故三者有轻重先后之序。孟子曰:

"天时不如地利,地利不如人和",即把人和放在第一位,与孙子的看法完全一致。人和的关键是社会理念、追求一致,朝着一个目标努力奋斗。其次是对带领社会大群前进的"将"做出知识、道德、人品等方面的规范要求,然后再对社会组织(如军队、企业)提出要求,要设立规章制度确保行动的一致性。

商业地产的策划与投资运营,实际上是"天、地、人"系统的综合运筹,是人们关于天地人系统认识的空间投影。万达商业地产模式、SOHO中国的商业地产模式、东方伟业的订单式Mall模式,其根本点是在人群集中的地方选址,龙跃于渊,此"渊"即是人群密集之地,然后再选择合适的时机,乘势而动。人们向某地聚集表明某地关系"人群的共同价值",是为"道同",道同即可共同谋求发展,道同是人和的根本。这构成了"将相"们的谋略空间,是策划家们施展才华的广阔天地。因此,商业地产策划首要在"策道",而非"策术",可惜的是,不少商业地产商不重视"道"的策划,反而在走错了路之后,再请高明求取"制胜之术",这些"术"都是小技巧,仅起到补救的作用,更别提锦上添花了。

策划的谋略空间——"形、势、时"的综合运筹

策划人在策划过程中,总是在一定的空间内进行,该空间既包含物理空间(自然环境、技术、资源),也含有人文空间(信息、知识、认识水平、阅历、智力、人事关系),谋略空间越大,创新思维的能力越强。谋略空间由"形、势、时"三维构成。

1. 形。《孙子兵法·军形》曰:"昔之善战者,先为不可胜,以待敌之可胜。不可胜在己,可胜在敌。""一曰度,二曰量,三曰数,四曰称,五曰胜。地生度,度生量,量生数,数生称,称生胜。"所谓"军形"即战争各方的力量对比,这种对比以地理山川、物产为基础,逐一比较分析,判断胜负之形。推而广之,"形"是指天、地、人要素自身的质与量及其相互的组合、布局形态,是

图1-5 策划的谋略空间与选择

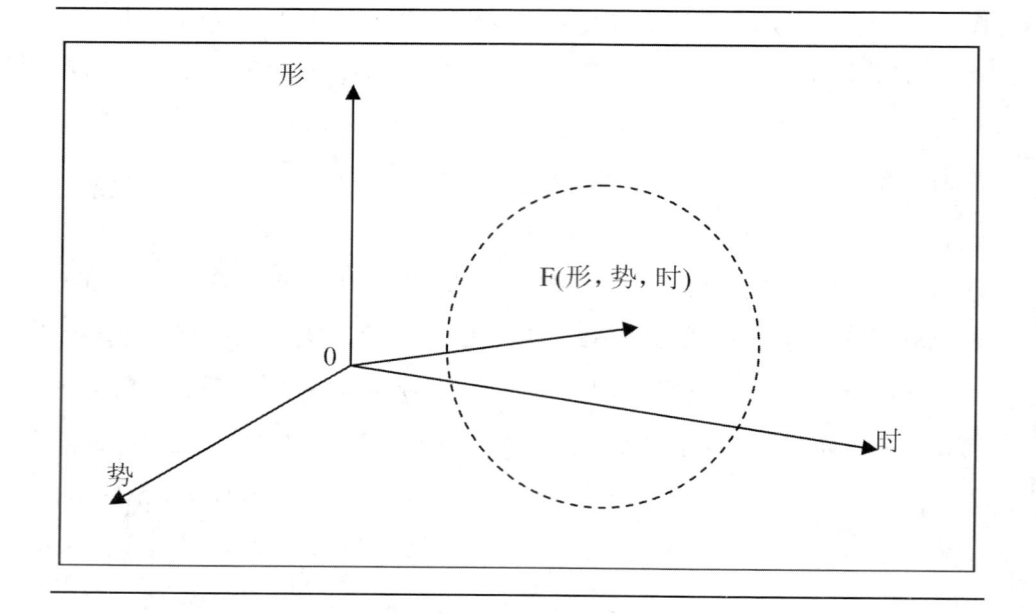

博弈各方力量来源、力量分布、力量动向的综合权衡。犹如我们下象棋,棋形是各种力量在空间上的布局,这种布局是力量相互关系的表达,即对弈双方的力量对比及力量演化的方式、路径。因此,"形"的另一个相似词是"局",布局、做局、局面、盘局、盘口皆是形,是指博弈双方力量形态。

2. 势。从字面看,"势"是力量含而未发或者有意识地压抑、掩盖力量的状态,"激水之疾,至于漂石者,势也。鸷鸟之疾,至于毁折者,节也。是故善战者,其势险,其节短,势如扩弩,节如发机。"力量的积累构成势,势的击发能产生无穷的力量。物理学的"势能"也是因为物质之间的相互布局的态势所致。要想理解势必须分析形,若要动势,必须变形。

3. 时。是"势"击发的时间点,为选择该时间点,必须研究事物发展的时间序列,分析各时间点形势变化的利弊。

"形、势、时"三者的运筹按重要性亦有原则。《孟子·公孙丑上》有言曰:"虽有智能,不如乘势;虽有镃基,不如待时。"人的智力水平再高,也不如乘势而为；即使有坚实的基础，也不如等待时机。所以，高等级的策划活动是借势、顺势，其次是寻找时机，然后才是动用自身的力量做事。

古圣先贤们深谙此道。如朱熹《读书偶感》有诗曰："昨夜江边春水生，艨艟巨舰一毛轻。向来枉费推移力，此日中流自在行"，亦道出了"形、势、时"综合运筹的密法。船、划桨人、河流、风景构成"形"，"春水生"为"势"的生成，"昨夜和此日"为时机的把握。抓住时机，借势而为。相反，如果不认真研究事物发展，不等待顺水而下的时机，而是费力地划桨、拉船，不就是傻瓜一个吗！

《孙子兵法·势篇》中亦说："故善战者，求之于势，不责于人，故能择人而任势。任势者，其战人也，如转木石。木石之性，安则静，危则动，方则止，圆则行。故善战人之势，如转圆石于千仞之山者，势也。"策划活动中，首要者是研究"势"，我们时常说"借势、造势、谋势、运势、任势、顺势"，反映了"势"的重要。如果我们能借势而为，为何还要自己费力地造势呢？其次是判断"时机"，这些都是高级的智力活动，不需要动用人力、物力，投入小而成效大。如果我们需要动"形"，改变事物的形态，就需要人力、物力之投入，投入产出比就要逊色了。

策划所谓的创新是指什么？

著名经济学家约瑟夫·熊彼特以创新理论解释资本主义经济发展周期，尤其是长周期成果卓著。他认为所谓创新就是要"建立一种新的生产函数"，即"生产要素的重新组合"，就是要把一种从来没有的关于生产要素和生产条件的"新组合"引进生产体系中去，以实现对生产要素或生产条件的"新组合"；他把创新分为五种：技术创新、生活方式创新、新市场开发和新资源发现，具体指：

1. 产品创新——即制造消费者还不熟悉的产品或产品新特性。

2. 技术创新——采用一种新的生产方法，即在有关的制造部门中尚未通过经验检定的方法,该方法绝不需要以科学新发现为基础,也可存在于商业经营方面处理一种产品新方式之中。

3.市场创新——开辟新市场,即有关国某一制造部门以前不曾进入的市场,不管这个市场以前是否存在。

4.资源配置创新——掠取或控制原材料或半制成品的一种新的供应来源,也不问这种来源是已经存在的,还是首创而来。

5.组织创新——实现任何一种工业的新的组织,比如造成一种垄断地位或打破一种垄断地位。

如果我们对照前面我们对策划概念的分析和案例,就会发现,策划本质上就是熊彼特所谓的创新,创新并非单指发明、创造,如果我们通过借鉴他人已经使用过的方式、方法能够较好地解决我们面临的问题,能取得理想的效益和投入产出比,这种"拿来主义的想法"本身就是策划,所以我们说策划无处不在。例如,诸葛亮的草船借箭就是技术创新,是一种"造箭"的新方法;购物中心(shoppingmall)概念是舶来品,从美国来到中国,对中国开发商而言是产品创新,对于沃尔玛、家乐福等国际商家而言,则属于市场创新,发现并开拓新市场。策划就是对生产力要素的重新组合,形成新的产品、模式、方法等,商业地产策划的本质即在此。

有策划家提出"全球性创意采购",就是把相关的思想、方式、方法、概念融会贯通,寻找并设计最适合项目的解决方案,这就是策划。例如,潘石屹的 SOHO 概念就是舶来品,他采取拿来主义的办法,根据北京的房地产市场发育状况,结合自己的理解赋予 SOHO 新的内涵,用在现代城的设计与营销推广上,取得了巨大的成功。虽然是拿来主义的,但从国外拿到北京,在北京就是新鲜的东西,就是创新,是外来概念的本土化。正像马克思列宁主义进入中国,与中国革命实践结合,解决中国的问题,产生了毛泽东思想一样,是惊天动地的策划。SOHO 概念后来被全国各地的开发商广泛使用,大都取得了成功。运用概念解决地方性问题就是策划。

必须指出的是,原创性策划具有最高的价值。潘石屹率先将 SOHO 概念导入中国大地,演绎得出神入化,充分地"榨取"了 SOHO 的剩余价值,其他并无比肩者。王健林领衔的大连万达演绎"商业地产订单模式",走在商业地产开发的潮头,也从本概念中获得最大的利益,全国难有对手。

策划创新性的动力来自"问题意识"。在商业地产实践中,会遇到种种问题,每个问题都是"形、势、时"综合作用的结果,也是策划要解决的对象。策划人的任务就是在"形、势、时"空间中思考,发现一条最理想的路径以解决问题。例如,商业地产开发需要巨额资金,处于发展初期阶段的开发商如何筹措资金是核心问题——股权融资能力有限,商业贷款也面临担保品不足的难题,故"商业物业散卖以回笼资金"是商业地产的主流模式。当开发商积累实力到一定程度,纷纷上市,融通资金,"商业物业持有论"便有了市场,舆论普遍支持商业地产开发商持有物业。可是,随着商业物业开发规模持续扩张,上市融资额也不能支撑商业物业的大量持有,便把商业地产模式推向"城市综合体"发展新阶段,用住宅、公寓、写字楼等易于分割销售的物业销售回款(含开发利润)支撑酒店、百货等物业的持有。我们看到,商业地产开发概念的每一次转型升级,都是"形、势、时"综合运筹的结果,是为解决当时的问题而设计的。

创意之一:从"红海"到"蓝海"——策划"语汇"和"领域"

在《蓝海战略》一书中,作者把充满竞争的领域称为"红海",在这里,产业边界被划定并为人们接受,企业试图击败对手(如周瑜想借机杀死诸葛亮),以获取最大的市场份额(战争的主导权)。随着市场空间越来越拥挤,利润和增长前途也就越来越黯淡,残酷的竞争也让红海越发鲜血淋漓(周瑜被诸葛亮气死!)。而超越传统竞争领域进入没有竞争的市场领域,就叫蓝海,它代表着亟待开发的市场空间,代表着创造新需求,代表着高利润增长的机会,它是在现有产业边界之外创建的①(周瑜如果为诸葛亮另设一职,怎么样?)。

策划就是通过智力投入,在现存的领域之外发现一片崭新的领域(周瑜显然没有策划他和诸葛亮的关系)。在创建新领域上,"蓝海"和"策划"追求的目标惊人地相似。在草船借箭一案中,诸葛亮否定了传统的造箭模式——组织人力自己生产,把思维空间扩大到敌人手中的箭,妙计便油然而生。图1-6就清晰地表达了这种思维模式。

我们把一种思维空间内所包含的要素集合称为"领域"(图中方框所示),要素以各种词语表达,这些词语构成"语汇",语汇就是思维空间集合,在这个空间中,不同的要素相互关联。策划人往往能发现最佳联想并将某种联想的作用放大。一般地,联想来自于切身的学习和生活经验,而策划人员的联想往往要超出自身经验之外,超越联想壁垒。就好像作同样题目的文章,小孩有小孩的"语汇"和"思维领域",成年人有成年人的"语汇"和"思维领域",两类人的文章无论从用词、内容和思想都会不同。策划要么是语汇的重新组合,要么是语汇空间的扩大,形成新的思维组合,进入新的思维领域。

例如,就备"箭"问题,诸葛亮面临多种选择——发动兵工厂的人加班加点地造、动员蜀国的百姓造、从市场购买、向友邦借。这些都是传统的思维领域,都不能在三天内备足十万支箭。孙子曰:"见胜不过众人之所知,非善之善者也",诸葛亮当然不是等闲之辈,他把"向敌人借"这个词语加入到思维领域,崭新的思维空间豁然打开。如果诸葛亮不能跳出周瑜设下的"红海"边界,进入到草船借箭的"蓝海",那么,他必遭暗算!

---

① W.钱·金等,《蓝海战略》,商务印书馆,2005年5月。

第一章 商业地产及其策划：一般概念

因此，策划最重要的是寻找和整合策划"语汇"，而寻找和整合的关键是发现"词语"所指示物的价值。例如，一般人也能想到向敌人借，但他们很难设计完整巧妙的借箭方案，那么，"点子"沦落为幻想！诸葛亮通过系统运作，不但发现而且实现了"点子"的价值！这说明策划人不但要知识深厚和阅历丰富，而且还要洞察力深邃和运作力超群。诸葛亮之所以自信地说："我命系于天，公瑾焉能害我哉！"是因为他知天，懂得天地运行的规律。

图1-6 策划语境转换：创意是动力

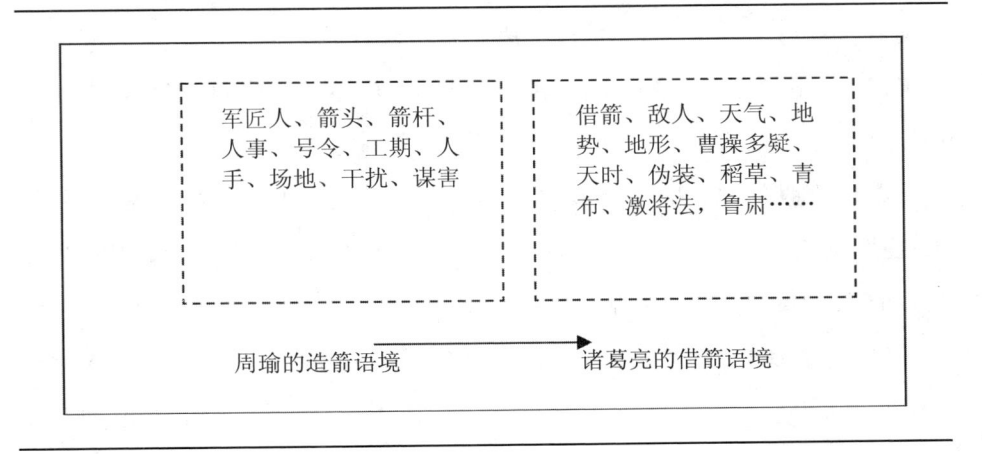

```
┌─────────────────────────────────────────────────────┐
│  ┌─────────────────┐      ┌─────────────────┐       │
│  │ 军匠人、箭头、  │      │ 借箭、敌人、天气、│       │
│  │ 箭杆、人事、号  │      │ 地势、地形、曹操 │       │
│  │ 令、工期、人手、│      │ 多疑、天时、伪装、│       │
│  │ 场地、干扰、谋害│      │ 稻草、青布、激将 │       │
│  │                 │      │ 法、鲁肃……      │       │
│  └─────────────────┘      └─────────────────┘       │
│                                                     │
│       周瑜的造箭语境  ────▶  诸葛亮的借箭语境       │
└─────────────────────────────────────────────────────┘
```

每一种语汇代表一种联想思维模式，词语之间的联想受到多种因素的影响，一旦形成习惯，就会阻碍创意的产生。所以，创意要求我们不断地突破联想壁垒，进入崭新的联想天地[①]。图1-6中，每个领域代表一个联想思维模式，只有我们敢于抛弃旧的思维领域，才能有创新性方案。周瑜的思维领域就是习惯的，比普通人的认识高不了多少，计谋焉能瞒过诸葛亮。而诸葛亮的思维模式超越了习惯，进入到前无古人的思维领域，结果取得了巨大成功。如果不是新方法，怎能骗过老谋深算的曹操和吴军统帅周瑜呢？

---

① 相关问题请参考《美第奇效应》第二部分，商务印书馆，2006年3月。

创意之二：摆脱"思考假象"，让心"无限"徜徉

近代英国哲学家培根（Francis Bacon，1561－1626）提出著名的观念，名之为"打破假象"，意思是每人心中都存有假象或偶像，立在我们面前阻碍我们正确思考。他认为我们要打破的假象有四种：种族、洞穴、市场和剧场[1]。意思概略如下：

1. 种族假象。将人类种族之需求当做唯一的判断标准，认为宇宙万物皆为人而存在，一切价值皆以人为准的想法或者观念，称为种族假象。例如，苹果之所以红，是为了引起人们的食欲；狗之所以会叫，是为了看家护院；太阳高悬，是为了给人照路，等等。种族假象很容易使人犯主观主义的毛病，甚至形成人类中心主义。结果，限制了自己的思维空间，致使谋略空间被大大压缩。

2. 洞穴假象。是指每个人都好像井底之蛙，通过井筒看世界，坐井观天，岂不知天地之大！现实生活中，这一假象实在难以避免，人们看世界总是以自己的阅历、经验为基础，透过自己的价值观评价周围发生的一切。"自己的价值观"就是"洞穴"，往往使我们以偏概全，不得认识事物本来面目。例如，我是学地理的，遇到事总要和地理联系起来，地理对于我就是"洞穴"；再如，我是搞房地产营销的，总对房地产方面的信息敏感，其他则漠然了。我关注的对不对，对！但因此而否定了别人的关注或者价值感受，就有可能犯错误。所以，通过"洞穴"看到的东西未必真实全面，造成假象。

3. 市场假象。意思是思考过程中混杂着传言或道听途说的东西，到处弥漫，层层雾障阻碍我们正确思考以致不能窥见真实面貌。《战国策·魏策》记载有"三人成虎"的典故，大意说：魏国大臣庞葱在陪魏太子到赵国去做人质临行前，对魏王说："现有人来说街市上有老虎出没，大王相信吗？"魏王道："寡人不信。"庞葱说："如果有第二个人说街市有老虎，大王相信吗？"

---

[1] 傅佩荣，《哲学与人生》，东方出版社，2005年第一版。

魏王道:"寡人将信将疑了。"庞葱又说:"若有第三人说街市有老虎,大王信否?"魏王道:"寡人当然信也。"庞葱就说:"街市不会有老虎乃明事,可经过三人进说传言,好像街市真有老虎。现在赵国国都邯郸离魏国国都大梁比这里的街市远了许多,议论我的人又不止三个,万望大王明察。"魏王道:"一切我自己知道。"后来庞葱陪太子回国,魏王果然没再召见他。市乃人口密集处所,当不会有老虎。说市有虎,显然是造谣、欺骗,但人都这么言说演绎,若非从事物真相看,轻信为真极有可能。故事昭示着,判断事之真伪需经细心考察和思考,不能道听途说。

4. 剧场假象。是指一个人有一套完整的意识形态,一旦接受一套哲学或宗教信仰,就好像接受舞台剧,则全套展演,并认为人生或者生活就是如此这般,从而排斥了其他思维模式。例如,一些人学了唯物主义,就视唯心主义为异端,一概予以否定。结果"一叶障目,不见泰山",否定了世界的丰富性和思考的多维性。再如,信奉社会主义的人会把资本主义想象成一文不值,好像人间地狱;而信奉资本主义者,也把社会主义想象成毒蛇猛兽,结果造成水火不相容之态势。若我们突破剧场假象,深入对方领域看一看(换位思考),相互借鉴,则有助于社会的健康发展。

从谋略空间概念看,所谓"思考假象"是指我们思考的局限性,也就是谋略空间的狭窄性,都好比坐井观天的青蛙一样,只看见井口上方的天空和白云,其他都看不见。"假象"就是那"井口",假象越少,思考的限制越少,谋略空间越大。也意味着我们能在更广泛的天空中思考和创意。

我们不妨借用新儒家代表人物牟宗三先生的"无限心"范畴说明。思考的假象越少,对"心"的限制越少,心就越能无限制地翱翔。如此,创意的空间才完全向策划人员打开。从另外一个角度看,"让心无限制"就是放弃脑中的所思所想(让心无执著),使潜意识发挥作用。实际上,大多经典创意是在刹那间产生的,这个刹那间在禅宗中称顿悟(sudden light),在哲学家为洞见(insight),策划上叫创意(innovative sense)。

创意之三：打好手中的牌——策划之精神

美国前总统艾森豪威尔将军，年轻时和家人打扑克消磨时间，整晚手风不顺，抓的都是很糟糕的牌，连输好几局之后，便开始烦躁起来。当再一次看到必输的牌面时，他诅咒起这可恨的坏牌来。他的母亲静静地看了他一眼，然后说："你到底还打不打牌？上天给你的就是这样一副牌，如果你不想放弃，就请打好你手中的牌。"

艾森豪威尔从母亲朴素的话里听出了某种人生哲学，听出了拼搏的真谛，这让他受益匪浅。从此以后，他一直记住母亲的这些话，不管生活多么艰苦、学习训练多么困难、战争多么残酷和不幸，总是以积极乐观的态度去迎接命运的每一次挑战，尽力做好每一件事，打好手中每一张牌。其实，策划过程也是"打好手中的牌"。

首先，策划人手中的策划条件相同，例如对共同的策划对象，策划条件和资源都是和尚头上的虱子——明摆着，张三和李四抓到的牌是一样的。

其次，牌虽然一样，可不同的人有不同的打法，张三水平高，能将手中的牌组合成富有战斗力的队形，根据"战场形势"使用资源和力量，结果取得较为理想的效果。而李四水平低，不但不会组合，形不成合力，而且，也不会出牌，东一榔头，西一斧子，好牌也会被弄糟的。

最后，李四水平高在何处？首先，对"牌的价值"认识深刻。例如，各方出牌到最后，红桃六就是大牌，而在开始时，根本算不上什么，这是资源和时机的组合问题。再如，自己手中的牌虽然不成样子，但如果和"同伙"手中的牌结合，可形成 $1+1>2$ 的威力，这属于资源整合问题。在打牌过程中各方会释放信息，打得好坏还取决于对信息的加工处理和判断能力。

现在让我们回归头来，看看诸葛亮和周瑜是怎么打牌的吧。他们手中握的牌没有太大差别（曹操、军队、工匠、天气、战船等），甚至周瑜的牌还要好得多。诸葛亮通过奇思妙想，有所取有所不取，达到了借箭的目的，而周瑜却连个杀诸葛亮的借口也没抓住。难怪他仰天长啸"既生瑜，何生亮"。

如果我们能让对手也说出这等话,不是相当于诸葛亮的大策划家又是什么?

创意之四:出奇必须守正

孙子兵法云:"凡战,以正合,以奇胜。奇正之变,无穷如天地,不竭如江河。"何为正? 如行军作战,"正"就是大部队的战斗力,综合的作战能力,作战士兵的骁勇善战,后勤保障及时有力,将领指挥有方,作风顽强,不怕牺牲。"奇"就是特种作战部队,深入敌后搞破坏活动,专打敌人的七寸。特种作战,人人皆战士,情报人员、外交官、挑拨离间者、暗杀勇士,皆为奇兵。奇兵是用来破坏、建设关键节点,但如无大部队的配合,一点意义都没有。而大部队的强攻硬闯,会造成巨大的人力、物力的损伤和浪费,奇兵往往能出其不意地配合大部队取胜。因此,守正出奇是我们巧妙利用力量的方式。就这方面的智慧,世界各国罕有与我们中华民族比肩者!

广言之,"正"是任何事物的一种基本素养、能力和德行,是行动的基础;"奇"是综合运用"正"的能力高效完成任务的能力和办法。以参天大树为例,"正"是树根和树干,树根负责稳固和吸收养分,树干负责传送和支撑万钧重担,"奇"是树枝、树叶和鲜花、果子,树枝的形状决定开花量,争奇斗妍的鲜花决定坐果率,树叶决定光合作用固定的能量。哪一部分最重要呢? 根最重要,这是生命的本源。老子曰:"夫物芸芸各归根,归根曰静,静曰复命,复命曰常。"我们要把握命运,必须把握"根本",回归生命的本源。

"守正"就是要坚守"基本的实力,正确的道路和原则",包括人的品行、知识和技能。一个人从呱呱坠地到读完大学,一直在做培养和塑造"正向力"的功课。"出奇"是正向力的"功用",依靠策划,高效率地组织各类资源,起到事半功倍的效果。如果没有正向力为基础,踏上社会,工作不但做不好,文章也写不成,连个工作总结都写不好,惨不忍睹,还想拿高工资、得到提拔,天底下哪有这等好事? 如果我们不做"守正"的工作,总想"出奇",就如同小树长歪了一般,当发现歧路走不通,想修剪再上正途,可我们会发现,

修剪后的走向仍然是歪的,再修剪,还是歪的,树干不但曲曲折折,还伤痕累累,耗费掉人生太多的精力。如果我们一开始就长得笔直,根正苗正,成长起来后,再对枝叶善加修剪,一定会结出累累硕果。可我们当下的社会都在追求急功近利,树苗尚小,就剪枝,让其早结果;孩子尚小,就鼓励其打工赚钱,知识不进,品德不修,长大后还有结果的能力吗?

上述分析看似与商业地产策划无关,其实关系十分密切,因为道理相通,是为大同。其意在于让读者领会为何要"守正出奇"。就商业地产策划而言,"守正"就是要遵循商业地产投资、开发、销售、运营的基本规律,做好产品规划、设计和建设,形成一种正向的、积极的力量,然后再"出奇",采取创新性的思维方法解决规划、设计、营销、投资、招商等方面的问题。例如,万达集团推出的"订单式商业地产"表面看是"出奇",实际是"守正",守商业地产的"内容"之正——为了创造"篮子"的需求,首先把篮子准备要装的鸡蛋生产出来。潘石屹领衔的 SOHO 中国坚持在一线城市的核心地段开发项目,意在守"区位、地段"之正。反观那些烂尾的商业地产项目,往往是不"守正"者,位置偏远、交通不便,前景不明,就会在"出奇"上下工夫,张罗各种各样的销售方法、概念、活动,以瞒天过海的战术、战法忽悠大众。因此,商业地产策划的第一原则是"守正",培养商业地产的正向力,弥补短板,形成综合实力,然后再"出奇",才有良好的效果。策划人员拥有丰富的知识、阅历,在天地万物中"采购、组织"策划的材料,方能"出奇策",没有根基的空想、幻想不能产生有效的策划!

第四节　商业地产策划的基本内容

商业地产策划

商业地产策划系指从商业地产产品规划和设计、建设、租售、招商和投资运营的目的出发,运用商业地产的基础知识、基本理论和策划方法技巧,用最大的智力投入,提出、制定并实施高效率的系统解决方案,以获得最大价值和意义的连续性的行为。作为房地产营销策划的一个组成部分,商业地产策划除要遵循一般规律外,还要遵循其独特的规律。一般地,商业地产策划具有如下特点:

第一,全程性和连续性。系指商业地产策划贯穿从产品规划至招商、商业经营的各个阶段,每个细小的动作都应放在整个体系中加以策划,具有完整性、全程性和连续性的特点。商业地产开发和运营实践中,前期忽视策划,违背商业地产规律选址、设计、招商,造成不可收拾局面后,再邀请策划专家"救火"的案例不胜枚举,可策划专家只能在长歪的树上修剪,长出的枝叶即使再"正",整体看还是"歪"的。如"售后返租"模式,就企业看似乎很正确,可对于投资购房者的长期利益未必是好事,因为其中存在着"价值欺骗"的嫌疑;有的商业地产项目立足于"卖光",对商业经营漠不关心,结果严重损害了投资购房人的利益。订单式商业地产模式之所以被人广为称道,就是因为它贯彻了全程性、连续性的策划思想,从投资的源头解决问题。

第二,策划的一般原理和商业地产的特殊性相结合。就商业地产而言,其本身也有运行的基本规律,如商圈规律、地段规律、价值规律、商业经营规律、业态演进规律、商业空间区划规律等,我们在掌握上述规律的基础上,再与具体项目结合,分析商业地产项目的特征,才能提出系统的解决方案。

第三,商业地产的外部价值是否最大化是衡量策划功效的重要指标。

与住宅不同的是,商业地产具有很大的"外部性"。"外部性"是指自身的行为对环境的影响。例如,某社区缺少卖日用品的生活便利店,我们在此选址建造一个超市,让居民生活便利了。但有一点我们可能认识不到,社区的住房价格因超市开业迎客提高了一大截。住房价格提高就是超市的外部性,超市的建设者和经营者无权瓜分。为了让这些"提高的价值"内部化,归超市建设者和经营者所有,开发商们便把项目做大,形成超级大盘。这也是城市综合体越来越多的内在动力。

商业地产的外部性越强,越表示它的价值越高,越有必要尽快开发建设。外部性大小可用"商圈容量和需求缺口"计量。外部价值不但指可用货币计量的部分,还有部分是不可计量的价值,我们通常称之为"意义"。例如,商业地产是"城市客厅"、"城市形象标志"、"娱乐和教育场所"等。人们为追求"意义"而来,便是商业交易机会的产生源泉,从而转化为可货币计量的价值。

第四,商业地产策划重点是"位置评价和市场定位",难点是商家需求与商业空间的匹配问题。位置和区位决定商业地产的价值,建设与区位价值相匹配的物业是开发成功的密码。在商业地产开发与营销实践中,商业地产的难点是招商,第一是笼络不到商家;第二好不容易笼络到商家,又因商业空间不合要求而告吹;第三,在其他都合适的情况下,租金水平未必能谈得拢。因此,大多数商业地产开发商最为困惑的是:房子易盖,盖好了,谁来使用?如果事先不能确定租用者和经营者,巨额资金投下去,如果长期找不到经营者,怎么办?风险谁来承担?商业地产策划的重要任务之一就是消除不确定性,为开发商解疑释惑。

商业地产策划的"天、地、人"认知空间

就商业地产策划而言,"天"是指运营的时间要素,亦即时机。从大的方面说,企业是不是介入商业地产开发,时机是否成熟?现在处在经济周期的

哪个阶段？应该卖房还是应该买地？SOHO中国潘石屹先生经历了海南房地产泡沫的生成和破灭的全过程，对风险控制比较严，他的商业地产事业就很注意"反经济周期操作"，在2008年年底经济危机爆发后，2009年他的公司手中握有上百亿的现金，从市场上收买廉价的"烂尾楼和举步维艰的开发项目"，这就是商业地产策划的"天时"因素（详见第八章案例二）。从中观层面看，商业地产项目启动的时机是否成熟？区域更新或者发展速度能否推动物业价值和商业经营达到高峰？例如，郊区型批发商城能否获得"被商业中心更新改造撵出来"的商户的支持？

"地"即地利，这是商业地产策划的核心问题。与居住类物业不同，商业地产特别强调"区位和地段"，包括区位等级、区位发展潜力和地段特色。系统研究商圈和商圈容量，解读"土地密码"是商业地产开发和运营能否成功的关键。

"人"即人和。百姓在街市聚集，就是人和的表现。如何吸引商家、消费者到商业物业所在地聚集是商业地产策划的主题。因此，便利性、易通达性、舒适性、娱乐性、价值分享性、出行成本最低等种种引发人们"聚集"的要素便是商业地产策划和规划设计的主题。

商业地产的"形、势、时"谋略空间

商业地产之"形"，从参与主体看，主要指开发商、投资商、运营商和物业持有人的"权数""轻重"，如开发商的综合实力、投资者的实力及其战略发展目标；从物业客体看，主要指物业的体量、在区域空间结构中的位置、相邻物业的功能的竞合结构、物业的功能组合结构及匹配性、建筑空间的联通性等方面。

商业地产之"势"，从参与主体看，是指其发展阶段、发展速度和发展质量；从发展环境看，指产业环境发展趋势、方向，关键资源的发展趋势（如融资环境趋紧还是宽松、土地供应政策的宽紧趋势）、城市功能空间的演进趋

势;从物业客体看,主要指商业经营模式和出行方式的变革推动的商业建筑功能空间设计发展趋势(如汽车时代需要庞大的停车空间,参观科技馆与购物出行一次完成,年轻人谈恋爱看电影、购物同步进行)。

商业地产之"时",是指发展时机,亦即"势"的击发时机(与上同)。它是通过对形、势的研究得出的能获得最大行动效果的时机。就策划而言,"势"的研判居于中心环节。读者若要进一步理解三者关系,请参阅第八章的案例分析。

商业地产策划的核心内容

1. 商业用地的价值判别与发展定位

策划人员必须回答:开发什么样的物业才能实现价值最大化?为此,策划人员必须研究地段、街区、商圈、商业功能演变、不同类型物业与地段的经济效果,甚至要研究物业建成后物业与街区发展的互动关系。价值判别结论决定项目的客户定位、建筑定位、形象定位和价格定位。

2. 商业地产投融资策划

商业地产开发和运营的突出特征是需要巨资投入(初始投资和总投资),筹措足够的资金是项目能否成功的关键。为筹措资金,赢得投资人(银行、基金、信托机构、独立投资人、投资公司、开发商等)的青睐和认可,必须制定系统、科学、完善、可实施的可行性研究报告,描绘完整可信的投资收益"路线图"。

根据融资方案,企业应通过招商寻找潜在投资人、建立融资渠道,并评价投融资方案的成本和收益,选择最合适的方案。例如我们有从银行贷款和投资人出资入股两种融资方案。银行虽不分配利润,不干涉经营管理,但要贷款利息;后者不要利息但要参与分配利润,介入公司经营管理。究竟如何选择,应具体问题、具体分析。

3. 商业地产价值链构造和策划

商业物业的开发和运营是价值创造和分配过程,发现价值和创造价值同等重要,价值受多种因素和规律的影响,没有深厚的价值理论功底就不可能制定完善的价值链策划活动。价值链构造包括产品纵向价值链和企业内部价值链。针对一个商业地产项目,首要的是构造产品纵向价值链,把参与商业物业开发和运营的各方利益有机地联结起来。着眼于长期发展的企业为适应商业地产的开发和经营,也采取组织措施构建企业内部价值链。

4. 商业地产建筑策划

商业建筑一般由主要营业空间、附属营业空间、配套空间和共享空间构成。建筑策划意在优化建筑空间与经营业绩之间的关系,优化建筑空间的功能组合,以降低成本,提高使用率,实现效益最大化。为此必须采取科学的建筑设计和评价方法,遵循整体化设计和全过程监理理念。

5. 商业地产技术策划

建筑和管理技术发展迅速,例如节能技术、智能化技术、无线通信技术、钢结构技术、自动化车库管理系统等不断推陈出新,策划人员应在准确把握发展趋势的前提下,准确评价技术的经济技术合理性和营销价值,坚持经济与技术联系原则,提出价值最大化技术方案。

6. 商业地产营销推广策划

亦即销售促进,实质是把商品和服务的信息有效传播给目标客户,促使客户愿意购买。传播的最佳模式是整合营销传播,超越传统的 4P 理论,用 4C 理论指导传播实践,整合生产、管理和营销活动。

7. 商业地产招商策划

招商是商业地产永恒的主题，也是难点。在商业地产开发的不同阶段，招商内容不同。例如，项目前期招商重点是寻找合作伙伴、出资人，与大商家签订合作合同；建设过程中的重点是物业销售；建设后期招商内容转变为寻找中小经营者进场经营；投入使用若干年后根据形势发展，招商的目的是不断地优化客户组合。

商业地产的资产属性与策划主诉求

任何能带来预期收益的物项都可被视为资产。商业地产的价值必须在商业、生产活动的收益中体现，亦具备资产的本质特征，一般被视为企业和个人部门的固定资产，可以带来预期收益。我们可从如下四点理解商业地产的资产属性与其策划的主诉求之间的关系：

图 1-7 供应的稀缺性与价格

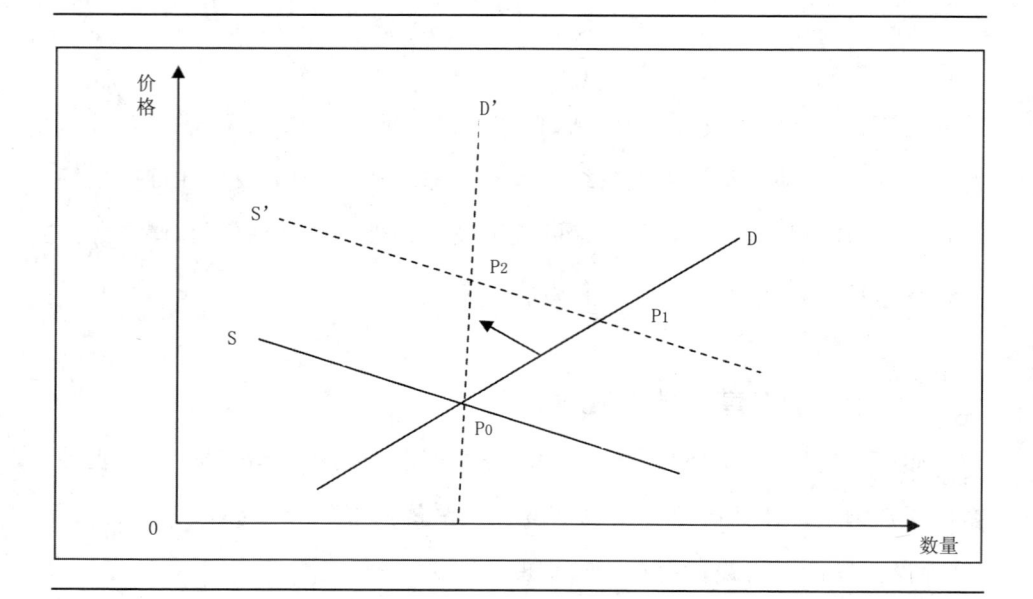

第一,稀缺性,判断资产的稀缺性程度是资产投资的根本。根据供求关系曲线,一种商品越是稀缺,供应曲线变得越来越垂直,由 D 转变为 D´(见图 1-7),供应的价格弹性变小,价格上涨并不能带动供应的大幅度增加,当需求曲线由 S 上抬为 S´时,稀缺性产品价格上涨幅度大($P_2 > P_1$),商品价格取决于需求,需求越大,价格就越高。同样地,若需求减少,稀缺性产品价格也呈现"雪崩",快速下降。如名人字画、黄金等,价格提升,供应量并不能快速增加,人们便把它们作为投资对象。但当经济不景气时,无人问津这些好看不中用的东西,门前冷落车马稀,这些资产的价格就会直线下降了(S´滑落至 S,价格从 P_2 下降至 P_0)。

稀缺性的另一面是不可替代性,或者说商品的交叉弹性小。例如,写字楼价格和租金上涨了,企业便租用住宅做办公场所,这时写字楼价格难以坚挺,可很多大城市禁止企业在居民区租用住宅办公,住宅不能替代写字楼,两者的交叉弹性小,写字楼的价格就会重上快速提升的轨道。

就商业地产而言,稀缺性来自于土地的自然垄断和人为垄断。从字面意义看,垄断就是对土地的绝对占有。我国各城市,土地供应量及供应渠道被政府垄断,政府代表全体人民管理和向市场供应各类土地,收取土地使用费,用作商业开发的,要缴纳土地出让金。实际上,决定土地价格的主要因素不是政府垄断,而是"区位"、"地段"的自然垄断。因商业交易活动的聚集性推动了区位和地段的生成,区位和地段反过来强化了土地的"稀缺性"。政府作为全体百姓的代表行使所有权垄断,获得垄断利益,开发商也会从获得"垄断价值"的残羹冷炙,或者在自己控制土地的时段内再造垄断价值,赚取超额利润。

商业地产的稀缺性通过"区位"和"地段"表达。在城市的核心区位和地段,用作商业地产开发的土地是稀缺的,建成的房子也是稀缺的。为减轻稀缺性的压力,城市核心地段不断地更新改造,建起高楼大厦,可相对于城市的快速发展,供应量还是满足不了需求,形成相对的垄断性供应,从而能获得垄断价格。这是商业房地产开发商们赚得盆满钵满的"秘籍"。

因此,商业地产投资运营的关键在于创造和表达"区位"和"地段"的稀缺性、唯一性、中心性和不可替代性,证明区域发展的向心力是财富空间堆积的动力,以此说明预期收益的可实现性和阶梯性增长,吸引投资者和商业经营者的兴趣,催生商业经营行为。

第二,商业地产的泡沫属性。稀缺性的资产价格取决于需求,需求上涨,价格直线上涨,需求下跌,价格亦直线暴跌(参考图 1-7)。由于商业地产供应的相对稀缺性特征,价格时常会暴涨暴跌,因此,商业地产是容易滋生"泡沫"的温床。我们看到,即使在大城市的核心区,也有烂尾楼存在,长期不能消化,有的甚至被推倒重来,其根源在于对土地商业价值的高估,预期收益不能弥补投资成本,开发商不得不放弃继续建设。有些烂尾楼经过多年的搁置重新被启动建设,根本原因是土地价值快速提升,房价快速上涨,足以弥补所有的成本。烂尾楼的生成根源在于美好预期的"想象型泡沫",烂尾楼重生的根源在于现实价值推动的"市场型泡沫",属于市场旺盛的带动,各类资产泡沫处在膨胀阶段。

商业地产营销策划的秘籍之一就是消除"想象型泡沫",借助于"市场型泡沫"。万达商业地产开发与营销的"订单模式",本质是提前充实商业经营内容,将想象变成现实,坚决拒绝"空中楼阁"般的开发模式。而 SOHO 中国的商业地产开发运营模式就是"市场型泡沫",在城市的核心地段,借助火热的场面,靠多样的、时尚的营销手法,尽可能多地制造泡沫,获取垄断价值,其不少项目商铺投资者在前几年投资回报不太理想的事实证明,商业物业的售价中已经较多地"榨取"了本应属于业主的预期收益,故我们说销售价格中存在泡沫成分。当然,这是高超的商业地产营销与策划技巧,与道德评价无关。

第三,商业地产的预期收益决定成败。与商品住宅的消费属性不同,商业地产具有生产属性,其价值必须通过生产和商业经营活动来实现。生产和商业经营活动的收益基于当前市场对未来市场状态的预测。若预期价值能够实现,则物有所值;若预期不能实现,则物价虚高,价格泡沫有破裂之虞;若未来的收益高于预期,则物超所值,物业价格会随之扶摇直上,价格泡沫快速生成。

商业地产投资与策划的关键就在于发展和论证"预期收益"并加以合理表达。商业物业"预期收益"的论证可不是好差事,它受各种各样因素的影响,既是宏观经济、政治、文化晴雨表的反映,也是企业经营能力的表达。一般地,多采取历史趋势比较法——调查周边商业物业的售价和租金,描绘其价格变动趋势曲线,推断其同比和环比增长趋势,推断新建物业的价格曲线,以此确定物业的预期收益。

第四,商业物业用途的不确定性与价值最大化运动。商业物业的所有权人总是在想如何提高租金水平,使其价值最大化。故在出租过程中,总想选择出价最高者。这就导致物业用途的不确定性。由于我们很难知道究竟谁会出价最高,所以对招商工作很没有把握。我们虽不知道可能的租用者是谁,但仍能根据业态和业种的选择规律,勾勒商业经营者的轮廓,圈定客户来源,有针对性地开展招商工作。有时,商业物业招商人对客户的定位是错的,就要及时做出改变,以符合市场需求,逐步实现利润最大化。

上述四点是商业地产投资、开发与营销策划的根本出发点,本书的内容即围绕它们相继展开。

商业地产策划团队构成

上述分析显示,商业地产策划内容丰富、涉及专业多,为了做好策划工作,必须在开发商的倡导下组建策划团队。一个完整的商业地产策划团队应包括的专家见图1-8。

例如,房地产开发管理专家是项目营销和运营策划的主导者,其认识水平、实践操作能力和经验、专家组织能力、综合运筹能力决定项目策划运作

图1-8 策划专家团队构成

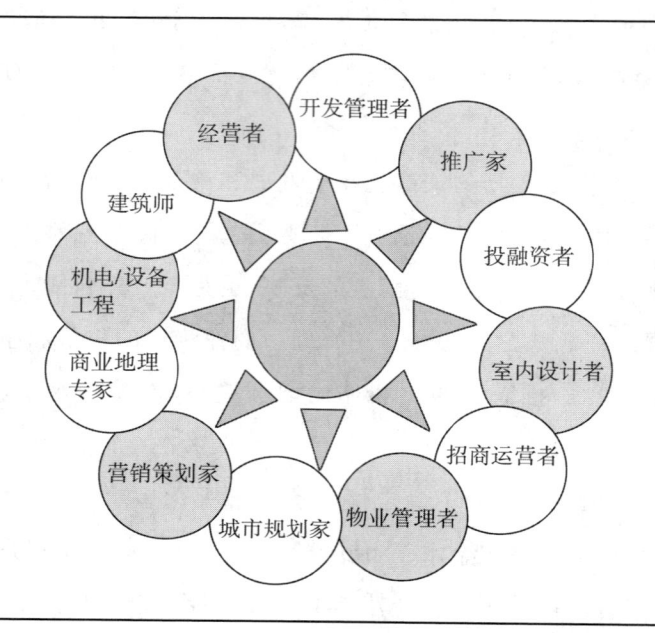

的水平和质量；商业经营专家是指从事商业活动、管理的专家。例如，商业研究专家、商场经营专家和职业经理人。他们通过商业经营效果对商业空间有非常深刻的认识，能提出针对性的规划、建筑设计、装修、功能布局建议，并对建筑设计方案正确评价。建筑工程专家包括建筑设计师、结构工程师、机电设备工程师、电力工程师等。随着建筑日趋复杂化，技术发展多元化，某类专家只能在自己的领域内有充分的发言权，例如玻璃幕墙设计和施工要有玻璃幕墙专家参与；智能化系统要请建筑智能化专家参与；物业管理要有物业管理方面的专家和实战经验丰富的人员提出建议。目前，专家智力资源可以说是最廉价、效益最高的产品，聪明的开发经营者应善于组织专家团队为己所用。

商业地产策划流程和工作重点

根据商业地产的特点,我们制定了策划程序(图1-9),并简单解释如下:

(1)策划对象:分析重点是项目的规划参数、四至、环境、开发商、项目背景等。

(2)方案构想:在规划约束的条件下提出产品、市场、推广初始方案。如果政府相关职能部门对商业地产开发建设的要求清晰、严格,那么策划的空间会受到很大局限,策划人员只能在他们划定的圈子里"跳舞",如果策划

图1-9 商业地产策划流程图

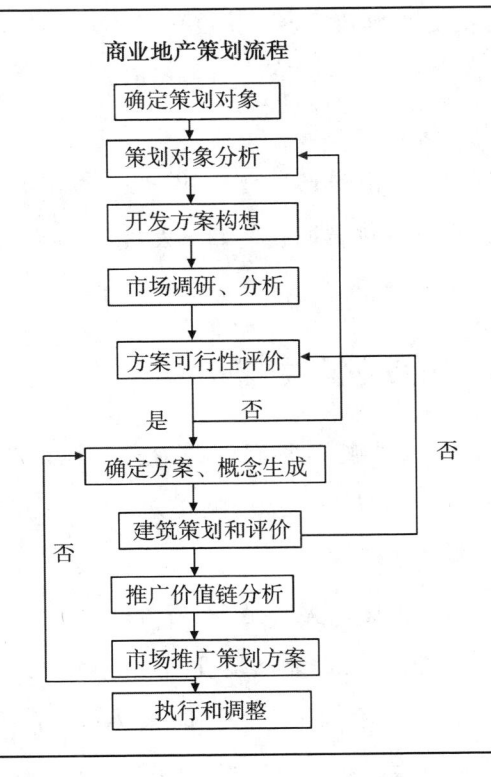

商业地产策划流程

- 确定策划对象
- 策划对象分析
- 开发方案构想
- 市场调研、分析
- 方案可行性评价（是/否）
- 确定方案、概念生成
- 建筑策划和评价
- 推广价值链分析
- 市场推广策划方案
- 执行和调整

61

人员的"舞艺"高超,仍然有表演的空间。若规划约束不严格,就应该设计几套策划方案,并推演各个方案的经济技术效果。

(3) 市场调研:根据构想方案确定调研主题和内容,避免无针对性调研。

(4) 方案可行性评价:主要是战略评价,即项目发展的"路线图"是否行得通,确立开发运营原则和定位方向。

(5) 方案和概念生成:在反复调查比较的基础上确立开发方向以及与之相关的创新性概念、理念和主题等。

(6) 建筑策划和建筑方案评价:对建筑设计是否符合目标市场而做的系列策划活动,通过价值评价确定建筑功能、布局构想。

(7) 推广价值链分析:确立推广过程中的价值诉求重点,制订推广方案时要着眼于客户的接受能力和最容易接受的价值,并加以清晰沟通。

(8) 市场推广策划方案:采取恰当的表现形式和有效传播途径,确定推广主题和传递的利益是其中关键。

(9) 策划执行和调整:由于环境变化快,策划方案有可能落后、不合时宜,那么就需要对策划方案进行调整。如果发现新情况(新竞争者出现),就须提出因应方案,甚至推倒重来。

商业地产策划与投资运营如烹小鲜

孔子云:"治大国如烹小鲜",我们说:"治商业地产亦如烹小鲜。"我们说,商业地产策划与投资运营看似难于上青天,其实一点也不难,道理如同烹小鲜。

在孔子的语境中,治大国的关键是"正名",核心是"君君、臣臣、父父、子子",张扬人类的基本价值"仁","克己复礼",人人各安其分,尽其所能地履行本职工作,追求道德价值"仁"的圆融与和谐。一句话,治大国就要抓住问题的核心,张扬人类的基本价值。所谓"烹小鲜",无非是把握恰当火候和技巧使"小鲜"色、香、味、养俱全，尤其要把营养成分发掘出来。治国和烹小鲜，虽然是两类不同的事物，其道理却是共同的——围绕事物的基本价值构建名实体系，通过名实体系确定各要素的职能分工，通过系列规范使要素各尽其责，达致群体价值的整体实现。

商业地产策划与投资运营，其实也是紧紧围绕商业地产的核心价值展开，提高"预期收益"是关键。当项目的基本价值取向确定后，再定各子系统的名分和职能，"正名"之后，即可进入实际操作程序。

不论是治国还是搞商业地产策划，最难的是"名实"的貌合神离。因为不同的操作人员，受学历、出身、爱好、人生经历、生活圈子、身心条件的影响，产生了种种复杂的欲望，导致对"名"的理解不同，对所追求的价值理解有别，共同劳动的结果未必如预期那么美满。例如，孔子说，国君要像国君的样子，按照国君的要求办事。可是，国君身居高位却不这么看，他们往往利用国君的地位干些国君不该干的事，例如横征暴敛、举国征伐，不爱惜百姓。国君应该勤政爱民，可是有些国君骄奢淫逸，酒池肉林，视天下为一家私有。商业地产开发与营销过程中，也存在大量名实貌合神离的状况，例如，某服装批发城的策划人员吹得天花乱坠，想尽各种伎俩（售后包租、带租约销售、返本销售等）吸引投资者购买，可开发商根本没有实现"预期价值"的手段，招商无影踪。建成后长期经营不善，投资人普遍感到自己上当受骗了。开发商策划的目的就是把商铺卖出去，收回资金，至于商业经营活动是否如预期般的火热，并非其考虑的核心问题。

"名实"的脱节，不但会使事情搞得特别复杂，毫无"烹小鲜"的愉悦，以致不少人发出"商业地产难于上青天"的慨叹，以为商业地产很玄妙。其实，这类开发商和策划人员违背了商业地产价值规律，系违道而行。例如，有些开发商头脑发烧，在县城建起高档写字楼，吹得天花乱坠，可落得个曲高和寡，门前冷落车马稀。这是为什么呢？因为县城的商业演进还是限于"行商坐贾"的低级层次，没有上升至"商务"的层级，商人们根本没有必要去写字楼办公,也没有必要购买在写字楼办公的企业提供服务。有些策划人员刚入道商业地产,对商业地产的"实"把握不住,就靠"名"来弥补,东挪西借来一大堆概念,轮番炒作,结果弄得个"两个黄鹂鸣翠柳,一行白鹭上青天",投资人不知该项目到底要干啥用,怎么能掏钱投资呢?

  对事物的本质把握得越到位,操作就越轻松。搞商业地产策划与投资运营,要想如烹小鲜那么轻松,首先应从理解商业地产的本质出发,狠下点前期准备的工夫。

第二章　商业地产市场调查与分析

第一节　商业地产调查及内容

商业地产市场调查及特性

狭义的市场调查是以科学方法收集消费者购买和使用商品的动机、事实、意见等有关资料，并予以研究。例如，调查商铺投资者的经济实力需抽样调查各年龄结构、行业背景人群的购买力。广义的市场调查则是针对商品或劳务，即对商品或劳务从生产者到达消费者这一过程中全部商业活动的资料、情报和数据做系统收集、记录、整理和分析，以了解商品的现实市场和潜在市场。

商业地产市场调查是以服务于开发、经营和管理等为目的，对相关市场信息进行科学、系统地收集、记录、整理和分析，供商业地产的参与主体有效使用的完整过程。商业地产调查具有如下特点：

1. 鲜明的地域性

由于土地和房屋位置的固定性(不动产),市场调查烙有深刻的地域性。区域分析,尤其是商圈市场调查,是调研的主要内容。

2. 调查内容的广泛性

例如,购买力调查、投资习性调查、竞争者调查、商圈调查、潜在供应调查、城市发展研究、建造成本比较研究等等,既包含政治经济要素、技术要素,也有规划要素、文化要素、竞争要素、销售市场状况等,每个要素都有可能成为调研对象。

3. 非常强的专业性

调查人员不仅要系统掌握调查知识和技巧,还应掌握商业地产理论知识,熟悉商业经营活动,谙熟商业物业价值运动规律。目前,有些商业地产开发商普遍感到自己对商业经营知之甚少,商业经营者对房地产开发也不熟悉,嫁接过程缓慢。调查人员应该弥补两者的缺陷,通过调查活动实现两者的价值沟通。

商业地产市场调查常用术语

商业地产调查常常在项目所在城市、区域层次上展开,是调查的重点所在。在这个层次上,商业地产调查和研究要涉及很多概念,它们在住宅调查时不曾涉及或者不太突出,而在商业地产调查研究中具有十分重要的地位,必须理解掌握。

1. 区位

该词来源于德语"STANDORT",英文于1886年译为"LOCATION",

即位置、场所之意,我国译成区位,日本译成"立地",有些意译成位置或布局。某事物的区位包括两层含义:一层指事物的位置,另一层指事物与其他事物的空间联系。商业地产中使用区位概念一般指后者,也就是在城市空间环境中的位置。当我们分析经济位置时,用经济区位概念;当分析商业位置时,用商业区位概念。区位分析是区域经济学、城市地理学、商业布局学中最重要的概念,形成了系统的区位理论,例如,杜能的农业区位环理论、韦伯的工业区位论、廖士的市场区理论以及克里斯特勒的中心地理论。区位调查分析目的是了解物业所处的环境特征。

2. 商圈

指以店铺坐落点为圆心,向外延伸某一距离,以此距离为半径形成圆形之消费圈。商圈大小视基本业态业种之不同而有所区分。以零售业而言,一般以方圆500米为主商圈,方圆1,000米为次要商圈,不过经营业态不同,店铺规模不同,主次商圈范围的评断亦不同。"商圈"现有两种用法,一是零售业用法,着重指吸纳的目标顾客分布空间范围,另一指商家聚集的区域、地段,如北京国贸商圈、金融街商圈、西单商圈。商圈调查重点是人口经济特征(数量、职业、年龄结构)调查、消费习性和生活习惯调查、流动人口调查、商圈内基础设施和竞争店调查以及商圈发展前景预测等。

3. 板块和商业网点

板块取自于地理学的"大陆板块"概念,后被广泛地应用于证券行业,如农业板块、数字电视板块,房地产开发与营销行业用它指同质性的房地产开发区域内的项目集合,如上海的"世贸板块"是指与世界贸易博览会相关的房地产项目集合,各项目动态变化遵循类似的规律,一荣俱荣,一损俱损。一般地,板块以地标性建筑、基础设施命名,如北京的"国展板块"是指与国际展览中心关系密切的开发项目集合,"奥运板块"是指在国家奥林匹克体育中心周围的开发项目集合。广州的"华南板块"是指沿华南大道发展的项目集合。

商业网点是指区域(国家、地区、城市)内零售、批发、餐饮、生活服务、娱乐、物流、配送、仓储等企业的经营场所、设施的总和。因其点多面广,布局形成网状,故称商业网点。商业网点调查应包括网点的总量、业态、业种、结构、布局、建设与管理,店铺选址以及政府对商业网点的宏观调控等内容。

4. 商业中心区和商务中心区

商业中心区是商业活动聚集之地,区域内商业活动的频度、强度和经营规模明显高于其他区域。根据商业活动的规模、市场覆盖和影响力,一般分为市级、区级、社区、邻里四级。商业中心以百货大楼、商铺、超市、专卖店等物业形态为主。

商务中心区是指商务活动密集或者商务活动占主导地位的区域。例如,北京的国贸中心,写字楼、宾馆林立,商业零售业、饭店等都是为商务活动提供服务的下游产业。从产业链角度,商务基于商业,随着商业的发展,商务活动增多,到高级发展阶段,商务和商业活动发生了空间分工,形成商业中心区和商务中心区的并立景观(详见第一章)。

5. 物业地段和街区

地段一词来源于关于"地段"的黄金定律——地段、地段、还是地段。与区位相比,地段一般指物业在街道中的位置,尤其是物业与相邻街区、相邻街道和建筑的关系,关注的空间范围比区位要小,是从微观角度描述物业位置。分析地段的物业类型组合、功能组合、产业链组合、经营业态和业种组合,为物业的发展方向和招商定位打基础。

街区是城市社会学、城市地理学、商业经营规划中非常重要的概念。一个街区往往被视为邻里单位加以考察。简单地说,街区就是以街道划分形成的区域,在商业地产研究中则指以街道为中心的区域,呈线性格局,两侧商铺、超市、百货店林立,商品琳琅满目。由于街区的发展性和不断扩张性,街区是立体的、动态的。物业的发展性质取决于街区特征。

6. 地标和节点

地标即"地理标志",在地产界人们常常说"地标性建筑,地标性物业",说明物业的重要性和显著性,城市居民普遍认同该物业,知道其位置,是人们聚会、见面的目的地,是商业经营活动集中地、高发区。能成为地标性建筑的物业要么是历史文化建筑,要么就是商业建筑,居民小区、居住建筑难以成为地标性建筑。在商业地产调查中,主要分析项目与地标性建筑的关系,它是物业定位的参照系或者"标杆"。

节点系规划学用语,指交通、视野、景观、不同质区域的会合之处,道路交叉口、交通中转站、建筑形态的变换点、商业区和居住区的交叉点等都是节点。商业步行街常以休闲广场、餐饮美食城、电影院、交通广场、著名地标式建筑作为节点。由于节点人流量大,受关注程度高,商品和服务被注意的概率高,购买的几率大,故而商业物业的租金和价值明显高于周边物业。因此节点分析是商业地产调查研究的关键环节。节点往往是商业功能汇集之地,是商业区的核心。

7. 零售业态与业种

国家商务部在《零售业态分类》中规定:"零售业态是零售企业为满足不同的消费需求进行相应的要素组合而形成的不同经营形态。"特征是"如何卖",具体来说就是零售业的经营者,在店铺这一零售经营的具体场所所采取的各种经营战略的总和。经营者以特定目标市场为对象,针对店铺选址、备货、店铺规模、价格策略、销售方法、附加服务、店铺设施等进行决策,并通过这些向消费者传递信息,促进其购买所作出的决策总和。这些决策的结果形成了零售业态。业种是指以商品的种类来区分的,如百货公司有服饰、用品、食品等,服饰又有男装、女装、童装等,特征是"卖什么"。例如"专卖店"式业态,意思是专卖某一品牌商品或者某一类商品,可以卖鞋、卖书、卖手机、卖电脑,每一个经营种类就称为业种。商业地产调查时重点关注业种,不同业种的"交集"构成街区商业特征,为物业的市场定位和招商策划提供第一手资料。

8. 毛租金和净租金

毛租金是包含物业管理费、采暖费、制冷费、房产租赁税等在内的租金,净租金就是扣除各项成本税费后的房主净收入。如果租金按套内面积计算,还要根据分摊系数进行调整,计算建筑面积租金水平,作为房屋定价和投资收益测算的依据。租金是衡量物业投资价值的风向标。

商业地产市场调查内容

开发项目的市场调查内容可以分为基础性调查和个案性调查两个组成部分(见图2-1)。前者是对项目生存的宏观环境进行调查研究。例如,国家发展战略、政治经济发展的指导思想、政治经济环境、税收政策和房地产政策法规等,对所有的开发项目都适用,是市场调查的最基本内容。后者是由于项目的个性特点决定的市场调查内容。例如,项目所在行业类别和区域的产业背景、政策和地方行政法规;项目所在城市、城市片区的市场环境条件和影响因素等。任何一个房地产开发企业在做市场调查和市场分析时,都要从基础做起,建立分析平台。当企业同时开发多个项目时,金字塔递进分析结构的优势显现出来。基于此,我们把商业地产项目调查的基本内容详列出来(表2-1)。

图2-1 市场调查内容金字塔递进结构

```
            项目运营过程中的专项调研
          项目自身规划、设计、可行性、营销调研
        项目所在城市政策、产业、区域竞争环境
      项目所在行业、省市政策和法律、法规
    基础项目发展政策、法律、政令、国际关系
```

表2-1 商业地产市场调查内容

大项	小项	主要内容	调查方式	资料来源
宏观环境调查	经济环境	国民经济增长率,就业,人均收入,国际收支,利率,汇率,发展机遇和"瓶颈",经济增长预测,经济周期,消费物价指数,投资率,商业发展态势	室内调查资料收集	报纸、杂志、网站、统计公报、分析文章、发展规划、文献资料
	政策环境	国家发展政策,财政政策,金融政策,货币政策,房地产政策,税收政策,区域发展政策,投资政策,国际贸易政策,分配政策,商业发展政策,房地产发展政策及其导向		
	法律环境	房地产法律、法规,商业经营法律、法规,相关的法律法规		
城市发展环境调查	城市情况	人口,面积,GDP和人均GDP,经济社会发展情况,城市特色,总体功能和产业布局,土地利用,交通情况,发展历史,产业结构和支柱产业,区位优劣势,优势资源,核心竞争力	室内调查资料收集	网站,年鉴,公报,地图
	城市规划	城市发展演变,城市总体规划,人口规模规划,城市远景规划,产业布局规划,商业网点规划,交通规划	室内调查访谈	网站,规划部门,建委
	城市发展战略、政策	城市五年发展计划,城市发展远景计划和城市功能定位,区域发展政策,产业政策,招商引资政策,土地供应政策,房地产开发政策,商业网点发展政策,税收政策	室内调查访谈	网站,规划部门,政策研究室,财贸办公室
	城市发展重大工程	机场,高速路,道路,电力,文化体育交流大会,重大公共建筑,政府办公场所迁移,重大项目投资建设	访谈,媒体	网站,规划部门,建委

续表

房地产业与商业地产市场	房地产业发展情况	土地供应量,房屋供应量和需求量,空置率,价格分布,价格走势,房屋缺口,潜在供应量和需求量预测,产业政策及其效果	室内调查,访谈	《房地产年鉴》、政府房地产期刊、网站,房地产专业人士,包括开发、代理、媒体地产编辑、记者
	房地产市场特点	发展阶段,设计特色,比较优势,存在问题,市场机会,开发流程管理,区域分布特点,税费标准	室内调查,访谈	
	商业地产市场	商业网点,商圈特色,商业用地供求,商业物业供求,售价与租金,空置率,商业经营市场状况,商业特色,业态和业种,连锁商业,商业分布变化,投资收益率	室内调查,访谈,实地调查	
商业地产项目	规划条件	用地面积,规划红线,规划面积,规划功能,容积率,建筑密度,建筑高度,与周围建筑关系	索要	规划意见书
	用地性状	地块现状,地形地貌,地质水文,周边景观资源和配套设施	现场调查	
	区位与地段	位置描述,地段描述,周围物业用途调查,租金和售价调查,商圈特色,业态、业种,交通便捷性,物业组合	现场调查	
项目营销环境调查	竞争者调查	竞争产品,价格,营销策略,投资价值,企业实力,销售进度,招商定位和主力客户,招商方式	访谈,观察,公开资料分析	楼书,广告,交流材料
	投资者、购买者和经营者调查	投资动机,投资人身份、心理特征,投资人区域特征;购买者和经营者动机、心理和态度,经营内容,经营利润,经营者的实力、品牌、行业;经营规模,商品和服务技术含量;经营业态和主导业态	访谈,观察,公开资料分析	
	销售环境	产品概念,市场缺口,销售和租赁组合方式,贷款条件,投资习惯,社会风气	访谈,观察	
与项目可行性相关的调查	税费调查	税率统一规定,但征收办法和标准各地有不同,应落实。行政收费各地差别大,应逐一落实,如基础设施配套费、人防费	访谈	网站,税务部门,开发商,发改委,建委
	建筑成本调查	建安工程费,室外工程费,装修费,电力工程费	访谈	工程造价师
	销售价格和进度估计	根据调查估计销售价格、销售进度和资金回笼态势	比较调查,经验分析	
	现金流量估算	根据调查推算资金投入和回笼时间进度,测算实现概率	访谈,估计	

商业地产项目微观调查重点内容

围绕商业地产项目进行调查时,应特别关注如下内容:

(1)项目在商圈中的地位。尤其关注可以借助的力量、供应空白点,模拟在物业建成后对商圈和竞争态势的影响。

(2)分析街区商业的经营业态、业种构成、比例关系、商品种类、品质、产地、品牌等,了解街区商业的产业背景、产业链、商业经营模式,并预测变化趋势;分析它们对商业物业供求关系的影响。

(3)从供求关系中解析客户类型。通过抽样调查和深度访谈调查客流量、购物消费者特征、消费欲望与消费水平(瞬间顾客密度、收银台排队人长度、结伙人数、客单价、提袋率、关联消费宽度、停留时间)。

(4)街区物理性状分析。街区生命有机体理论表明(见第四章),街区道路宽度、人口密度、营业时间、经营品种和建筑体量密切相关,通过调查街区长度、宽度、建筑高度、新旧建筑构成、新旧建筑功能发展、代表性商铺门面宽度、进深、净空、主要节点的功能构成等分析街区商业功能的协调性、一致性和缺口;为根据功能互补性原则确立项目定位方向打下坚实基础。

(5)商业物业与外界的交通联系。例如与交通干道的联系,消费者的基本交通工具,公交线及快速交通线外连区域,停车场数量、泊位及其便利性,人车分流状态。

(6)商圈内商用物业供求与租售概况(单价水平及走势、租售比例、付款方式、空置率等);在建、拟建大型商用物业,城建规划重点,街区改造和重点扶持对象,政府管治水平等。

专题:购物中心的市场调查分析内容

大型商业购物中心依赖于区域,是城市的区域商业中心,它的建成和投入使用甚至会颠覆原有的商业格局,由于投资数额庞大,投资者和商业经营者都十分慎重。因此对调查分析的内容和质量要求高,决定了调查和分析的内容非常广泛,如下是我们根据美国专家的意见并结合自己的实践制定的调查内容纲要①。

1. 零售市场需求分析

分析大都市区域经济基础,描述市场基本特征,包括宏观经济趋势、就业趋势、产业特征、经济活动预测、经济增长潜力和态势。具体包括:

(1) 都市区商业网点分布和商圈特征,分析描述基本、次级和外围交易区域及其发展动态。

(2) 调查每个交易区域的人口、家庭、就业增长率和发展态势,包括家庭特征的趋势分析和推测,如家庭类型(群居、单身)、生活方式和年龄结构。人口指标对于判断区域消费潜力、评价商业物业供应量意义重大是调查重点。

(3) 调查和分析每个交易区域的收入特征,包括家庭和人均收入情况及可支配收入、购买力发展趋势及前景。

(4) 顾客群的人口统计数据,它与交易区域内的常住人口统计数不同,应把游客、工作人员、旅客和商务旅行者考虑进来。

(5) 分析交易区域的功能特征,需求商品和服务类型以掌握产业链需求规律,为项目功能定位和招商定位打下基础。

2. 供给分析

(1) 按购物中心的类型,分类研究交易区域内同行业竞争性零售中心

---

① 参考〔美〕阿德里安娜·施米茨、德博拉·L.布雷特著,张红译,《房地产市场分析——案例研究方法》,中信出版社,2003 年。

的位置、特征和销售业绩。

（2）按交易区域内的零售目录，调查零售物业存量、吸纳量和销售量。

（3）调查分析交易区域内计划开发的零售物业特征和档次，还要研究潜在竞争对手的待开发地段。

（4）预测市场份额（市场占有率）和每平方英尺的商品销售额，分析规划方案确定的物业特征、主力商店和购物中心规模。

第二节　商业地产市场调查方法

商业地产项目市场调查步骤

市场调查要获得科学的结论就必须遵循严格的程序,步步推进,否则欲速则不达。商业地产调查的程序一般分为七个步骤。

1. 确定调查目标:原则和方法

(1)确定目标的原则。明确营销问题所在,即需要市场调查解决什么问题。市场调查在解决营销问题上要恰当,既不扩大调查范围,增加内容,也不为省事缩小调查范围。调查内容主要由市场调查人员确定,保证调查结果的效度。

(2)目标确定常用方法。根据调查目的的不同,可以采用如下三种方法确定调查目的。

探测性调查——企业对需要研究的问题和范围不明确,无法确定应该调查哪些内容,只能收集一些资料进行分析,找出症结所在,然后再作进一步研究。

描述性调查——描述性调查只是从外部联系上找出各种相关因素,并不说明何者为因,何者为果,即描述性调查旨在说明什么、何时、如何等问题,并不解释原因。与因果关系调查比较,描述性质调查需要有一事先拟订的计划,需要确定收集的资料和收集资料的步骤,需要对某一专门问题提出答案。

因果关系调查——是为了弄清原因与结果之间的关系。例如关于房价弹性测试,要回答:房屋价格上涨10%,销售额是否会下降,下降多少？位置、环境、配套、品牌、企业实力、形象哪些因素在起主导作用？

2. 确定市场调查内容

确定调查内容的第一步是收集与调查目的有关的信息资料。第二步是分析研究资料，抽取最关键的内容和问题作为市场调查的内容。第三步要与房地产专家和委托人研商，对初步调查内容进行筛选，去粗取精，去伪存真。最后对内容进行相关性检验，对关联性强的内容要做适当取舍，不必列为全部调查内容。

3. 选择调查方法

(1) 调查方法的选择原则。根据调查目标和内容选择调查方法，即内容决定方法，方法应满足准确性、及时性和经济性要求，然后根据方法调整内容，商业地产调查的最佳方法就是非概率抽样，基本满足上述条件。

(2) 调查方法的选择。调查方法取决于调查对象，也就是说我们计划从哪里获得必要的调查数据，普通消费者、购房者、房地产专业人士、楼盘或物业管理都有可能成为调查对象。然后确定样本量、抽样方法、访问方法、调查区域、调查执行人员等。

4. 制订市场调查方案

市场调查方案是调查执行的指导文件和计划书，有了它就如同行军有了地图，永不会迷路。完整的市场调查方案应包括如下内容：

(1) 调查目的：例如为撰写可行性研究报告提供依据或者为销售定价提供支持，或者分析房屋滞销的原因。

(2) 调查方法：采取电话访问，还是问卷留置、问卷面访等。

(3) 抽样方法：采取何种抽样方法，是随机抽样，还是做重点调查？什么样的样本符合要求？

(4) 调查时间安排：要列清楚调查准备、正式调查、数据处理、报告撰写和提交报告的起止时间，如果不能按时完成，能否延期？

(5)调查负责人:如谁负责计划执行统筹工作,谁负责调查培训和实施工作,谁负责调查数据的录入,谁撰写报告等,落实项目责任制,做到任务明确清晰,责、权、利相结合。

(6)调查经费预算:列出完成本调查所需要的经费,尽量详细。

5. 市场调查执行程序

一般地,市场调查执行的步骤是:第一,培训市场调查人员;第二,模拟访问、试访、陪访;第三,正式调查访问;第四,问卷复核,调查员完成的问卷必须复核才有效。目的是防止调查员作弊,检验调查质量(如抽样是否符合要求,回答的内容是否前后一致等)。

6. 分析并撰写调查报告

市场调查报告是市场调查的最后文件,是调查结果的集中体现,一方面是对调查过程的总结,另一方面是对调查数据的分析整理得到的结果和建议的详细陈述,所以要认真撰写调查报告工作。

专题:房地产项目前期市场调查方案的制订过程

某房地产公司计划受让处于市区土地一块,面积50亩,商业用地,规划容积率2.0,委托市场调查公司做全面调查,进行正确的市场定位和为可行性研究打下基础。接受任务后,调查公司认真研究按如下程序制订调查方案。

> 项目基本情况:土地方正平整,地上附着物平房数间,周边为一大型居住区,南临干道,计划建设商业街。有三干道直达市区中心,附近有7条公交车通过。该物业建筑面积达67,000平方米,什么样的商业组合才能消化吸收?谁是投资者?谁是消费者?谁是经营者?

⇩

> 调研目标：1．目标客户定位：谁购买？数量大小？客户特征？2．产品定位：规划设计、分割、配套、景观和运营管理要点？3．价格定位：什么样的价格合适？竞争力如何？商圈范围？

⇩

> 调研内容：1．街区功能分析，区域商业环境分析，总体把握项目入市时机。2．区域商业地产调查：产品调查、价格调查和估计。3．竞争态势调查，在初步定位的基础上针对竞争项目重点调查。4．潜在消费者调查。5．不同商圈及其饱和度调查与计算。

⇩

> 调研方法：1．文案调查：收集整理规划资料、统计资料和实地调查观察资料。2．区域商业物业项目普查和全市其他区域项目重点调查（高中低档项目各5个）。3．附近新建在营项目入户访问（问卷）。4．附近在售项目购房客户的拦截访问（问卷）。5．竞争项目重点调查：观察法和跟踪法。6．潜在消费者深度访谈（从入户被调查者和被拦截者中选择）。7．与专业人士深度座谈：如政府主管、记者、房地产同行等。8．典型案例研究：全面解剖与项目市场定位相似的案例。

⇩

> 调查分工和完成时间：1．上面第1项由董先生负责，时间30天，于7月20号完成，交分报告。2．上面第2、5、8项由刘先生负责，时间40天，7月底完成，交分报告。3．上面3、4、6项由李先生负责，时间40天，交调查数据，7月底完成。4．上面第7项由王先生负责，时间20天，7月20号完成，交报告。5．总报告由董、李两位负责，于8月中旬提交总报告。

区域市场快速调查法

常常有这样的情况，我们得到一个地方的商业地产项目信息，需要到实地调查研究，时间非常有限，怎么办？如下是根据经验总结出来的快速调查法，你只要按图索骥，就有可能以最快的速度得出概念性结论。但要注意，该方法只能用于前期调查，判断市场大势。

1. 调查四个关键要素

（1）政策要素：了解区域发展战略、发展侧重点、产业政策、金融政策、土地政策、房地产开发政策。

（2）规划要素：包括城市总体规划、城市区域发展规划、基础设施布局和建设、道路路网结构的优化和建设、重大市政工程、公共建筑建设信息等。

（3）人文要素：调查商圈、人气、文化、重大人文活动（如亚洲杯对济南的影响、奥运会对北京的影响、世博会对上海的影响）。分析微观因素的市场含义，收到见微知著、一叶知秋的功效。例如酒吧在一个城市、区域的兴起就说明城市消费群形成，进而推断该消费群可能造成的商业需求。

（4）开发商要素：了解开发商的实力、背景、项目获得方式、开发经验、开发理念等，了解竞争对手的实力。

2. 调查城市的四个"场"

（1）城市广场：一个城市的广场规模、数量反映了城市的精神面貌。我们在描述商业地产功能（第五章）时把城市广场比喻为城市的"客厅"，如果"客厅"大、漂亮并且美观，有欢乐的空间、展现的空间和社会交往的空间，朋友们都爱来，城市的人流、物流就会旺盛。商业地产投资想不挣钱也不容易！

（2）城市商场：到城市的商业中心观察商品橱窗、品牌和标价，名品店越多、越时尚化就越说明城市的经济收入和消费水平高。有时我们只需把同一品牌在不同城市的标价进行比较就可以看出城市收入水平差别。也可以把国际品牌进入城市的先后顺序作为评价城市差异的标杆，例如，星巴克咖啡目前仍集中在北京、上海、深圳几个城市，然后再进入二级城市，它们已经为我们做了市场结论。

（3）农贸市场：观察规模、经营品种、商场档次等。例如，农贸市场和超级市场都经营水果、蔬菜，到超级市场购买的客户与到农贸市场购买的客户在消费能力上差别很大。一般的肉类和鱼类产品消费量大的区域居民的消费能力就强。我本人居住的小区比近邻的消费能力强一些，为什么呢？肉摊店主告诉我说,大部分肉被我所在的小区居民买走了。据此可判断不同居住小区的消费能力,判断不同区域的房屋投资价值高低。

(4)二手房市场:对于商业地产来说租赁市场非常重要,二手房越是活跃,越能带动一级市场的开发,形成两级市场联动的局面。随着商业地产开发建设的深入,物业空置问题越来越严重,二手房的流转情况是当地商业物业供求关系的晴雨表。调查时,要回答:租金是多少?空置期有多长?租金标准按套内面积还是建筑面积计算?中介费用是多少?一套商业房能在多长的时间出售?同时有几个竞买人?竞买人购买的目的是什么?等等问题。

项目调查的四维空间法

商业地产项目处在四维时空体系之中,我们不但要调查项目的点、线、面,还要在历史中考察项目发展的规律性,这样市场调查才全面、完善。为此,我们建立商业地产市场调查的"四维"空间体系:

1. "点"调查

点指大型商家和节点,也就是通常所说的"案例调查",并与项目进行系统比较。购物中心、大卖场、特色店、新开店、大型饮食、娱乐、休闲广场是重要的观察"点"。"点"调查具有"知己知彼"的效验,了解竞争对手是操作成功的第一步。

2. "线"调查

线是地段、街道沿线,对项目所在街区以及可比较街区进行调查,调查的主要内容有商业业种集聚、档次、气氛、建筑形态及专业店、专卖店、便利店、小吃店、服务店等。

3."面"调查

面是板块、商圈,分析区位、板块、商圈内的面、线、点关系,确定调查重点。为此,首先要判别区位功能:是商务区?还是商业居住混合区?抑或是商业功能区?"面"调查应遵循由近到远的顺序,先调查核心商圈,然后再调查次商圈。

4."时序"调查

要求我们考察城市、街区、物业的发展历史,功能和业态转变的过程,预测发展趋势,趋势把握是策划成功的关键之一,通过比较不同时期地图、街区景观、零售业态转变历程,分析掌握商业运动规律。"物业发展史"或者"街区发展史"是个非常重要的概念,它包括物业建设原因、建设后经营状态、业态、业种转变历程、转变的原因及后果。例如,笔者目睹了一个街区内某物业经营业态转变的过程,在短短的7年时间内更换了5家餐饮单位,经营特色不同,新单位经营开始时还比较红火,不久即衰落下去;但与本物业相距不到200米的另一家物业,餐饮企业持续经营5年生意仍然红火。为什么商家都认为可以经营餐饮的物业实际经营效果却不佳呢?为什么相距不远差别却如此明显呢?风水师最容易回答这个问题——风水不好。但如此简单解释,会丢失很多有价值的市场信息!如果我们通过比较分析了解造成差别的真正原因,也就把握了物业经营定位的真谛,号准了物业价值变化的脉搏。

专题:家乐福的商圈调查和商圈管理方法[①]

1.商圈人口和消费潜力测算

商圈界定:商圈计算比较复杂。GIS——地理信息系统是非常有效的

---

① 据《家乐福超市攻略》,陈广著,南方日报出版社,2004年。

工具,但在地理信息系统不完善的城市还是借助市场调查方式收集数据。物业辐射的片区街道办、居委会和派出所可提供真实可靠信息。家乐福测算方法有:

步行时间界定法:从某原点出发,分别测算 5 分钟、10 分钟和 15 分钟步行距离及其到达地点。划定商圈的层次性和范围,为测算市场大小打基础。

调查市场参数:调查区域内各居住小区翔实的人口规模和特征,计算不同区域内人口的数量和密度、年龄分布、文化水平、职业分布、人均可支配收入等指标。

2. 应对区域商业环境变化的原则

若未来店址周围公交车线路多,或道路宽敞、交通便利,那么商圈半径得以扩大。例如,家乐福济南解放桥大卖场周围公交线路虽然不少,但还是开行专线定点、定时、定线在小区间穿行,接送购物人群。同时考虑周边环境可能出现的竞争对手的情况,分析他们可能给商圈造成的影响,把其他商店的弱项摸透,然后采取竞争力强的反击策略。

3. 持续性小幅度调整

也即依据目标顾客信息对销售的商品进行适当的调整。家乐福调查分析资料显示,顾客中有 60% 的顾客在 34 岁以下,70% 是女性,然后有 28% 的人走路,45% 通过公共汽车而来。家乐福在上海的每家店都有稍微差别。在虹桥店,因为周围的高收入群体和外国侨民比较多,其中外国侨民占到了家乐福消费群体的 40%,所以虹桥店里的外国商品特别多,如各类葡萄酒、各类泥肠、奶酪和橄榄油等,而这都是家乐福为了这些特殊的消费群体特意从国外进口的。

第三节　商业地产项目市场分析

商业地产市场分析就是整理、分析、加工市场调查得到的信息和资料，揭示事物发展的规律性。有时我们举行市场调查就是为了解决研究解决不了的问题，有时调查发现的问题恰恰是分析研究要回答的，故把调查和研究放在一起研究，称为"调研"。商业地产分析就是在调查的基础上对市场整体及其构成要素进行分析、论证，发现市场遵循的规律。

商业地产项目市场分析程序

商业地产项目分析包括两个层面，一是市场层面，主要包括政策、经济和法律分析、城市区域发展环境分析、区域房地产市场分析、商业地产营销

图2-2　商业地产项目分析程序与内容

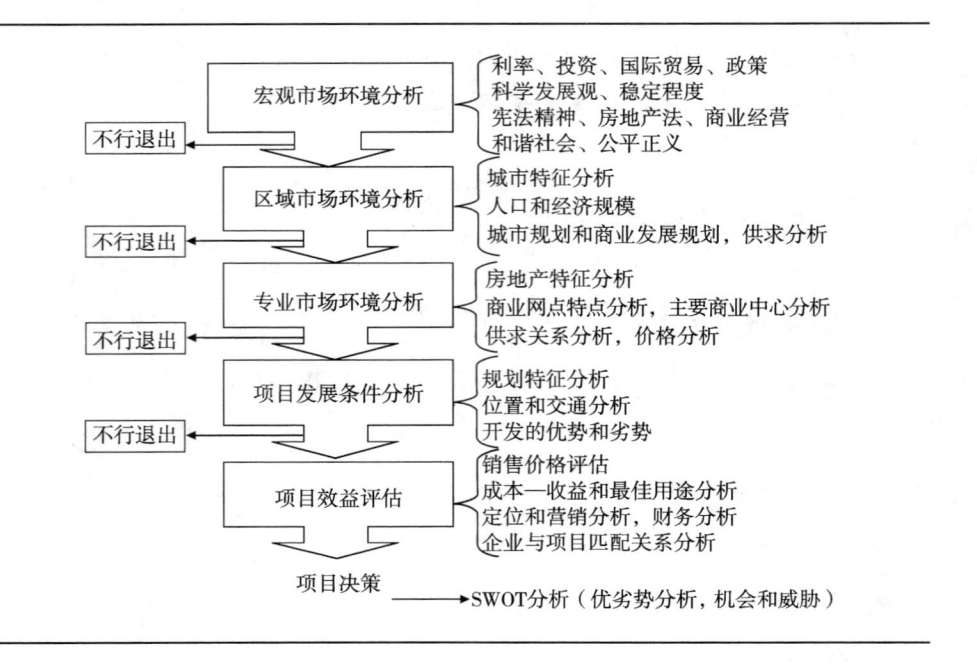

```
宏观市场环境分析 ── 利率、投资、国际贸易、政策
  ↓  不行退出      科学发展观、稳定程度
                  宪法精神、房地产法、商业经营
                  和谐社会、公平正义

区域市场环境分析 ── 城市特征分析
  ↓  不行退出      人口和经济规模
                  城市规划和商业发展规划，供求分析

专业市场环境分析 ── 房地产特征分析
  ↓  不行退出      商业网点特点分析，主要商业中心分析
                  供求关系分析，价格分析

项目发展条件分析 ── 规划特征分析
  ↓  不行退出      位置和交通分析
                  开发的优势和劣势

项目效益评估 ──── 销售价格评估
  ↓               成本—收益和最佳用途分析
                  定位和营销分析，财务分析
                  企业与项目匹配关系分析

项目决策 ──→ SWOT分析（优劣势分析，机会和威胁）
```

环境分析、供求缺口分析、项目区位分析;二是项目自身层面,包括地点分析、地段分析、价值评估、定位分析、可行性分析、价值链分析、营销方式分析和财务分析等。一般地,我们按照从宏观到微观的步骤展开分析(图2-2)。

上述分析内容中,政策分析最重要而且常被忽略,历史表明,政策是开发经营所面临的最大风险。位置和区位不容易分析到位,因为它们的价值随城市变化而变化,不了解城市,就不可能正确理解区位。难度最大的是价值和价格评估,营销定位和招商定位是开发商、投资商最关心、揪心的难题,是营销策划的重点。

商业地产项目市场分析方法

1. 产业链推理法

就是沿着商业地产的产业链进行推理,获得分析结果。例如,我国加入WTO后承诺2004年12月11日解除国外商业零售企业进入的限制,市场完全放开,那么零售企业大举进入大陆市场就会需要相应的商业物业,外资可以选择与国内的商业企业合作,也可以另起炉灶兴建购物中心,而与内资商业企业的合作困难重重,原因是国内企业因地处城市核心位置,下岗职工多,商店布局、交通流线不太符合零售大卖场的要求,所以外资企业倾向于按自身标准自建。自建购物中心当然是好办法,建设资金对跨国公司来说不是问题,但复杂的开发建设手续和开发风险是他们躲避不及的,所以迫切需要国内开发商配合完成。大连万达就抓住这个机会与沃尔玛等连锁商业集团合作联合开发购物中心。这样就从WTO推理到企业间的战略联合,环环相扣。政策影响分析多采用这种方法。

2. 统计分析法

就是将各类数据采取适当的统计方法分析事物间的因果关系。例如,人口与商业物业建筑面积间的关系；土地出让面积与物业销售面积的潜在关系；投资型客户在购买人群中所占比例；拆迁量与因此导致的需求量之间的关系。

3. 集合意见分析法

有些市场分析问题比较复杂，一个人限于认识能力难以得出结论，就需要组建分析小组，借助外脑，共同分析问题，集思广益。例如，2005年5月国家制定稳定房价的系列政策，有的政策限制房屋投机、投资，有的政策鼓励个人购买经济适用住房，而且决定对购买不超过两年的房屋征收营业税。该政策对房地产市场有何影响，恐怕一个人很难说清，就需要专家们集体讨论，畅所欲言，才能正确预测政策影响。该方法特别适合评估开发量、市场容量、市场占有率、政策效果等。

4. 市场比较法

比较两个项目特征，就开发和营销过程做出决策。例如，某开发商在一个城市的黄金地段要建设写字楼，需要进行市场分析和功能定位，除了通过规范的调查分析寻找答案外，应在本市和外地寻找相似项目进行比较分析，采取"拿来主义"的态度，"拿过来就能用"。寻找外地比较案例时，应尽量到人口规模相当、城市性质相似的城市去。房地产市场上的比较分析方法使用最多，不但省力、省钱，还最有把握，小城市纷纷效仿大城市，而且屡试不爽。

5. 历史经验分析法

我们根据侧重点不同还可称为经验分析法、时间序列分析法、回归分析法、发展规律分析法等，也就是我们通过历史分析找到解决当前问题的钥匙。例如，通过分析项目所在街区的发展演变历史（街区生命有机体理论，见第四章),找到项目价值点和发展方向,进一步确立项目定位。有些专家具有窥一斑而见全豹的能力,通过观察分析市场中某因子的变化预测市场发展的方向,称为因子分析法。

商业地产政策分析

商业地产政策分析包括对其开发、建设、租售、招商、经营的各方面政策。例如房屋抵押贷款政策、税收政策、商品房预售政策、拆迁政策、建筑性能认定政策、商业网点规划政策、商业经营管理政策等等。政策对项目的影响有的非常直接,有非常强的针对性;有的比较间接,虽然针对性不强,但影响也不可低估。有些政策发挥协同作用,形成"组合拳",有打有压,非常复杂,就需要我们认真研究,分清主次,看出政策的主要意图。

政策分析的目的是研究政策对产业的影响效果和影响方式,并作出正确预测。例如,上海市规定:住宅底商不得用作餐厅、饭店、酒店等存在油烟污染、扰民的商业经营。该规定导致市场对底商的需求量减少,价格走低是大趋势。同样地,那些适合发展酒店的商业经营用房租金和销售价格呈现涨势。

专题:系列新政策对商业地产有何影响?

进入 2005 年,对商业地产(商铺、写字楼、商场等)而言,房地产新政不仅包括最近国家实施的系列房地产市场调控政策,而且还有国务院将要颁布的《城市商业网点规划条例》及其配套政策措施,长期酝酿的不动产税就要拔剑出鞘,商业地产随着政策的变化掀开崭新的一页。商业地产具体受到什么样的影响?发展前景如何?

年初以来,国家为了控制房价飙升,打了一套"政策组合拳",财政、金融、法规、土地等一起出击。2005 年 3 月 26 日,国务院办公厅下发《关于切

实稳定住房价格的通知》，2005年5月11日，建设部、国家发展和改革委员会、财政部、国土资源部、中国人民银行、国家税务总局、中国银行业监督管理委员会下发《关于做好稳定住房价格工作的意见》。一个多月的时间内连续两次发文要求"切实稳定住房价格"，可见力度之大。"切实"二字有深意，说明政府的政策要具体化，要落到实处，掷地有声，注重实效。其次讲"稳定"，把过高的房价降下来，大局是稳定，整体保持平衡，不升不降，或者有升有降，但"过高的房价要降下来"，挤出房地产泡沫。第三是讲"住房价格"，国家此次调控的目标是住房，而对非住房物业没有涉及！

那么这对于商业地产有何影响呢？根据现在掌握的信息，业界认为这对商业地产是个利好消息，或者比较利好消息，表明商业地产并不在政府本次重点调控的范围内。就住房销售赢利征收营业税国家早已有规定，1年以内的按进销差额征收，这次则延长到2年以内的按销售额征收，更加严厉。唯独没有提到商业类物业的情况，因此可以认为商业类物业仍因循旧历，按照老办法征税。所以多家房产中介机构的负责人均认为，此次意见出台主要是为了稳定住宅价格，因此对于商业物业基本上没有影响。种种迹象显示，很多公司调整了开发方向，把重点转向商业地产领域。例如上海是本次调控的重点地区，不少大牌公司认为由于本次政策调控主要针对住宅楼盘的投机炒作，商业地产受的影响并不大，他们今后将把商业地产作为在上海业务的重点。

国务院即将颁布的《城市商业网点规划条例》对商业物业的持有人是一个利好消息，对房地产开发商进入商业地产开发是个不大不小的障碍。该条例最重要的是要求每个城市都要制定城市商业网点规划，并严格按规划的要求实施，杜绝随便开点，任意建设的情况出现。特别是国外大型零售企业进入中国，很多地方政府迁就他们的意志规划，影响了城市总体功能的发挥以及传统商业街区、网点的荒废。另外，条例要求1万平方米以上的大型商业网点在立项时要举行听证会，参与人员广泛，有政府管理机关、专家学者、社区居民等,因此大型商业网点领出生证不是太容易,有限制大型购物中心,尤其是限制盲目发展购物中心的强烈暗示。

所以,中国商业地产联盟撰写的报告认为由于城市新社区建设步伐加快以及各级、各地政府目前积极鼓励发展社区商业,限制发展大的,鼓励发展小的,符合执政为民的政策内涵。因此2005年以后的一段时期,社区商业将呈现出较大发展潜力。商业网点建设要在促进城市商业繁华、繁荣的同时,更加注重满足老百姓日常需求的商业和生活服务的设施建设,要把社区商业作为规划的重点;在业态上,要体现便利性、实用性;在功能上,要以老百姓不断发展变化的消费需求为取向,完善服务设施,提高服务功能。可以预计,今后一些适合社区商业发展的商业形态,包括社区型购物中心、邻里中心以及现代生活广场等将会得到快速发展,逐渐成为商业地产中的新亮点。

此外,随着我国对商业零售企业的保护期已过,商业零售业2004年12月11日彻底对外开放,国外大型零售企业纷至沓来,在神州大地跑马圈地,国内企业奋起抵抗,对商业物业的需求量增大。据了解,家乐福将在北京、上海、广州和深圳四大城市各新开12家店铺,在其他一些大城市各新开6到8家新店,同时计划,2005年新开100家迪亚店,新增10至15家冠军生鲜超市。2005年,外资商业对商铺的需求将会有大幅增加,同时商家对商业物业的选择标准将更为严格,物业结构适用性好、位置优越的项目将成为追捧对象。

不动产税也是悬在商业地产开发商和持有人头上的达摩克利斯剑,据说国家不动产税的开征首先从商业地产类物业开始。现税收政策鼓励人们长期持有,因为国家对持有物业不征税,比把钱存在银行还有利(银行利息的20%征收所得税)。征税后,商业物业的投资收益模型就完全不同了,每年交纳的不动产税由持有人承担,实际收益下降,那么物业价格也会降低。这样就会促进人们持有那些能办公、经商的公寓类物业,部分产生替代作

用，进一步促进虚拟空间（网上直销）的发展。

商业地产供求缺口分析

缺口就是在某一价位时，需求量和供应量的差额。当需求量大于供应量时，说明市场没有被满足，有发展的空间和机会，预示着缺口的存在（图2-3）。

市场缺口由多种原因造成，因此缺口类型多样。例如，对两个规模和城市特性形似的城市比较发现，A 城已经存在的商业物业形态，在 B 城找不到，那么就说明 B 城存在着需求，而根本没有供应，我们称为绝对缺口，两者根本无法替代（详见表2-2）。

在商业地产开发和营销实践中，对一个城市的商业地产供需缺口进行分析往往比较困难，对具体项目来说也没有太大的意义，而商业区缺口分析则意义非凡。这里我们简单介绍商业区的缺口分析方法。

图2-3 缺口示意图

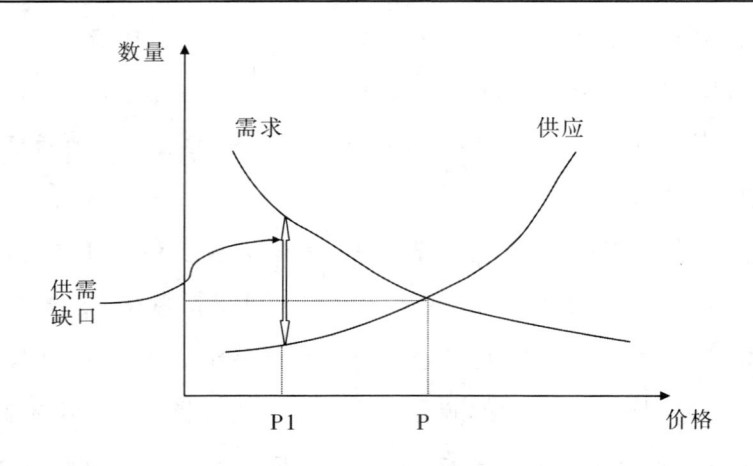

表 2-2　商业地产市场缺口类型

缺口类型	原　因	备　注
绝对缺口	需求存在却没有供应	某些中等城市没有麦当劳餐厅
相对缺口	供应量小于需求量	10个人争买3套住宅底商,需求不能满足
细分缺口	市场细分导致需求增加	从超市分化出的便利店,办公分化出的SOHO办公
可替代缺口	可以用现存物业替代	工业厂房改造成酒吧、批发市场,住宅改造成商店
不可替代缺口	不能替代的需求	大城市的购物中心、三星级以上酒店
比较缺口	看到其他地方需求才萌生的	酒吧一条街,上海新天地

第一步:首先要确定物业(项目)所在地及商业区,也就是先确定商圈。就商业零售物业而言,商圈是指以项目地点为中心,半径2～3公里的范围。

第二步:调查商圈内相同物业的供应量和辐射范围内的人口量。供应量是区域内所有相同物业类型的总和。例如,经调查,一个商场项目建筑面积40,000平方米,所在的商业区已经有类似物业80,000平方米,辐射区内各类人口有10万人。

第三步:测算需求量,它是根据区域内居民人口和消费额推算的数量。例如,根据其他城市的经验数据显示,每个人消耗的商业地产面积为0.8～1平方米,上例中,对商业物业的总需求量为80,000～100,000平方米。

第四步:测算缺口。由于物业存量为80,000平方米,需求量为80,000～100,000平方米,反映两者基本相当,不存在太大的缺口。如果要开发建设,必须考虑将多余部分物业的功能重新定位,依照类似方法重新测算缺口大小。

第五步:缺口验证。有时由于参考标准不同会造成截然相反的结果。例如,0.8～1平方米的标准是适用于商业中心还是社区?抑或整个城市?

如果用整个城市的标准测算商业中心,就有可能低估商业中心的需求量,如果用商业中心的标准测算社区就有可能高估需求量。因此,在适用标准时要小心,要采取多个测算方法交叉测算,综合分析,才能得到比较正确的结论。

专题:大型社区商业供需缺口测算与社区商业定位

笔者曾经参与过某大型社区的定位分析。该社区建筑面积100万平方米,其中有10万平方米的商业,80万平方米住宅,每套住宅平均面积140平方米,长期居住人口估计18,000人,周边估计有30,000人,合计48,000人。如果按人均1平方米的建筑面积,只能消化48,000平方米左右(其中包括其他社区的住宅底商和商铺)。也就是说,该大型社区商业用房面积严重过剩。如何解决这一问题呢?我们提出将区内商业街升级到区级商业中心,甚至大区域商业中心,扩大覆盖范围,吸引更多的消费人口。按照这个思路,开发商与市政府、连锁零售企业合作,系统策划,得到了较好的市场反应。

项目商圈属性分析

缺口分析是从数量关系上对商圈进行评估,但商圈分析还应包括性质评估,也就是对商圈属性进行解析。例如,北京有金融街商圈、CBD商圈和中关村商圈,这种划分根据是办公物业和入主企业的产业背景,如金融街主要是银行、投资公司、通讯公司等国家控股公司,CBD商圈是外资公司、合资公司等占主导地位,中关村则以高新技术、信息产品类公司占主要地位。我们认为商圈分析应重点关注如下内容。

商圈的产业背景分析。产业就是商业经营的立足之本，总要有供应，还要有需求，否则不能成为商业。例如，中关村的写字楼以IT和高新技术、相关服务行业而立，此类产业的兴衰荣辱直接影响到办公物业、IT产品大卖场的经营状况。当产业背景比较雄厚，发展前景广阔时，商圈的发展活力和潜力也随之扩展壮大。当产业发展到一定程度，赢利能力下降时，商圈就会萎缩，物业逐渐为新兴的产业公司占据。如果这种替代不能发生，那么商圈就会萎缩下去。因此，我们在研究商圈时，一定要调查研究商圈的产业背景。

商圈的演变趋势分析。有人说，麦当劳店的选址能力不得不佩服，它的店一般有前瞻性。例如它首先进入王府井商业街，不过几年就被拆迁改造，由李嘉诚先生兴建东方广场，可谓英雄所见略同。我们认为它不仅重视商圈和街区功能的静态分析，更注重商圈的动态分析，把握运动中的机会。

商圈演变分为三种：萎缩、维持原状和发展壮大。例如，有些老城区因大规模拆迁改造，居民外迁，新的商业零售企业在城乡结合部兴起，导致百货公司、消费品零售企业的商圈缩小，这种缩小是持续的，所以很多零售企业应变不及时而衰落。最典型的就是济南的五朵金花[①]（国有大型零售企业）有的倒闭，有的仍在艰难前行。它们原来都处在城市的核心地段，在20世纪90年代前一直是济南人购物的好去处。但由于合资、合作零售企业进入和中心城区改造，导致商圈的逐步缩小。前面案例中家乐福之所以要对商圈进行持续性调查和调整，目的就是适应环境变化。

商圈在城市中心地等级中的地位分析。就一个城市而言，按规模等级可以分为中心商圈、区域商圈、社区商圈和街区商圈。当项目处在社区商圈层次时，我们就应研究社区需求，据此调整商品种类。当处在中心商圈时，就应该配置辐射全市的商品类型。

---

① 读者可以在网上查询相关内容。

商圈竞争力和可替代性分析。由于商圈的产业基础赢利能力差,就会被新兴的赢利能力高的行业替代,导致原来的商圈萎缩,新功能商圈替而代之。或者在城市边缘区有新的商圈出现,虽然经营内容和范围都一样,但由于郊区租金低廉,其他经营成本较低,导致中心区的经营规模逐渐缩小,郊区规模越来越大,形成空间大挪移,发生商圈的替代现象。

商圈形态分析。理论上,商圈呈圆形分布(见第三章)。实际上因地形、河流、道路、建筑物、心理因素、竞争的影响商圈形态是非常不规则的。例如,根据"时间距离"(到达目的地耗时)还是物理距离划定商圈呢?如果仅考虑物理距离就无法解释郊区购物中心的商圈形态,只有结合时间距离(如自驾车出行)考虑商圈形态才比较合理。

对于大型零售企业和大型物业,性质的判定优先于数量判定,但不可否认的是,性质判定要依赖数据调查。

商业地产项目的 *SWOT* 分析

"SWOT分析"代表分析企业和项目优势(strength)、劣势(weakness)、机会(opportunity)和威胁(threats)。"SWOT分析"实际上是对企业和项目内外部条件的各方面内容进行归纳和概括,进而分析优劣势、面临的机会和威胁的一种方法。其中,优劣势的分析主要是着眼于企业和项目自身的实力及其与竞争对手的比较,而机会和威胁分析将注意力放在外部环境变化对企业和营销可能产生的影响方面。图2-4是房地产企业和项目SWOT分析路线图,就关键问题简单解释如下。

SWOT分析包括企业和项目两部分。有些情况下,企业和项目优势和劣势并不匹配,例如大企业对小项目不屑一顾,虽然小项目利润率超过大项目,但赢利总额低于大项目,如果大企业参与小项目就有"杀鸡用牛刀"或者大材小用之嫌;反过来,大项目虽然很好,小企业优势不足以承受,吃不到嘴里也不行。因此两者必须匹配,不能错位,尤其要避免小企业拉大车现象,一旦失误,企业将万劫不复。

所谓干扰性劣势就是在认识不清的情况下,表面看起来是劣势,但实际上却不是。俗话说"一叶障目,不见泰山","干扰性"就是"一叶",影响了我们对事物的真实性判断。只要我们拨开树叶,就能看到真实情况。所以,干扰性劣势是表面现象,实际上并不存在。障碍性劣势是指阻碍项目发展的缺点,例如企业缺乏资金、融资能力有限,那么就限制了企业进入大项目市场的争夺,一般地,障碍性劣势是企业靠自己的能力难以克服的,必须借助社会、政府的力量。就某项目而言,区内环境是可以克服的,周围环境则无法克服。例如,企业可以在郊区建设大型购物中心,但企业不能克服购物人口量少的障碍。

机会分析包括行业发展机会和项目发展机会。如果某个行业是朝阳产业,进入该行业的企业都能得到发展,这时成为共享机遇,例如 2003～2004

图 2-4 商业地产项目 SWOT 分析路线图

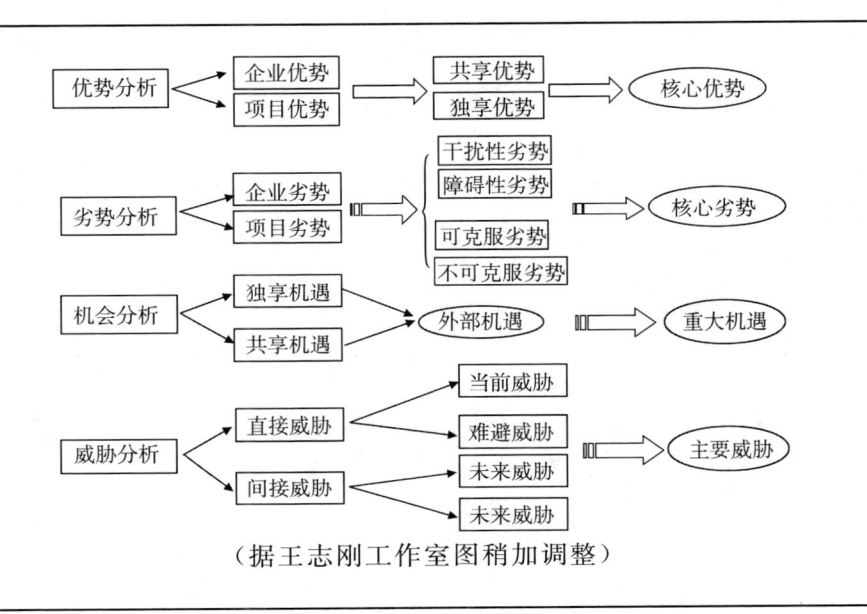

(据王志刚工作室图稍加调整)

年的房地产市场,全行业景气,大家都能赚钱。独享机遇一般地存在于新兴行业中,某些先知先觉者率先发现,在较长的时期内没有竞争者。

　　威胁包括竞争和风险两个方面。两个项目性质相同,价位齐平,位置也相似,面对面地争夺市场,这是直接竞争;两个项目性质相同,虽然价格不同,也存在相互替代现象,表面上看没有争夺,实际上存在间接竞争。房地产项目的风险更多地来自于政策、金融、宏观经济变化、强大竞争对手等方面。例如2005年5月政府出台稳定房价政策,对购买不超过两年的房屋征收营业税,市场迅速降温,房屋销售额下降,开发企业的政策风险骤然加大。

第三章 商业地产价值律与价值链策划

第一节 商业地产价值律

策划就是创造价值的过程。商业地产价值策划依据什么？答案是依据我们对商业地产价值规律的把握和运用。资源整合策划是在价值规律指导下有机融合的过程。

商圈等级和规模决定地产价值律

1. 商圈层次

商圈是指物品和服务的销售和吸引范围（详见第二章）。某一商店的销售活动范围通常有一定的地理边界，在边界之内的消费者会到本商店购物消费，边界之外则消费者不会前来购物。商店的商圈越大，说明商店服务范围越广，销售量越大，赢利越高。所以许多零售企业采取多种方法扩大自己的商圈，例如，提供免费购物班车服务，社区广告和营销推广活动等。

每个商圈都包括三个层次：核心、次级和边缘如图3-1所示。核心商圈是最接近商店的商圈，接纳商店50%～80%的客流，是离商店最近、顾客密度最高、平均销售额最大的区域,与其他商店的商圈一般不会重叠。次级商圈紧邻核心商圈,包含另外 15%～25% 的顾客。边缘商圈位于次级商圈之外,顾客分散。

图 3-1　商圈的圈层结构

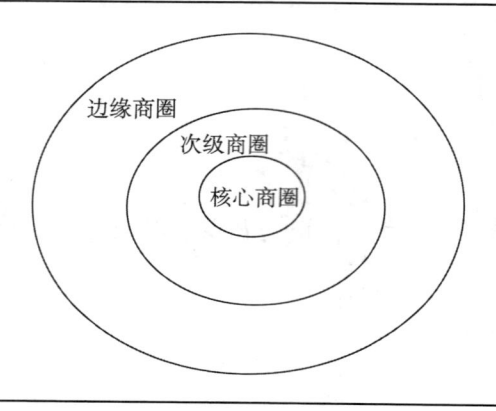

2. 商圈测定方法[①]

比较成熟的测定方法有两种,分别是:

(1)零售引力规律。美国学者赖利(W.J. Reilly)1931 年根据牛顿力学万有引力的理论提出,用公式表达就是:

$$\frac{T_a}{T_b} = \frac{P_a}{P_b}\left(\frac{d_b}{d_a}\right)^2$$

公式中,T_a 和 T_b 为从一个中间城市被吸引到 a 城和 b 城的贸易额;d_a 和 d_b 为 a 城和 b 城到中间城市的距离;P_a 和 P_b 分别是两个城市的人口。公式表明,一个城市的吸引力与其规模成正比,与距离的平方成反比。

根据赖利的理论,康弗斯(P. D. Converse)加以发展,于 1949 年提出

[①] 《城市地理学》,许学强等著,高等教育出版社,2005 年。

"断裂点"概念,用于测算两个城市或区域之间的分界点,在该点的购物消费人群到任何一个地点的成本都是相等的,到任何一个地点购物都没有差别,无差异点就是商圈分界点。无差异点计算方法是:

$$d_a = \frac{D_{ab}}{(1+\sqrt{\frac{P_b}{P_a}})}$$

d_a是断裂点到 a 城的距离,D_{ab}是两个城市之间的距离;P_b为较小城市 b 人口,P_a为较大城市 a 人口。

由于城市人口规模与城市影响力并不一定成正比,所以断裂点计算有时要偏离实际情况。所以我们要从中选择比较有代表性的指标,如人口、人均收入、教育水平等,这样测算更准确。

(2)商圈饱和度理论。当商家决定是否进入某市场前,首先要测算该市场是否已经饱和,也就市场是否还有进一步拓展的空间。当饱和度较高时,剩余空间有限,不宜进入,但当饱和度较小时,说明市场空间很大,有很大的拓展机会。饱和度计算必须基于同一个产品市场或者替代性很大的产品市场。不同产品的饱和度不具有可比性。商圈饱和度测算方法是:

$$IRS = C \times \frac{RE}{RF}$$

IRS 是指某区域某类商品市场饱和系数,C 指该区域某类商品的潜在顾客数量,RE 指该区域顾客的平均购买额,RF 是指该区域经营同类商品商店的营业面积总额。

饱和度实际上是单位商业面积平均营业额。如果已知 A 区域饱和度为 20,000 元/平方米,另一类似 B 区域饱和度为 13,000 元/平方米,说明 B 区域还有进一步拓展的空间,商家需要加大推广力度。

3. 商圈等级和规模决定物业价值

商业地产价格因商圈等级的变化而变化。宏观上，城市等级不同，商业地产价格也不同，如北京甲级写字楼销售价格达到 15,000 元/平方米，济南同等档次的房屋售价只有 8,000 元/平方米。微观上，同一城市不同区域的商业物业价格也存在差别，城市中心地段的价格明显比周边区域高一个档次。简单地说，在市中心写字楼的进入"甲级队"，处在外围的归入"乙级队"，城市边缘区域的归为"丙级"甚至"丁级"行列。

中心地理论及其对商业地产的启示

1. 中心地理论

中心地理论是由德国城市地理学家克里斯特勒（W. Christaller）和德国经济学家廖士（A. Losch）分别于 1933 年和 1940 年提出的，该理论深受杜能的农业区位论和韦伯的工业区位论影响。美国理论地理学家贝里对该学说给予很高的评价。

克里斯特勒认为中心地就是为居住在周围地域的居民提供货物和服务的地点。中心地所提供的货物和服务也可称为中心地职能。不同的地方提供货物和服务的能力不同，货物和服务的品质、档次和数量不同，从而形成大小不同的中心地，它们按照一定的等级秩序在空间有序排列形成中心地体系，高级中心地为若干个次级中心地围绕，而次级中心地为更低档次的中心地围绕。克里斯特勒根据德国南部的聚落结构，从系列的假设出发（均质平原、没有山川河流），通过数理逻辑思维，得出著名的中心地理论：在理想平原上，中心地市场区的最佳形式为六边形，并且按一定的 K 值形成规整的市场体系。例如，就市场原则而言，低一级的中心地应位于高一级的三个中心地所形成的等边三角形的中央，这样最有利于低一级中心地与高一级中心地展开竞争，结果形成一个完整的基本六边形和三个基本六边形的各 1/3，共同形成一个更大的六边形，故 K = 3。就是说高一级市场区是低一级市场区的三倍。

中心地的等级与其职能相互对应,低级中心地数量多、职能少,提供的服务和商品数量少、档次低、种类少,以物品的交换为主,服务贸易少。高等级的中心地数量少,提供的服务和商品数量多、种类多、档次高,服务贸易逐级增加,写字楼等办公场所增多,突出的特点是商品和服务涵盖的地理范围大,遍布次级中心区域。

克里斯特勒就中心地的服务范围作了规定。他认为中心地提供的每种货物和服务都有其可变的地理范围,范围的上限是消费者愿意去一个中心地得到货物或者服务的最远距离,超过这个范围他便去另外一个较近的中心地,这是中心地的最大腹地;同样地,维持中心地生存或者企业利润为零的最小腹地半径称为"门槛距离"。进一步分析显示,如果门槛距离大于货物的最大销售距离,那么该货物就不可能以正常的方式提供;如果货物的最大销售距离等于门槛销售距离,那么恰好是赢利为零的点。如果货物的最大销售距离大于门槛距离,那么,货物不但在腹地内提供,而且经营者还可以获得超额利润。[1]

奥·廖士在《区位经济学》中假设运输费用随距离的增加而增加,因此在市场区的边缘价格较高,从而需求量较低(符合需求曲线),这就产生了"需求锥"[2],图中 PQ 为市场中心的需求量,它沿 PF 减少,因为 QF 距离增加。廖士通过计算需求锥的体积来确定市场区的总需求量,通过计算证明,当一平地遍布市场,并且需求曲线为直线时,以六边形为底的六棱锥体的体积比其他类型锥体的体积都大。这与克里斯特勒的理论建立了联系。

---

[1] 《城市地理学》,许学强等著,高等教育出版社,2005年。
[2] 《理论地理学》,〔美〕威廉·邦奇著,石高玉、石高俊译,商务印书馆,1991年。

2. 中心地理论对商业地产的启示

中心地理论告诉我们研究城市体系、城市在体系中的地位对商业地产开发和招商价值重大。

服务门槛对于商业地产项目，尤其是批发市场、写字楼目标企业定位有巨大的指导意义。超越服务门槛的定位是虚假的，没有实际价值。

图3-2 中心地等级结构和廖士的市场需求锥

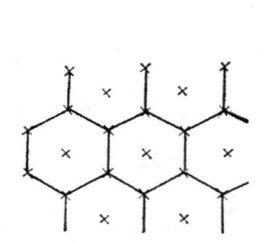

根据克里斯特勒假设的市场区　　廖士的需求锥

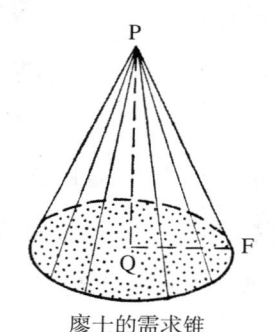

商业经营网点在空间上表现为有序结构，不能超越空间等级结构选点布局。有些经营服务是沿着中心地等级体系上下移动的，例如，小企业从低端中心地向高端中心地移动，大企业则沿着高级中心地到低级中心地的方向移动。国外零售企业进入我国首先从大城市开始，然后在次级城市选点布局，一般不越级移动。

商业经营受到市场区门槛人口的限制，当中心地等级较低时，有些业态所需要的最低人口数不能满足，该业态就不能在该等级中心地"落地"，否则只能以失败告终。商业地产招商实践中应避免越级定位，如特大城市的商业类型硬搬到小城市，以免落得"癞蛤蟆想吃天鹅肉"的笑柄。

同等级的中心地内的商业地产发展具有可比性。因此在商业地产可行性研究中同类城市的比较研究非常重要,对高等级中心地的研究有利于我们作出前瞻性的决策。

商业活动与土地价值的空间分布规律

图3-3显示,在城市内部商业活动和土地价值呈现有规律的分布,高级商务活动处在城市的核心区(中央商务区),该类活动处理的业务量大,具有一定的共享性,以管理、批发、研发职能为主,所以总利润额大,人均生产效率高,具有承担高租金的能力。其次是商业服务业,服务的人口数量大,远远超过门槛人口,具有获得超额利润的先天优势,也能承担高地租和房租。再外围是工厂、生产车间,承担地租的能力降低。外围就是低密度住宅区和普通住宅区,由于是消费物业,承担地租的能力更低,所以选择在城市的边缘地带落地生根。

图3-3 土地利用圈层结构图

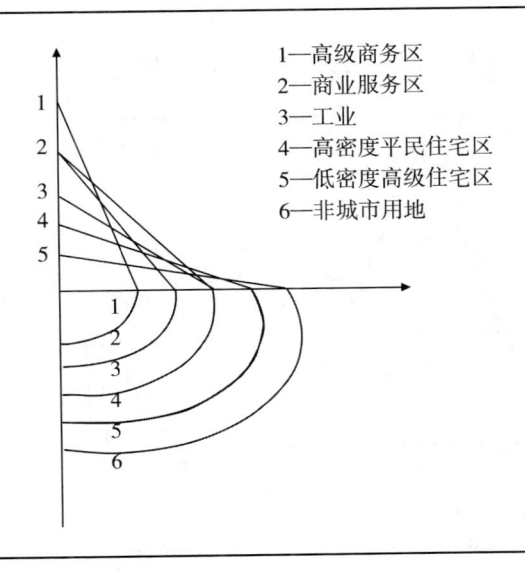

1—高级商务区
2—商业服务区
3—工业
4—高密度平民住宅区
5—低密度高级住宅区
6—非城市用地

"发掘地段价值"立足于对地段价值的认识。在商业地产价值策划中，我们要在分析物业在城市中的位置判断合适的商业活动类型，既避免超前定位，也避免落后定位，"过"和"不及"都不是最优选择。

商务中心区及其价值分布规律

图3-4是商务中心区内的价值分布规律。它告诉我们高档零售应占据最繁华热闹的位置，处于金字塔顶，承租能力相当高。例如，北京国贸中心地下商场内一冰激凌店所售出的冰淇淋价格相当于附近商场的4~5倍，高出的部分价格部分要交给房东（房租）。一般地，它们在写字楼附近，甚至写字楼、商场的出入口位置安家落户。金融咨询和信息服务也有很强的承租能力，企业一般选择在核心区的高档写字楼内办公。围绕办公环境发展餐旅业，如高档酒店、展览中心，特色商业街。居住用地的承租能力较差，兴建高档公寓，为高级商务活动所用（商务公寓、酒店），或者为高级商务人士租用以居住。承租能力决定了商务中心区的物业供应结构和商业景观。

图3-4　不同业态的承租能力金字塔结构

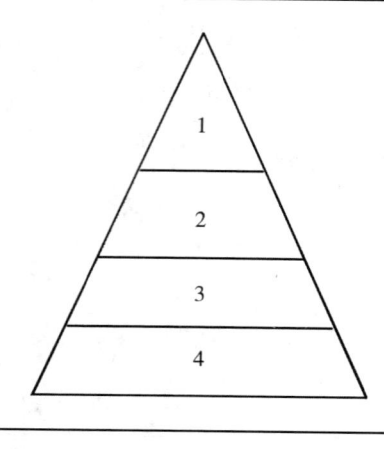

1—高档零售
2—金融咨询、信息服务
3—旅馆批发、酒店
4—居住及其他

城市空间结构演化对商业地产价值的影响

一般地,世界大城市的空间结构演化经历了如下三个阶段:

第一阶段:聚集为主,表现为城市工业、人口、经济活动的聚集。聚集意味着需求增加,商业地产的商圈范围扩大,购买力旺盛,商业地产增值速度加快。

第二阶段:城市摊饼式扩张阶段,人口的快速聚集加大了市中心的压力,从市中心逐渐向外密集式扩张,就像摊饼,城市越摊越大,密集连片,导致环境恶化。市中心的物业价值增速趋缓,郊区开始起步。

第三阶段:城市的郊区化阶段,也可以称为逆城市化阶段,城市中心的工厂和工业就业持续下降,居民大量迁往郊区,富裕人口迁到远郊区。城市空间结构经历重组,重要特征是:第三产业,特别是金融服务、信息咨询、管理等职能向市中心集中,社区型的商业零售服务业随居民外迁,不能外迁的要么变更经营业态,要么被迫倒闭和易主。市中心的商业活动主要是为高级管理人员、年轻白领服务的空间,如酒吧、航空售票处、高级餐馆、时尚商店、麦当劳、肯德基、面馆等。郊区则是大型超市、购物中心发展的天下。工厂迁移到远郊区设立的各类工业园内,污染严重的产业更是向偏远的地区转移。这种转移既发生在一个城市内部,也发生在国家之内,更发生在世界范围内。产业转移的"雁行发展理论"就比较清晰地说明了产业转移和空间结构演化之间的关系。

在这个阶段,城市中心环境改善,商业物业获得第二生命,价值进一步提升。郊区物业的价值进入加速提升阶段,特别是在新形成的商业中心附近,商业物业价值成倍提高。

该规律有助于我们看清城市发展大势,作出正确的投资决策。

零售业态演进与商业物业价值关系

1. 零售业态概念及业态分类

一般认为,业态一词源于日语的汉字表达词汇,20世纪80年代随着介绍日本商业经营被我国学界采用。业态,被认为是"零售商业形态"的简称,是指经营方式、经营技术、买卖方法相同的商业经营方式。

日本零售商业协会认为,零售业态是与消费者购买习惯的变化相适应的零售经营者的经营形态。

我国学者对业态的研究始于20世纪80年代。黄国雄先生认为,一般意义上,它是指零售企业经营的形态,是零售企业为实现销售所采取的组织形式和经营方式的总称。例如,超市业态是商品陈列公开,顾客不经销售员直接触摸感受商品、自行决策购买与否、统一柜台收银的经营方式。与百货业态比较,节约了人工成本,适合日用消费品和低价值商品的销售。

我国2004年颁布的国家标准体系——《零售业态分类》将零售业态界定为:零售企业为满足不同的消费需求进行相应的要素组合而形成的不同的经营形态。该国家标准按零售店铺的结构特点、经营方式、商品结构、服务功能、选址、商圈规模、店铺大小、店堂设施、目标客户、有无固定的物理店铺等,划分为有店铺零售业态和无店铺零售业态两大类,共18种形态(见表3-1)。

必须指出的是,学界对业态分类有广义和狭义的理解。所谓狭义的理解是指从直接接触顾客的店铺或者销售行为的角度定义,具体指为消费者提供零售服务的店铺或销售层面的营销要素组合形式。广义上的业态,不仅包括狭义的理解,还包括支撑狭义业态运营的组织、所有制形式、经营形态及企业形态,相当于"零售形态"。从这个层面看,与商业地产招商环节的关系比较密切,商业地产招商关心的不是店铺的经营,而是商店与商业管理者、持有人之间的关系。但从价值和建筑形态层面,我们又关心狭义的业态。

表 3-1　我国零售业态分类一览表

业态类型	定　义
有店铺零售	有固定的进行商品陈列和销售所需要的场所和空间,并且消费者的购买行为主要在这一场所内完成的零售业态
1.食杂店	以香烟、酒、饮料、休闲食品为主,独立、传统的无明显品牌形象的零售业态
2.便利店	满足顾客便利性需求为主要目的的零售业态
3.折扣店	店铺装修简单,提供有限服务,商品价格低廉的一种小型超市业态。拥有不到 2,000 个品种,经营一定数量的自有品牌商品
4.超市	是开架售货,集中收款,满足社区消费者日常生活需要的零售业态。根据商品结构的不同,可以分为食品超市和综合超市
5.大型超市	实际营业面积 6,000 平方米以上,品种齐全,满足顾客一次性购齐的零售业态。根据商品结构,可以分为以经营食品为主的大型超市和以经营日用品为主的大型超市
6.仓储会员店	以会员制为基础,实行储销一体、批零兼营,以提供有限服务和低价格商品为主要特征的零售业态
7.百货店	在一个建筑物内,经营若干大类商品,实行统一管理,分区销售,满足顾客对时尚商品多样化选择需求的零售业态
8.专业店	以专门经营某一大类商品为主的零售业态。例如,办公用品专业店、玩具专业店、家电专业店、药品专业店、服饰店等
9.专卖店	以专门经营或被授权经营某一主要品牌商品为主的零售业态
10.家居建材商店	以专门销售建材、装饰、家居用品为主的零售业态
11.购物中心	是指多种零售店铺、服务设施集中在由企业有计划地开发、管理、运营的一个建筑物内或一个区域内,向消费者提供综合性服务的商业集合体
11.1　社区购物中心	是在城市的区域商业中心建立的,面积在 5 万平方米以内的购物中心
11.2　市区购物中心	是在城市的商业中心建立的,面积在 10 万平方米以内的购物中心
11.3　城郊购物中心	是在城市的郊区建立的,面积在 10 万平方米以上的购物中心

续表

12.厂家直销中心	由生产商直接设立或委托独立经营者设立,专门经营本企业品牌商品,并且多个企业品牌的营业场所集中在一个区域的零售业态
无店铺零售	不通过店铺销售,由厂家或商家直接将商品递送给消费者
13.电视购物	以电视作为向消费者进行商品推介展示的渠道,并取得订单的零售业态
14.邮购	以邮寄商品目录为主向消费者进行商品推介展示的渠道,并通过邮寄的方式将商品送达给消费者的零售业态
15.网上商店	通过互联网络进行买卖活动的零售业态
16.自动售货亭	通过售货机进行商品售卖活动的零售业态
17.电话购物	主要通过电话完成销售或购买活动的零售业态

美国学者 W.J.斯坦顿提出零售业态分类的三个标准:一是店铺规模,二是所有制形式,三是销售方式;菲利普·科特勒又进一步提出五个标准:商品组合、价格诉求、卖场特点、店铺管理方式、店铺组合形式。黄国雄先生认为零售业态划分要依据四个标准:商品品种和结构、经营规模与区位、经营形式与售货方式、组织形式和管理模式。虽然标准各异,但有几点是统一的、根本性的,它们是:商品品种和结构、店铺规模、售货方式、管理模式、店铺区位、有无物理形态的店铺。从事商业地产的人往往着重物理形态的店铺,忽略无店铺业态的影响。所以在本书开始,我们就开宗明义提出网络商业地产概念,让读者注意到这一大方向。

2. 四次零售业态革命[①]

商业零售业态处在不断的演变过程中,动力来自科技发展、生产力水平提高和竞争需求的不断变化。历史上出现了四次飞跃式的进步,也称四次

---

① 《中国社区商业概论》,李定珍著,中国市场出版社,2004年。

零售业态革命。

第一次演进：出现百货商店。19世纪中叶以前，零售业态的主要组织形式是杂货店，经营商品品种有限、专业化程度低、商圈小，管理和交易靠血缘和地缘关系。1852年，法国的A.布西哥在巴黎开设"邦·马尔谢"商店，是世界上第一家真正意义上的百货商店。百货商店摆脱了杂货店的小生产经营方式，实行专业化经营，以花色品种齐全、质量好吸引顾客。实行明码标价原则，不讨价还价，赢得顾客的信任。强调服务，注重营业设施完善，开展各种促销活动，建立商业信誉等。

第二次演进：连锁商店出现。现代意义的连锁店于1859年创办于美国，1920年后得到迅速发展。相对于百货商店，连锁店的优势更加明显：连锁经营、广布网点、迅速扩大商圈；统一进货、统一核算、统一经营战略与策略，整合了企业资源，增强价格谈判能力；降低进货成本，规范管理，提升企业知名度和形象；便于标准化作业和控制服务质量。因连锁经营具有上述优点，专业商店、百货商店、超级市场等也纷纷采取连锁经营方式。

第三次演进：超级市场出现。1930年，迈克尔·库在纽约市区以很低的价格租赁一间空大的仓库，创办世界上第一家超级市场。超级市场的突出特点是顾客自选，与商品零距离接触，自行决策，不需要售货员帮助。因计算机管理系统的导入，超级市场经营管理发生了质的飞跃，迅速在全世界普及开来。

第四次演进：表现为购物中心的出现或者无店铺销售模式。前者是有形的卖场，后者是虚拟的网络交易。随着计算机网络的迅速普及以及网上交易技术、法律、法规的完善，零售业态的演进将深入发展。

3. 主要的三种业态演进律

（1）零售轮转理论。零售业态在竞争中像车轮一样，不断从低利润、大量廉价销售到高利润、高服务销售的反复循环。一般地，新零售业态会采取降低成本、降低价格和提高市场占有率的方式进入市场,随着竞争的激化,逐渐增加新服务项目,改善营业设施,使得经营成本不断增加,逐步转化为高价格、低利润的零售业态,然后被更新的,提供低成本、低价格和高质量服务的业态取代,这样反复运动,就好像运转的车轮一样[①](图3-5)。

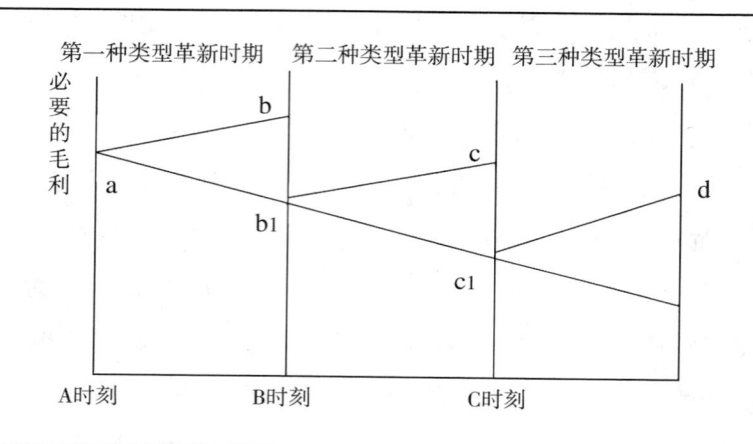

图3-5 零售业态轮转演进

(2) 手风琴理论。由布朗德于1963年首先提出,后由霍蓝德于1966年发展并命名。该理论将商品组合的幅度视同手风琴的形状,随着时间的推移,商品组合幅度大的业态经营一段时间后,商品组合幅度较小的新业态将会随之出现,但不久之后又会产生另一种商品组合幅度更大的新型零售业态。如此循环,依据商品组合幅度大小的变化,新的零售组合业态不断在市场上出现(图3-6)。

(3) 生命周期论。该理论认为零售业态存在明显的生命周期阶段:创新、加速发展、成熟和衰退。每个阶段有自己的特点,如在创新阶段,销售额增长很快,但由于初期成本过高,利润反而低,甚至亏损(详见表3-2)。

---

① 《中国社区商业概论》,李定珍著,中国市场出版社,2004年。

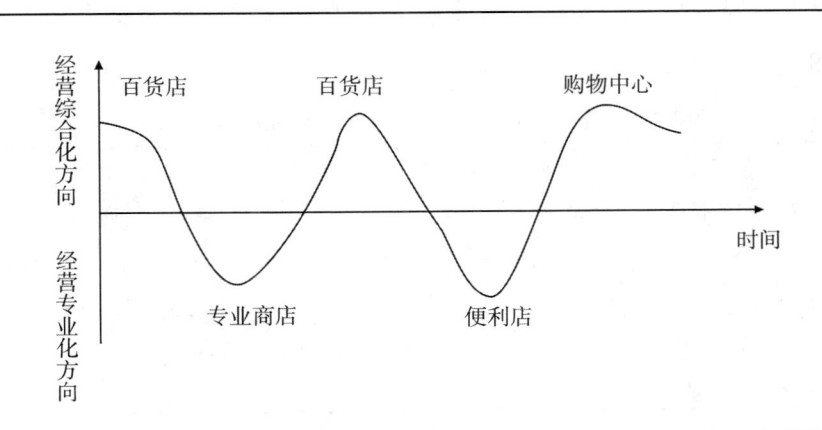

图3-6 手风琴理论：综合—专业—综合演变

表3-2 商业业态周期演进理论

市场特点	生命周期的各个阶段			
	创新	加速发展	成熟	衰退
竞争者数量	很少	适度	许多直接竞争者，适度间接竞争	直接竞争者，间接竞争者众
销售增长情况	迅速	快速	适度增长到缓慢增长	增长趋缓，甚至下降
利润水平	由低到高	较高	社会平均利润率	趋低，甚至亏损
持续时间	3～5年	5～6年	不定	不定

区域内商业组合形态演进背景分析

表3-3是城市商务中心区演化模式，每种业态组合都应着技术发展阶段和生产方式，可以说技术进步和生产方式的变革是业态演进的动力。它们由最原始的小商店、杂货店，发展成为百货店，继而发展商业办公和商业连锁店、百货店和超市的混合功能，传统的小商店渐次衰落，被更高等级的经营业态替代。替代是一个否定之否定的系统性过程，与特定的生产方式

和生产关系相适应。它告诉我们，观察商业街区演变时，不能局限在项目本身，而要放眼它生存的环境条件，把握经济和社会运动规律，才能作出顺应时代的策划方案。

表3-3 城市地域、中心商务区功能演化与技术创新周期

阶段	时间	交通、通讯	生产管理方式	地域结构演化	中心商务区演化
第一阶段	1920年前	电车、马车、邮递	福特主义	摊饼式膨胀	商业、商务混合
第二阶段	1920~1970年	火车、汽车、电话	大规模生产	市区蔓生	功能分区、综合
第三阶段	1970年后	高速公路、信息高速公路	灵活、柔性方式	多层向心城市体系阶段	商务功能升级综合、生态、效率化

建筑和业态组合影响价值

1. 建筑类型(性质)决定价值

由于建筑用途不同产生的收益不同，有时房屋性质稍微变化就能产生巨大的经济利益。例如，底层住宅如果临街，能够改成商业用途，那么，价值和价格将发生质的飞跃。所以我们说建筑性质决定价值。这可以被认为是房地产开发的公理，不需要更多的论证。

实践中，如何选择最合适的建筑类型和功能组合是价值最大化需要认真研究解决的问题。例如，在给定的地块是建设写字楼还是商场抑或两者的混合体？需要估计不同的方案的经济社会价值，并加以综合比较。

2. 价值随层数变动律与"灯下黑"现象

商业物业的价值随着楼层的变化而变化，一般地，地下一层的商业价值非常低，一层的价格最高，二层的价格次之，三层再次之，逐层递减，三层以上则过渡到住宅和写字楼的定价模式，越高价值越大，逐层提升。一般地，商业街三层的商业价值就比较低了，若不能发挥办公和居住功能，空置率相

当高,我们称为"灯下黑"现象。

图3-7 商业物业价值随高度变化曲线

(图中价值数据是离散的,用横线表示,为了描述规律,用曲线模拟)

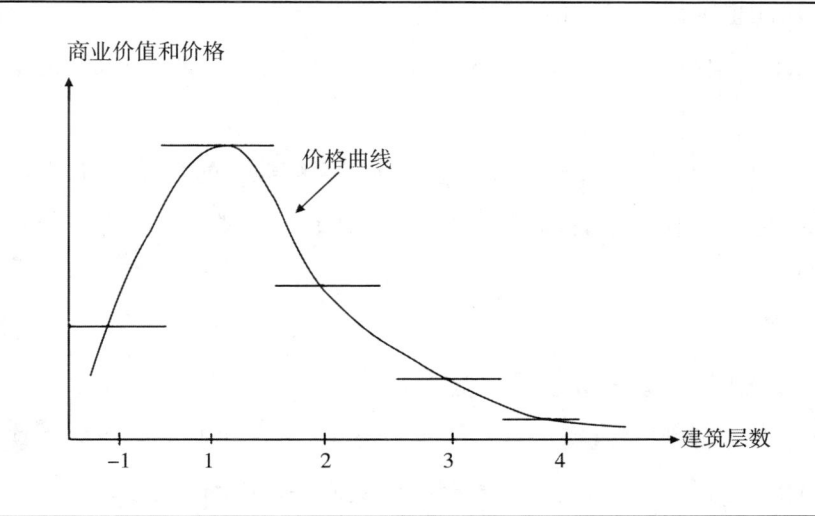

"灯下黑"现象。我们在调查中发现,越是繁华的商业街,高楼层的空置率越高,租金随着楼层的增加呈几何基数递减,由于空置率高(三层、四层),房间内昏暗不堪、死气沉沉,与脚下商业街车水马龙、人流如织、交易火爆的场面相比简直是冰火两重天,故把这一现象称为"灯下黑"。从平面上看,也存在"灯下黑"现象,如面街商铺价值极高,人流涌动,背街一面则冷冷清清,行人稀少。

"灯下黑"反映了商业地产价值空间变化的剧烈性,虽近在咫尺,价格却差别明显。在可行性研究阶段如果不按这一价值分布规律,以一层价格作为销售收入测算,项目投资收益率将被高估,易导致乐观的决策。所以如何避免"灯下黑"现象是策划人员、建筑规划设计人员着力研究的问题。

笔者曾在某地级城市一条商业街的营销策划中巧妙地利用了这一价值

规律。某公司开发的商业街由双开间(6.6米)和单开间(3.9米)的三层门市房组成,我们接手时发现定价过高,远远超过其价值,商铺无人问津,销售业绩很不理想。分析发现,在中小城市,商业门市房的第三层功能定位不清晰,商业价值很低,用于储藏则上下搬运困难;由于租用者在城区都有居所,居住功能也不切实际,对购买者而言三层没有太大的使用价值。为此我们决定:维持定价不变,凡按规定价格购买第一、第二层的,赠送第三层(买二赠一模式),结果打开了销售局面。

规划设计和建筑设计阶段是避免"灯下黑"现象的最佳时机。商业街应采取措施多规划临街面,避免偏僻角落,交通流线使人能够方便、自由地到达每个店铺。

3. 建筑规模和形象影响价值

商业市场建筑规模越大,形象也越突出,规模和形象的价值表现在:服务功能齐全,能近距离低成本地获得相关服务;入主商家多,互为市场产生聚集效应和规模效应,由于市场需求量大,企业赢利超过门槛值,将导致更多的企业聚集,形成商业的良性循环;具有标志性,比较容易建立社会形象。例如,北京的国贸中心、燕莎商城,是区域的形象代表,是地理标志性建筑。是人们出行的目的地或者中转站,人流、信息流密集;为企业增加形象价值。因建筑规模大的建筑社会形象好,有利于提高工作效率,企业从追求形象的角度比较倾向于选择标志性建筑作为工作、经商的场所。

4. 业态、业种组合影响价值

所谓业态组合就是不同经营规模、经营品种、经营方式的业态在商业场所的组合形态。例如,家乐福模式是大店套小店,既有大型超市,也有专卖店。业种组合是不同类型的商品在商店内的组合形态。它们对价值的影响模式表现为:

共生模式——自然界中,不同物种之间是相互依存的,存在共生关系,例如,螃蟹和蚌类合作,螃蟹为蚌提供食物,而蚌为螃蟹提供安全隐蔽所。同样的,不同的经营业态组合起来也有共生关系,例如,医院和药店,谁也离不开谁,商场与快餐店,两者共生双方都能得利;卖汽车整车的与卖零配件、修理行、汽车装具店也不可分割。

群居模式——自然界中,群居生活的动物也不少,最典型的是狮子,它们在雄狮的带领下形成有秩序的群体,集体狩猎,共同分享食物。在商业地产业态组合中,"群居"是普遍现象,例如,中华名吃一条街、家电一条街(其中有主力店)、古玩一条街等。

业态业种组合为购物创造价值。消费者购买行为具有复合性和组合性,一次出行应采购到自己需要的所有物品,多种方式的有机组合能够同时满足这种需求,同时降低购物者的出行成本(交通成本和时间成本)和出行风险。如果消费者到只有一家店的地方购物,就有可能购买不到称心的商品,即使买到了,自己也没有议价权,但是如果他到一条专业商业街上购物,购买成功的概率大大增加,由于竞争供应者多,自己有议价权。这也是专业街长盛不衰的根本原因。

不同商品品种的组合关系对商业经营产生巨大影响,从而影响物业租金和销售价格。有个故事说有个聪明的商人,他在市中心繁华地段购买了一商铺销售棺材,因人们不愿意见到棺材,怕染上歹运,就宁愿跑远路也不到这里购物,结果毗邻商铺经营非常冷清,支撑不住,纷纷卖掉商铺转到其他地方经营。该商人抓住时机将商铺低价买进,然后就不再卖棺木了,改做其他经营后门庭若市、生意兴隆,租金直线上升,房价大涨。该故事生动地说明业种组合影响物业价值。

5. 店铺规模与价值关系

在商业街和摊位式商场中,物业售价因摊位或者商铺的面积大小而有

所不同(图3-8)。小商铺不仅销售价格高,而且销售速度快;随着面积增大,销售速度下降,销售价格也下降,租金也有相似的表现。比较分析显示,小商铺的营业面积利用率高,大商铺的营业利用率低,原因是小商铺不需要室内交通面积和附属配套设施,而大商铺必须具备交通通道、卫生间等附属设施。面积适度的小商铺价格高的另一重要原因是需求量大,呈现局部求大于供的格局。当面积超过一定规模后,需求者减少,供求双方的力量对比向求方倾斜,成交价格下降,甚至低于平均成交价格。该规律有助于我们制定合理的价格策略,提示我们建筑策划中注意大小店铺的合理搭配。

必须提请读者注意的是,把本图与图3-15和第八章案例结合起来分析,我们会发现大小商铺的销售价格和租金虽有不同,但综合收益率是趋同的,因为小商铺稳定性差,容易造成巨大的周转成本(如免租期、装修成本、空置率)。这也是本书提倡构建整体价值链、主张价值平衡分配的主要原因。

图3-8 价格随商铺面积变化曲线

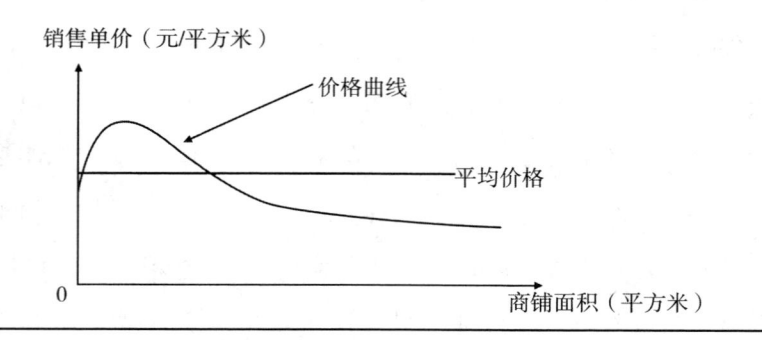

第二节　商业地产价值链分析

价值与商业地产企业价值链分析

1. 价值与价值链

价值是买方愿意为企业提供给他们的产品和服务所支付的价格。价值用总收入来衡量，总收入则是销售产品的数量与产品价格的乘积。为买方创造超过成本的价值是任何经营战略的目标，只有超过成本，企业才能赢利。

《竞争优势》的作者迈克尔·波特说"每个企业都是用来进行设计、生产、营销、交货以及对产品起辅助作用的各种活动的集合"，"一定水平的价值链是企业在一个特定产业内的各种活动的组合"。[①] 同样地，商业地产的开发商也通过组织各种活动形成价值链。

2. 价值活动

企业经营的每项界限分明的物质或者技术活动称为价值活动，它们是企业创造对买方有价值的产品基础。每种价值活动都会发生成本，也会产生效益，两者之差相成企业利润。

每项价值活动的维持都要有人力、物力的投入，也要有技术支持投入，它们按照一定的规则组合起来形成对买方来说有价值的产品和服务。各项价值活动本身虽然不能直接对买方有价值，但组合起来就有非常大的价值。例如，汽车总体对购买者是有价值的，但缺少了轮子，就一文不值。所以购买者得到了整车，如果没有完善的后勤服务系统，零件供应体系和维修网

[①] 《竞争优势》，〔美〕迈克尔·波特著，陈小悦译，华夏出版社，1997年。

点,购买者的价值也不能全部实现。正如商业地产开发和经营一样,开发商提供了房子,购买者也得到了房子,如果没有租赁经营者,就会导致房屋空置,购买者无法实现价值。因此企业要把各项价值活动有机地组合起来,使每个环节的价值都能得以实现,企业总收入预期才能真正实现。

3. 商业地产开发商的价值来源与发展趋势

我们认为,商业地产企业的价值有如下五个来源:

(1) 供应商。包括商品供应商和服务供应商。例如,建筑企业提供的高质量建筑服务、设计企业优良的设计、物业管理公司提供的周全的服务等。通过与供应商的良好合作和协同管理,起到节约时间和金钱的双重效果。

(2) 合作伙伴。通过各种形式的合作,双方共同创造价值。例如,全程策划代理不单是简单的合同关系,也是一个密切合作关系,策划人员全过程提供策划服务;再如,开发商与商业零售企业合作,通过利用对方的品牌、资金、技术和经验优势,减少风险,降低市场进入成本。

(3) 客户。通过提高客户的忠诚度、满意度和美誉度,降低采购和销售成本。

(4) 企业员工。一是高素质的员工会创造更多的价值;二是积极的员工会创造更大的价值;三是忠诚的员工会提高工作效率,降低企业不稳定性导致的成本。

(5) 企业自身因素。例如,企业实力、品牌、文化、产品和技术的专有性和垄断性等。

企业在不同的发展阶段其价值来源是不同的(图 3-9)。例如,在商业地产市场形成初期,地段价值是主要来源;后来产品质量是主要来源,项目之间比设计、比用料、比产品理念。后来发展到比企业文化、比品牌等。因此,企业要注意自己所处的位置,据此制定发展策略。

图 3-9 房地产企业价值演进阶段

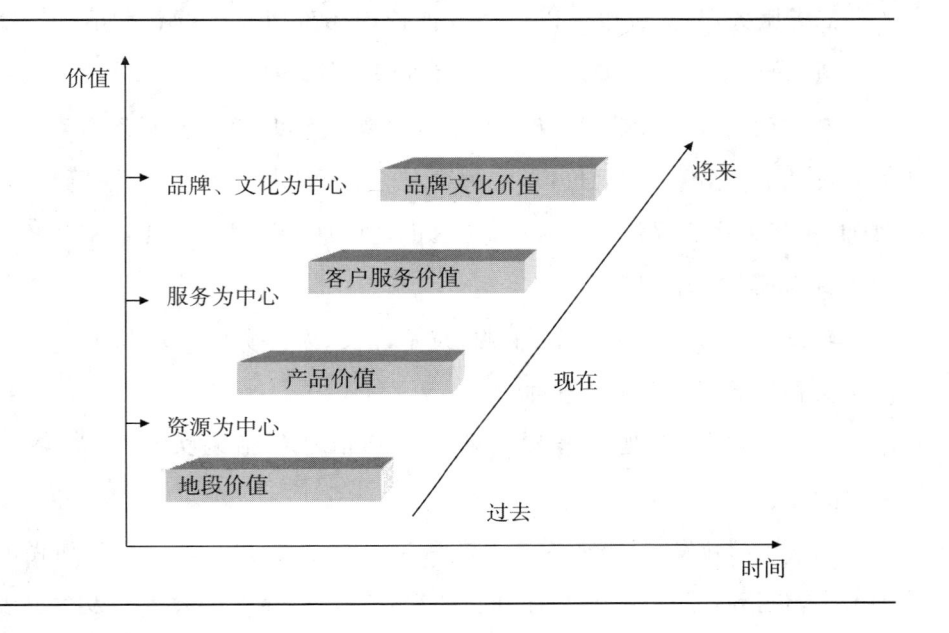

4. 价值活动分类和开发企业价值链

开发企业针对价值来源开展各种各样的价值活动,通过有机管理,系统整合,实现价值最大化。

价值活动分为两大类:基本活动和辅助活动。基本活动是企业产品制造、销售、转移和售后服务等内容。辅助活动是对基本活动予以支持的各项价值活动,如各种后勤服务、技术、人力资源等(见图 3-10)。对商业地产开发和运营剖析,企业的基本价值活动是:

(1) 内部后勤:市场调查、开发可行性研究、发展战略规划、土地获得和证件办理、手续报批等。

(2) 生产作业:具备施工建设条件后的房屋建造活动,如建筑设计、施工图设计、建筑安装、园林环境景观建设等。

(3) 外部后勤:产品展示、房屋交验、产权证办理、客户装修协调。

(4) 市场和销售：广告、促销、销售队伍、定价和报价、销售渠道等等。

(5) 服务：与提供服务以增加或保持产品价值有关的各种活动。如客户管理、维修、培训、配套服务、租售代理服务等。

在构建商业地产价值链时，上述活动缺一不可。例如，服务活动有助于客户尽快、高标准地实现价值，解除客户的后顾之忧。某些企业把服务活动延伸，不仅为客户提供出租服务，还返租、回购房屋，目的是通过实现客户价值达到自己的价值目标。

辅助活动分为四种类型：采购、技术开发、人力资源管理和企业基础设施。每种辅助活动可进一步细分。

(1) 采购：商业地产开发企业的采购活动包括购买办公品、咨询服务等。

(2) 技术开发：是企业为改善产品和经营方式，提高产品价值所做的各种努力，包括技术诀窍、新程序和新的组合方法。企业的技术开发主要表现在采用建筑技术、产品组合创新和经营模式创新等。

图 3-10 典型房地产企业的价值链

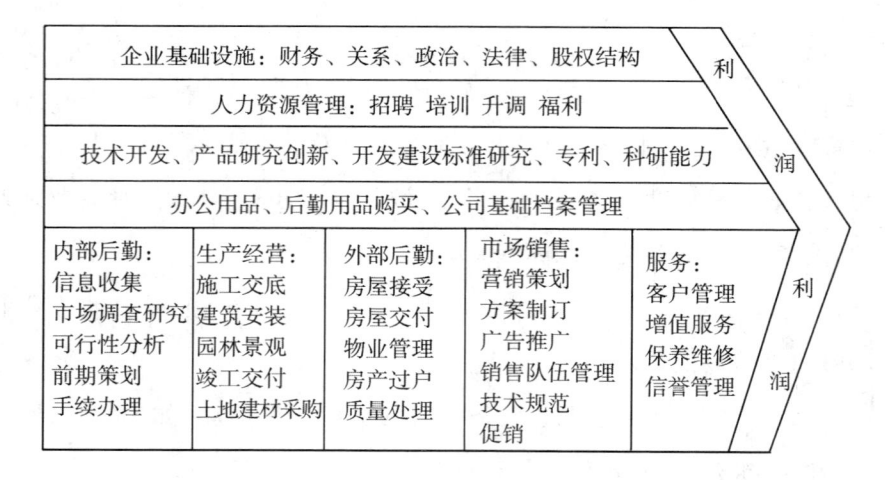

企业基础设施：财务、关系、政治、法律、股权结构	利
人力资源管理：招聘 培训 升调 福利	
技术开发、产品研究创新、开发建设标准研究、专利、科研能力	润
办公用品、后勤用品购买、公司基础档案管理	

内部后勤：信息收集 市场调查研究 可行性分析 前期策划 手续办理	生产经营：施工交底 建筑安装 园林景观 竣工交付 土地建材采购	外部后勤：房屋接受 房屋交付 物业管理 房产过户 质量处理	市场销售：营销策划 方案制订 广告推广 销售队伍管理 技术规范 促销	服务：客户管理 增值服务 保养维修 信誉管理

利润

(3) 人力资源管理：包括各种类型人员的招聘、雇佣、培训、开发和报酬的活动。广义上讲它也是企业外购活动的范畴,它通过提高雇员的技能和积极性以及雇佣和培训的成本所起的作用,对企业的竞争优势产生影响。

(4)企业基础设施:包括总体管理、计划、财务、会计、法律、政府事务和质量管理。在房地产开发企业中,这些工作一般由计划财务部、政策研究室(总经理办公室)和办公室完成,是企业经营活动的基础,起支撑作用。

5. 价值链内部联系

前面已经说明,价值活动不是孤立存在的,它们在相互关联中体现价值。竞争优势经常来源于活动间的联系。这些联系可以通过优化和协调来提高企业的竞争力。协调有助于增进企业效益,降低企业的成本。例如,销售部把客户关于产品的意见及时反馈给工程部可以避免重复劳动和不必要的成本损失。北京某开发公司采取菜单式装修方式卖房,个别客户要求不铺设地面,但由于信息沟通不及时,工程部仍然按原来的做法铺设了木地板,客户要求开发商按合同拆除木地板,开发商不但感到委屈,而且遭受了巨大损失。因此,各种价值活动之间产生联系的原因多种多样,主要有:

同一功能以不同方式实施。例如,销售活动可以通过打广告招徕客户,也可以采用人员促销方式,或者关系营销方式,或者共同采用。

通过间接活动改善直接活动的成本或效益。例如,在促销过程中,广告是很大的一笔费用,为了降低费用,企业可以利用名人效应,举办各种公关活动,提升企业形象,为销售创造良好氛围。

企业内部的关联创造性活动减少企业的营销成本。例如,不同部门之间对房屋反复研究、认真细化,消除产品瑕疵,消除产品返修成本和争议处理成本。

总之,开发企业应在项目开发和销售过程中注意价值活动的横向联系,建立跨部门的创新风暴小组,实施各种价值创造行为。

6. 价值链纵向联系

价值链不仅存在于企业内部,还存在于企业外部,存在于企业与供应商和渠道商以及投资商、消费者价值链之间。供应商或渠道商的价值活动方式影响企业活动效益。供应商生产某个企业使用的产品或服务,那么供应商的价值链通过接触点影响企业经营活动。在商业地产开发中,写字楼产品的供应商往往被开发商用来增加企业经营活动的分量,如电梯是哪家企业生产的,建筑商实力是如何雄厚,5A智能化控制产品是哪个品牌的,物业管理服务是哪家企业提供的,供应商负责人甚至被邀请参加市场推广活动。

同样地,投资者(购房者、经营者)的价值链(买方价值链)也对企业的价值链产生影响。例如,开发商和营销策划人员会根据投资者预期和赢利模式调整自己的营销策略和推广诉求,在产品定型和材料、设备选购中充分注意投资者和经营者的期待。根据消费者喜好设计建筑、环境和选定经营商家、经营内容和业态组合。

企业纵向价值链的建立和稳定也是企业谋取竞争优势的关键。例如,微软与IBM在操作系统上的合作为造就微软帝国立下了汗马功劳。在商业地产开发领域,大连万达开发模式最成功之处就是与世界级零售商业巨头建立了较为稳定的战略合作关系,优势互补,大连万达由此获得了巨大的竞争优势,零售巨头也获得了以较低成本进入中国的便利和机会。

开发企业与营销策划、销售代理公司、中介公司之间的合作(销售渠道)也对企业价值的实现产生重要的推动作用。代理公司利用渠道优势以最快的速度和最低的成本销售产品。但不得不注意的是,企业不可能完全依赖渠道销售;否则,代理商会利用自己的优势反客为主挤压开发的利润空间。

商业地产价值链分析

由于本书是商业地产价值策划,分析的重点是如何提升项目价值和如何实现价值在企业间的合理分配,因此商业地产的纵向价值链是重点内容之一。我们认为,商业地产纵向价值链是以开发商为中心并在开发商主导下构建的能够让参与各方获益的价值创造和分配链。实践证明越是从整体考虑价值链,开发商获得的价值就越高。

有的策划人认为商业地产开发商的任务就是搭建商业经营平台,提出"平台论"。[①] 认为平台就是参与双方共同生存的基础,没有平台,开发商无法卖掉房屋;没有平台,经营者就没有市场。也就是说,平台就像计算机的操作系统,没有它,根本玩不转。平台搭建过程就是价值链的组建过程,是参与各方获得利益,尽情表演的舞台。

图 3-11 价值活动参与者与价值传递链

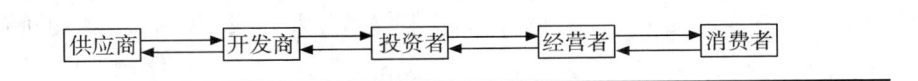

供应商 ⇄ 开发商 ⇄ 投资者 ⇄ 经营者 ⇄ 消费者

1. 价值传递链

在图 3-11 中,传递链的每个参与者构成节点,是传递过程的一环,各自所拥有的资源和经营内容不同,社会地位、出身、教育背景、职业也不一样,但追求价值的心是共通的,是联结各方的纽带。传递链从左到右是房屋物权的步步转移,从右到左则是价值的反递,说明商业地产价值链不是卖给投资人就中断了,而是继续前延到商业经营者、消费者;反过来,消费者在获得满足时也会为经营者、投资者和开发商带来价值。例如,大连万达商业地产模式利用了大商家的市场号召力,通过为商铺经营者招引消费人流提高了底层商铺售价。若得不到消费者和经营者的认同,轻者,投资人购买的房屋长期空置;重者,物业销售困难,投资者开发商利益受损。

开发商是价值链传递活动的主角和利益、风险的承担者。通过分析辨

---

① 《房地产神曲》,吴昊等著,机械工业出版社,2005年。

123

别市场要素,选择对自己最为有利的市场环节(目标消费人群、经营者、投资者),分析其价值诉求异同,通过整合形成完整的价值链。例如,开发商若能为自己建设的写字楼招进大牌企业办公,那么将提升写字楼的附加值。如微软公司把在北京的总部设在西格码大厦(后来外迁),关联企业蜂拥而至,西格码大厦的市场形象和租金都得以提高。新浪网把市场营销部分从中关村迁移到 SOHO 现代城,与新浪市场营销部分相关的公司也会考虑向 CBD 区域移动,不但现代城受益,整个 CBD 也从中得到了好处。

分析价值纵向传递链的意义在于开发商和投资商不能只从自己的角度出发处理商业地产开发过程的种种问题。任何一个环节出了问题,都会影响价值的正常流转,从而各方利益都受到损害。因此为了避免"击鼓传花"地把风险层层传递,实现共赢目标,应树立"人人为我,我为人人"的价值观念,在每个环节最大限度地提高价值,降低风险。

2. 开发商价值行为链

价值创造链是相互关联的一系列价值创造活动的有机体,如下是商业地产开发商基本的价值活动(表 3-1)。根据表 3-1,我们就开发商的价值行为作详细说明。

表 3-4　开发企业的价值行为

行　为	内　容
市场调查	商业规模调查、商圈调查、消费能力和习惯调查、商用房供应和需求调查和预测、租金调研、销售、出租方式和渠道调查
营销策划	市场细分和定位、价格定位、投资者和使用者定位、销售方式渠道、推广主题等
建筑设计和策划	空间高度、可分割性、荷载、大小配比、功能组合和布局、设备配套标准
材料设备选购	材料设备品牌、性能、施工方便程度、易改性、环保性
建筑质量管理	建筑队伍、监理、过程管理和控制、质量认证和评比

续表

市场拓展	招商、主力客户、小客户、社会认知度和美誉度、广告和促销
售后服务	经营管理、物业管理、招商管理、市场形象管理和装修改造服务等
企业管理	人力资源管理、财务管理、企业后勤管理

市场调查是商业地产成功的重要因素。目前，国内很多写字楼、商场、购物中心经营不成功，定价不合理，主要原因就是市场调查研究不准确所致。例如，10,000平方米的购物中心服务人口约为20万人，不少项目选择地点时忽视这一门槛值，选址非常随意，认为营销策划能解决一切问题，结果开业后冷冷清清。又如，某些城市的写字楼以套内面积计算租金，营销策划人员如果按租金报价推算写字楼售价，而忽略租金标准的话，估计售价将被提高30%左右（办公物业得房率70%上下）。如果开发商据此决策，难免会落得竹篮打水一场空的下场。

营销策划的关键是定位。也就是说商业地产向哪一类人群提供价值，人群不同，消费能力、习惯、文化和倾向不同，策划的价值点也应做相应的改变。有些项目的定位太过简单化和模式化，采取拿来主义的态度，认为外地能行的本地也能行得通，其他项目灵验的本项目一定灵验，不考虑城市大小、居民购买力、消费倾向和文化背景，结果开业就意味着歇业。所以定位既要借鉴先进成熟的东西，也要因地制宜慎重"本土化"。

建筑设计也是价值创造活动。建筑应根据经营内容合理分割建筑空间，根据投资者购买力确定空间大小、根据价值最大化规律确定空间组合和业态组合，并通过建筑设计予以表达。笔者曾参与策划某临街写字楼的二层底商很有启发，原设计一、二层是大空间框架结构，没有分割，经过调查，我们发现由一二层组成的、内楼梯上下联通的商业用房有很大的市场，可以通过拍卖、招标等卖高价。所以就果断建议开发商在裙楼的两侧不影响主楼大堂的前提下，设计出五个二层独立的商铺，不仅解决了二层房屋的销售难题,而且制造了局部短缺,提高了价格。

材料设备选购不仅要着眼于低成本,而且要考虑高性能,在两者之间求得平衡。有些人认为提升性能要增加成本,所以不愿采用高性能的材料设备,我们认为这种认识至少是不全面的,甚至是错误的。性能的价值往往是在销售价格或销售速度上得到反映。我们在提升性能上花费的成本极易得到弥补。

建筑质量的关键是提升品牌价值和潜在的收益。某商业街项目前期销售效果不错,后期因陆续出现墙体和梁体裂缝导致投资者强烈的投诉和反对,纷纷要求退房,赔偿损失,房屋没有质量问题的购买者也拒绝继续付款,开发商蒙受了巨大的损失,所以确保建筑质量是价值链创造过程的重要一环。

市场拓展属于商业经营范畴,包括确定商业活动内容、主力客户(超市、百货店)和辅助客户(专卖店)。大连万达商业地产经营模式就是在战略联盟的前提下优先确定主力店,然后再确定中小店铺的归属,是价值创造成功的典型。市场拓展的关键是吸引经营者和消费者,所有的拓展活动都要围绕他们展开。某些地段较差的项目,市场拓展是成功的关键因素,以至于有人在成功后声称地段论过时、被颠覆了。

售后服务或者售后安排是开发商为了投资者和经营者的利益(也为自己)必须担负的责任,除非有主力店加盟,中小投资者难以像开发商一样有很强的资源整合能力和市场号召力,中小投资者和经营者往往各自为战,损害团体利益,造成外部不经济性。虽然他们能组建业主委员会或者利益组织,但其利益往往通过与开发商抗争,推动后者行动才能达到。所以,开发商应积极主动地为投资者和经营者排忧解难,为他们创造价值。

3. 投资者价值行为链

投资者作出投资决策想取得的价值包括:租金收益、保值和增值收益、规避风险收益、降低生产经营成本等。某些群体或个人出于自营需要,购置商业地产,能够获得多种价值,如免付房租、保值和增值效益、规避风险等。

图 3-12　投资者价值行为及参与者

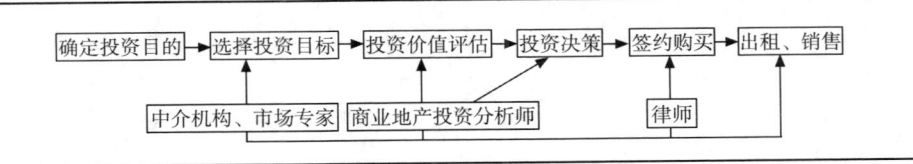

```
确定投资目的 → 选择投资目标 → 投资价值评估 → 投资决策 → 签约购买 → 出租、销售
                    ↑              ↑              ↑
            中介机构、市场专家  商业地产投资分析师   律师
```

投资过程中,投资者会选择符合投资目的系列行为——会向中介机构了解信息、翻阅当地的报纸杂志,从中选择若干个项目现场勘查、洽谈,选择投资目标后就可能邀请投资专家进行系统评估,决定购买并签订购房合同。为了实现价值,投资者还要对房屋进行装修,自用或出租,甚至寻机转手倒卖。

图 3-13　经营者价值行为链示意图

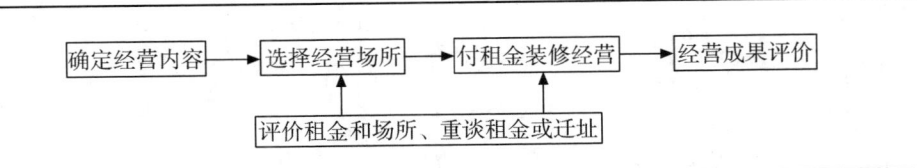

```
确定经营内容 → 选择经营场所 → 付租金装修经营 → 经营成果评价
                    ↑
            评价租金和场所、重谈租金或迁址
```

4. 经营者价值行为链

经营者会根据自己的赢利预期或者参考同类地段的租金水平与物业所有者或者委托的运营商签订租用合同,然后开展经营。经营内容不同选址决策不同,一般理发店选在社区内就很理想,时装店和珠宝店一类的商品要选在城市的繁华地段,甚至大型商场内的突出位置。当一个合理的经营期过后,经营者会对经营成果进行系统评价,分析原因,当选址不当成为经营

不善的主要原因时,就要做出是否退租的决定。同样地,如果经营形势大好,出租者会在适当时机提高租金。

第三节　商业地产价值链策划

商业地产价值链策划

价值链策划是在全面认识价值传递链和各个节点价值之后,采取种种方法提升价值、实现价值。策划就是寻找价值实现的方法和措施。它以消费者价值策划为起点,以开发商价值为终点,逐步累进叠加,使各方的价值都得以实现(图3-14)。

图3-14　商业地产的纵向价值链

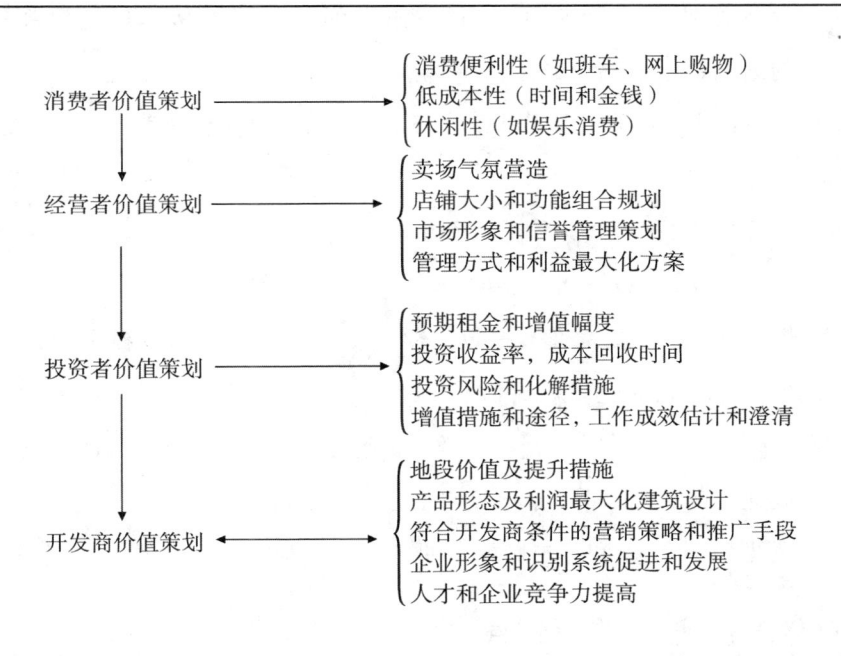

消费者价值策划 → 消费便利性(如班车、网上购物)
　　↓　　　　　　低成本性(时间和金钱)
　　　　　　　　　休闲性(如娱乐消费)

经营者价值策划 → 卖场气氛营造
　　↓　　　　　　店铺大小和功能组合规划
　　　　　　　　　市场形象和信誉管理策划
　　　　　　　　　管理方式和利益最大化方案

投资者价值策划 → 预期租金和增值幅度
　　↓　　　　　　投资收益率,成本回收时间
　　　　　　　　　投资风险和化解措施
　　　　　　　　　增值措施和途径,工作成效估计和澄清

开发商价值策划 → 地段价值及提升措施
　　　　　　　　　产品形态及利润最大化建筑设计
　　　　　　　　　符合开发商条件的营销策略和推广手段
　　　　　　　　　企业形象和识别系统促进和发展
　　　　　　　　　人才和企业竞争力提高

消费者不仅是经营者的衣食父母,也是投资者和开发商的衣食父母,所以商圈、购买力和购买出行行为研究意义重大。策划要回答:卖场是否在消费者的出行距离之内？可接近性和便利性如何？到达成本（时间和金钱）是多少？有无其他互补的消费形态？所以消费者价值策划应在这些方面多动脑筋，消费者因此节省的部分费用会转化为商品的价格和购买量，进而转化为投资者和开发商的利润。

经营者价值策划的目的是为商业经营者创造良好的经商环境。商业氛围和市场形象策划是经营者价值策划的重点，着力让经营者相信经营收益有可靠保障，经营风险最低。

投资者价值策划重点是低风险、高收益、高增值预期。这里要有清晰的路线图和行动计划，让投资人确实感觉到投资收益存在并且能够实现。

开发商价值策划目的是构建项目的价值组合，从不同方面为潜在客户传送价值。如下是一写字楼的价值组合，涉及价值链的各个节点：

> 物业管理：第一太平戴维斯，有丰富的高档写字楼管理经验和推广网络。（使用者价值）
> 商业巨擘：世界500强中5家整层租用，与商业巨子为邻，前途无量。（使用者和投资者价值）
> 高额回报：租金每天6元/平方米，8年收回全部本金，空置补贴，月月有盈余。（投资者价值）
> 性能无比：健康、舒适、高效、环保，是客户发展事业、赢利的最佳平台。（使用者、经营者价值）
> 统一商务管理：确保商业信誉、确保业态组合完整性和低竞争性，创造优良的商务环境。（使用者、经营者价值）
> 便捷交通：主人和客户都能方便到达。（使用者、消费者、经营者价值）

商业地产价值链策划四原则

1. 边际收益原则

边际收益是指单位面积的投入能产生的收益，简单地说每增加1元的

投入所获得的经济收益,是经济收益的增加量。边际收益率是边际收益与边际成本的比率,用公式表示就是:

MR = MB/MC

MB = 边际收益,MC = 边际成本

当 MR>1 时,边际收益大于边际成本,值得投资

当 MR = 1 时,边际收益等于边际成本,视情况

当 MR<1 时,边际收益小于边际成本,不值得投资

由于商业地产的建筑组成以及策划活动非常复杂,无论是建筑策划还是营销策划都面临着增加成本还是减少成本的问题。从策划的角度看,成本增减不是问题,问题是成本增减给总产出带来了何种影响,如果增加成本能创造更大的价值,何乐而不为？如果降低成本,总产出下降的幅度更大,为什么要降低呢？边际收益就是公允的评价标准。

实践中,策划人员说服开发商增加投资的技巧就是给他们看边际收益,如果我们能证明一项投资的边际收益大于边际成本,开发商就没有理由不采纳建议。

例如,分析高档写字楼玻璃幕墙和中央空调负荷的投资关系决定取舍时,就应用了边际收益方法。玻璃幕墙的质量每提高一档,保温隔热性能随着提高,成本也相应增加,而中央空调系统的负荷却降低了,供暖增容费降低了,相关的设备、管线负荷也降低了。取得的其他收益还有降低了采暖费用,节约能源,具有长远经济效益；由于采用了新技术、新材料、新工艺,营销推广中可以借用、创造很多概念,带来巨大的推广价值。把所得效益与增加的成本比较,如果综合收益大于成本,就可认为提高玻璃幕墙质量是合理的。

2. 综合效益最高原则

物业售价高、租金高并不意味着综合收益率高。例如,商场和写字楼的大空间和小空间相比,表面上小空间容易出租,租金高,实际上并非如此(见

图 3-15)。租金和售价基本遵循低—高—平的走势,在一个合适的面积范围内,销售价格和租赁价格都会比较高。但由于这个范围内的企业不太稳定,要么成长快,需要换大房子;要么死亡,房屋频繁易手,结果导致房屋的空置率高。大型企业租用的房屋面积大,租金水平低,表面看收益率低,其实不然,原因是该类企业稳定性强,租期长,一旦入住装修,不会轻易变化,房屋的空置率反而低,结果大面积商业物业和小面积的相比,综合收益率反而差不多。

图 3-15 写字楼、商场的售价、租金和综合收益率

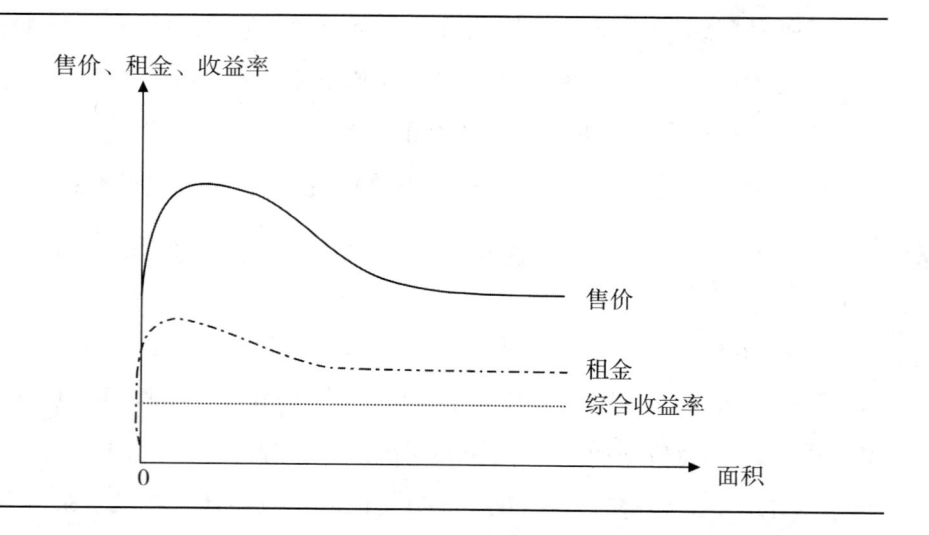

3. 价值平衡原则

实践中,经常有这样的事发生:开发商后悔房子卖得便宜了,或者投资者后悔房子买贵了,不但不像开发商所描述的大幅度增值,反而买到手后就降价。也就是说出现了价值失衡问题,利益被另一方过多地获得。这是由于我们认识不到价值或者对价值的盲目乐观认识造成的。商业地产策划应避免此类现象的发生,保证每个参与者都能得到应有的价值,避免价值让渡

现象,使各方得到长期的满足。所谓价值让渡是指本应该由一方获得的利益却由于操作不当、定价不合理等原因通过合法途径转移给另一方。

图 3-16　物业价值分配的平衡与失衡:价值跷跷板

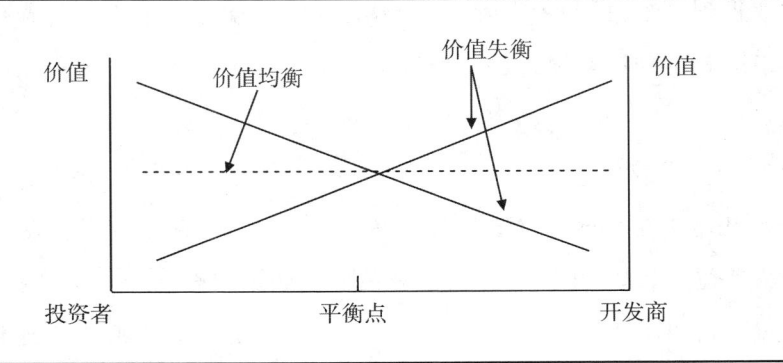

```
价值         价值均衡    价值失衡         价值



投资者              平衡点              开发商
```

4. 价值组合匹配原则

价值链策划的成果是价值组合,价值组合不是每个价值的简单相加,机械堆砌,而是要相互作用,产生协同效果和集合效应。

例如,要充分发掘项目的地段价值,除了邀请顶尖的规划设计队伍精心设计外,开发商还要有强大的经济实力,有充裕的资金购买性能优良的设备和高质量服务,有利用各种财务杠杆和融资手段筹措资金的能力;否则,发掘地段价值就是空谈。所以价值组合非常实在,不是高不可攀、不可触摸的立论。

再如,如果一流的物业采用三流的物业管理服务,将使物业价值缩水,而三流的物业采用一流的物业管理却能提高物业的价值。一流的物业采用一流的物业管理将会锦上添花,产生 1+1＞2 的效果。

因此,价值链上的各要素组合要匹配、协调,切不可胡乱堆砌。

商业地产价值策划——开发商和投资者的价值博弈

前面我们说过,物业价值是物业未来收益的净现值。如果开发商故意夸大未来的收益,投资者不明真相,入市购买,将会出现什么样的情况呢?开发商得到的多,投资者得到的少,因为预期收益不会像开发商描绘的那样多。下面就两种销售模式进行分析。

1. 回租或反租

意思是开发商将房屋销售后,产权归买受人,但使用权由开发商采取租用的方法统一管理、出租和经营。开发商按约定租金标准支付买受人租金,而房屋的再出租或者经营收益归开发商所有。出租率低或者经营不善的风险由开发商承担。这种方法进一步演变出现如下变种:

(1)固定投资回报方式:如按规定价格购买的,开发商每年返还8%,连续返还10年,到期不但全部收回投资,还能获得房屋产权。

(2)回购方式:在规定的年限内,开发商按约定的价格回购,回购前,开发商按期支付买受人租金或者投资收益金。

(3)租金贴补方式:由于商业地产交付使用后2~3年的时间内出租率和租金水平才能大幅度提高,这期间投资者租金收入不足以弥补投资(如还银行贷款),所以,开发商承诺给予租金贴补,以弥补买受人前期的支出和收入差距。

(4)综合方式:有的项目同时采取以上几种方法。例如,固定回报+回租+回购模式,开发商不仅回租,而且承诺固定回报,如果投资者不放心,开发商可以按合同约定的价格回购,又多一层保障。该模式比较适合于大型商场,开发商名义上把大空间分割成小空间出售,回租后有可能整体经营(表3-5)。

表 3-5 北方某城市商铺销售回购利益计算表

您能获得的迷你旺铺的建筑面积		16.53 平方米
总房款		40,000 元
每年获得现金收益		40,000×9.36% = 3,744 元
回购租约产权	5 年后可获得	3,744×5 + 40,000 = 58,720 元
(n 为持有年限)	6~9 年间总收入	3,744×n + 40,000×(1 + 5%×(n−5))
10 年底总收入		3,744×10 + 40,000×125% = 87,440 元

2. 带租约销售

开发商为了回笼资金,在房屋已经出租的情况下对外销售,购买者自付清房款时起就可以收取租金,不用为出租发愁,是最稳妥的投资方式。

产权式酒店和产权式商铺多采用租约销售方式,共同特点是投资人在投资购买后的若干年(一般 10 年)内并不具体支配该物业,而是在房屋交付前通过签订租赁合同由开发商或其委托的运营商反租,用于发展酒店和大型超市,投资人从经营者交纳的租金中获得固定利率的回报。也就是从签订合同起,投资人就没有风险,坐享经济利益。

表 3-5 是某开发商为投资客户测算的投资收益。公司承诺投资者购买物业后再委托给开发商出租,开发商选定的商业经营管理公司负责每年按投资额的 9.36% 返还现金,在 5 年后开发商原价回购。且保证 6~10 年内不但回购物业,回购价格每年上涨 5%。实在太诱人了。如果从银行按揭贷款,只需要 2 万元就可以买下商铺,年收益率实在太可观,有点吓人。

实际情况是否如此呢?据作者观察,开发商提供的投资分析报告大多失真,避重就轻,含糊其词。例如,不少投资分析报告忽略房产租赁税。如果客户投资写字楼物业,依赖租金偿还银行贷款,那么,按照国家税收政策,要交纳 12% 的租赁税和 5% 的营业税,甚至还有 0.55% 的城建和教育附加费,三者合计高达 17.55%。这样开发商计算的投资收益率和投资回收期严重失真,投资者永远也不会在开发商所说的时间内收回全部投资。再例如,开发商提供的投资分析报告中忽略了房屋维修基金(房价的3%)、办理产权证应交纳的契税(商业用房3%)和抵押贷款的相关费用,总计约占房价的7%。上述项目一增一减,将使投资回报率大幅缩水。当然,在我国税收政策措施还没有完全到位的条件下,个人投资者还有逃避的可能。在规范的市场环境中投资人就必须把各种成本因素考虑进来认真计算。

还有,开发商在回购和返租的问题上,也设置了许多埋伏。例如,返租时,开发商让投资客户与商业经营管理公司签订合同,自己则溜之大吉。当商铺出租率低、没有租金收入时,也与它无关。再者,公司类型为有限公司,商业经营管理公司注册资金不超过100万元,即使倒闭,也赔不了多少。而开发商却在一边偷着乐。

所以,在缺乏保证的情况下,这类销售模式对投资者极为不利,价值倾向于开发商。值得注意的是,建设部明确禁止回购和返租销售方法,这有助于保护广大投资者的利益。有社会良知、责任感和道德感的开发商和策划人员要坚决摒弃这种虚构价值链的模式。

专题:商业地产规律之用

本人亲历了济南泉城路商业格局的演变,深感规模是不可违背的法条。泉城路贯穿济南老城区中央,是济南的核心商业街区,另一个是大观园商埠区。1992年开始,济南就有改造的宏伟计划,该计划的突出特征是"济南不夜城"。即泉城路以北、趵突泉北路以东、省府前街以西直到明湖路的广大片区,有传统民居、有教堂、工业展览馆等,历史文化积淀深厚。当时开发商提出了一个宏伟的发展计划,在沿泉城路一侧(省府前街至三联家电东侧历下公安分局)建设规模达26万平方米的超级大厦,据称亚洲第一。但由于规模宏大,企业自有资金不能完成这么艰巨的任务,就发明了一种"建筑产权"模式融资,意思是投资者可以买1平方米的商业物业,也可以买0.1平方米的物业,把大面积划分为小面积,等额化、证券化、标准化,它是企业自己发行,不经由相关部门审批,自然有非法集资的嫌疑。1993年4月,正当建筑产权卖得火热、引起全国轰动时,即被国务院明令禁止。该融资模式的失败使得26万平方米的超级大厦胎死腹中。

而在"不夜城"的北侧,靠近大明湖西南门处,又一个宏伟的发展计划出台了。按照最初的规划,它不过是夹在西侧的济南市供电局和东侧的民宅之间的商业街,3层以下建筑为主。后来形势发展超出了当时的预期,竟把济南市供电局办公楼、住宅楼统统拆除,拓宽趵突泉北路,建设建筑面积达6万平方米的"开元广场"。该项目1995年开建,因投资巨大,开发商聚集全力把主体建设完成后,再也无钱支撑,承建商等相关合作单位也被拉下了水。虽然中间有北京商人投资,但该商人发生变故,致使项目一再拖延,成了市中心区的烂尾楼,就在济南大明湖的西南门,这里是泉城人的脸面。直到2004年,新的公司才重新拿到相关开发手续,再次开工建设。2010年该项目才建成对外销售,2012年3月调查时,商铺价格45,000元/平方米,写字楼20,000元/平方米。

关于泉城路商业街的演变,必须注意一条高压线的制约:"限高",佛山倒影是大明湖的特色,为保证"千佛山在碧波荡漾的大明湖湖面上显现倒影",济南市规划局做了大量困难棘手的工作。正是因为限高,泉城路商业街改造不能大规模推进。因为建筑容积率低,建筑密度又不可能增加,地下空间开发又受到地下水位高的影响,房地产开发项目毫无经济账可算。如果房价达不到相当的高度,足以弥补拆迁、重建成本,开发商是不会干的。(有些建筑突破规划局限高,生米做成熟饭,但由于没有获得规划局批文,房屋产权也落实不了,经济利益也无法体现。)

在三联家电建设了三联大厦,拆除汇泉楼后,2002年4月,大连万达集团进入济南泉城路,在三联大厦东侧建设万达广场(建筑面积约6万平方米),挟国际商业巨头沃尔玛、红星美凯龙掀起泉城路建设的热潮。该工程是政府为完善中心商业区而引进的一个国际性大型商业项目,沃尔玛的进入将为泉城形成更为集中的人流、物流中心。该商业中心于2004年建成投入运营。值得注意的是,1988年3月1日,第一家沃尔玛购物广场在美国密苏里州的华盛顿开业。将活鲜、食品与传统百货业态相结合,沃尔玛购物广场"一站式"的经营方式不仅为消费者节省了时间和开支,而且提供了一种独特的购物体验。这种全新的零售业态一经推出就受到了广大顾客的青睐和喜爱。在中国,第一家沃尔玛购物广场于1996年在深圳罗湖区隆重开业。

就在"济南不夜城"1993年规划的、胎死腹中的26万平方米超级大厦的泉城路东南侧,建筑规模达28万平方米的济南恒隆广场于2007年12月7日开工,项目长约780米、宽约230米,北至泉城路,南到黑虎泉西路,东邻天地置业,西接榜棚街。其中,商业面积17万平方米,总投资近30亿人民币。恒隆广场地下两层、地上7层,集百货商店、超级市场、专卖店、娱乐场所、电影院、酒店、商务办公、餐饮等为一体,功能十分齐全。17万平方米的商业、10万平方米的停车场、济南核心商圈、恒隆品牌,这些均注定恒隆广场将成为济南单体商业体的龙头。济南恒隆广场由巴拿丹主持整体设计,整个设计是解构主义的代表力作,体量宏大,投资巨大,即使在全国,都是可以排进前三位的商场设施。该项目于2011年8月投入使用,可同时,上文提到的开元广场仍在销售商铺和写字楼,对外招商。

上述简单的发展史,使我们清楚地认识到商业地产的内在规律不可违,违背之必受惩罚。

第一,商业业态演进规律告诉我们,业态从简单到复杂,从综合到单一,从单一到综合是有规律可循的。当业态因经济发展水平低还在单一阶段徘徊时,盲目发展大型商业物业,是注定要失败的。例如,1988年,沃尔玛购物广场模式才刚刚诞生,济南在1992年就想发展大型商业物业,实在太过

图 3-17　案例中涉及项目的空间关系

超前。因为 1992 年时，百货业态仍具有强大的生命力，可百货业态不需要这么庞大的建筑体量。或者说，当时济南并没有足够的商品填满 26 万平方米的商业空间。从 1992 年到 2002 年，沃尔玛进入济南，历时 10 年，试想，哪个房地产开发商能持续等待 10 年时间？开元广场不得不等待十多年，因为无论是区位还是商业业态轮转，都还轮不到它的头上。如果我们把恒隆广场视为"济南不夜城"的现实版，那么，从构想到实现，前后历时 19 年的时

间。其间，业态实现了百货—购物中心（超市＋专业商店为主）—超级购物中心的轮转。济南百货大楼式微直至消逝，日本伊势丹百货进驻不到 2 年（济南百货大楼东侧），就不得不黯然撤场。这说明业态演进是有规律可循的，顺之者昌，逆之者亡，当购物中心能创造更多消费体验、提供更多的商品时，单纯以销售商品为主的百货业态肯定无法招架！大型商业物业决策必须重视业态演进规律，选择最合适的介入时机，过早介入会成为"先烈"，过晚介入则会吃剩饭，捞不到什么油水。

第二，商业物业的规模、建筑设计与社会经济发展水平关系密切。1992 年，在规划济南不夜城时，停车场面积占比（10%）绝对不会像恒隆广场那么高（恒隆广场约占总面积的 1/4），因为当时轿车还是奢侈品，只有大款、政府机关、企业领导们享用，还远未到进入家庭的时候。2007 年时，轿车开始大规模进入家庭了，如果没有足够的停车场，泉城路无法停车，又受制于单行线，谁还访问恒隆广场呢？1992 年时，济南百货大楼、人民商场、大观园商场总的商业经营面积也不过 10 万平方米，若要发展 26 万平方米的巨无霸商业，济南经济怎么能支撑得了？实际上，在当时的社会环境下，我们既无经验、又无规律可循，难免有脑袋过热的时候。如果到现在，我们还在犯错误，就无法饶恕了。

商业物业建设规模多大才算合适？规模大了，恐怕长期闲置，造成浪费，甚至因占压资金导致公司难以运转。规模小了，恐怕未来发展受到限制，妨碍公司获得更多的利润。这就好比说，孩子生下来，我们为他做衣服，为了避免浪费、不断扔旧换新，就直接做个大点的，小时候穿着像口袋，孩子长大了，衣服就逐渐变得合体。这里的关键是判断孩子的生长速度。当商业物业所在地的社会经济、人口规模快速发展，我们可以考虑将商业物业做大些，用不了多久，规模就合适了，商业空间被填满。为此，我们的决策要建立在区域发展的预测与判断上，认真研究商圈、测算商圈人口规模，进而推断商业物业的合理规模。这是商圈决定价值规律的具体应用。

第三,商业地产的发展与房地产金融工具的发展密不可分,项目规模越大,越离不开金融资金的支持。从"不夜城大厦"到开元广场,再到万达购物中心、恒隆广场,我们发现,缺乏融资渠道或者构建高杠杆融资渠道,都是非常危险的。"不夜城大厦"的建筑产权概念,相当于现在讨论的"REITS"(房地产投资信托),在1993年时,这的确是个高杠杆率的融资办法,但由于制度缺失,缺乏投资者保障,被政府判为非法集资。开元广场资本金不足,靠建设单位垫资硬上马。万达购物广场主要靠一楼分割商铺销售回款实现资金平衡。恒隆广场则借助香港的融资平台和庞大的资金后盾,坚持"只租不售,租金回报"的战略。因此,与营销策划相比,融资策划是商业地产项目最核心的问题之一。上述几个项目代表了商业地产不同的时代,在追踪历史过程中,我们才能触摸商业地产发展规模。

第四,为应对商业地产价值随高度而递减,建筑设计往往采取增加"中庭+竖向交通设施"的途径。在传统百货物业中,中庭规模较小,为节省成本不设或者少设自动扶梯,以致扶梯口人满为患,阻碍了人流的快速而舒适地上下。当新物业出现时能提供愉快的购物体验、顺利上下穿行的商业物业,受到顾客的青睐。在这种竞争格局下,老商业物业的经营业绩就会下滑,呈现部分的"零和游戏",从而引起局部或者全局的商业格局调整。

围绕中庭布局竖向交通电梯(直梯和扶梯),加大电梯密度,非常有助于对冲价值递减律。有些物业为更有效地对冲价值递减,在商场大堂入口处设置可直达3层、5层以上的扶梯,把顾客直接送到较高楼层(如位于香港九龙旺角地段的朗豪坊设计通天梯从4层直达12层,12层也有了相当的零售商业价值)。增加电梯数量虽然有助于对冲价值递减,但是,却增加了建筑成本,降低了商业营业面积。一般地,这些不利因素可通过提高单位面积营业额对冲。这就要求商业经营定位相应提高。济南百货大楼、大连万达沃尔玛购物广场、恒隆广场在竖向交通与中庭设计方面步步提升,不仅反映了业态演进规律，物业演进规律——从购物体验到购物＋休闲＋娱乐的综合体验，同时也反映了物业价值的变革规律。

第四章　商业地产定位

第一节　商业地产定位概述

项目定位释义

1. 定位释义

简单地说,定位就是决定一个项目要做成什么样的？卖给谁？谁来使用？严格地说,项目定位就是通过市场调查研究,确定项目所面向的市场范围,并围绕这一市场而将项目的功能、形象做特别有针对性的规定。本定义具有如下特点：

定位建立在市场调查研究的基础上。有时企业家也会根据自己的判断定位,而且也能取得良好的效果。但是房地产开发是输不起的行业,一个项目做砸了,全盘皆输。所以,定位应建立在必然性规律上,根据事物的发展规律研判事物发展态势。市场调查和研究就是集合各个阶层的意见和专家智慧达到必然结果的正确选择。

定位的核心是确定功能。例如,建筑性质是什么？有何用途？如果我们定位方向是商场类物业,那么,具体应该是什么样的物业？超市、产权式商铺、集贸市场、百货商场还是专业性商场？

定位是系统工程。确立了功能定位的同时，也应该确定了目标客户和目标形象，以及相关的市场推广策略。单一的定位往往造成前后脱节，降低定位的协同效能。

2. 项目定位内容

商业地产项目定位基本包含功能、客户、形象定位，更深一步延伸，包括服务定位和技术定位。例如，功能定位就是确定建筑的用途及发挥的作用；客户定位就是确定谁是建筑的投资者、使用者、运营者、物业管理者和消费者；价格定位就是确定建筑的目标价值和价格；形象定位在于确定建筑在人们心目中的形象；服务定位就是确立建筑使用过程中所提供的服务水平，如宾馆、酒店按照星级标准提供服务。如此等等，说明定位的内容非常丰富。

上述各种定位中，功能和客户定位是核心，两者相互影响，互有依赖。例如，一个项目的用地性质是写字楼，就排除了客户定位的任意性，对客户定位产生约束。但在确定功能的大方向下，功能设计细节则要根据客户定位的结果确定，客户定位的结果要通过功能设计表达和实现。

形象定位、服务定位是功能和客户定位的自然发展，也是客观要求。技术定位是在技术层面满足功能与客户的需要，例如，大跨度空间需要采用钢结构、综合布线要采用架空地板技术或者无线局域网技术。

价值定位既是上述定位的结果，也会影响定位方向。例如，价值最大化方案不但要求开发商从长远考虑问题，还要考虑自身实力。风险最小化就要降低销售价格、采取最稳妥的功能定位方案，定位由开发商的价值取向决定。

项目定位程序

有些项目规划功能十分清晰、要求严格，使问题的定位简单化，例如，社区商业用房、住宅底商功能定位、客户定位和消费群定位不很复杂,简单的市场分析就能得到比较准确的市场结果。但对于大型项目,规划部门功能定位笼统,存在定位空间,在单一功能无法满足或者需要辅助功能的情况下,就需要按照程序决定(图4-1)。下面就关键环节作出说明。

图4-1 项目定位程序

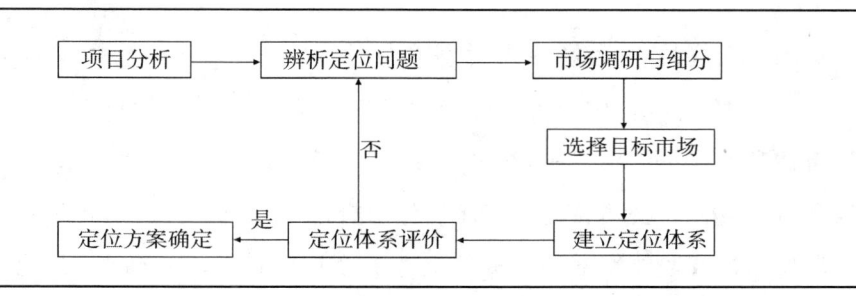

```
项目分析 → 辨析定位问题 → 市场调研与细分
              ↑                ↓
              否            选择目标市场
              ↑                ↓
定位方案确定 ←是 定位体系评价 ← 建立定位体系
```

1. 辨析定位问题

在项目分析以及经验分析的基础上,辨析定位问题,也就是需要通过市场调查和研究回答的问题。例如,写字楼底层的空间应该做什么用途最好?底商发展餐馆是否合适?发展大型超市与产权式商铺哪个最好?谁有可能投资购买物业?正确地提出问题,就相当于定位问题成功了一半。所以我们应该善于提出问题,提出的问题越尖锐、越深刻,得到正确结论的机会也就越多。

2. 识别细分市场

根据调研结果分析市场,进行细化。例如,北京某大厦准备整层对外销售,①策划人根据行业变量、规模变量、地理变量、经营变量和个性特征把市

---

① 详细参阅北京写字楼信息网。

场细分为:

(1)政府机构转制出来的大集团(公司)以及将要转制的大集团(公司)。

(2)金融机构,包括各级银行、保险、证券、期货及其他非银行金融机构。

(3)大型股份制公司及外省市集团(公司),包括上市公司。

(4)行政职能型部委机构。应该承认一些不确定的因素限制了行政职能型部委机构对写字楼的需求。

3. 选择目标市场并进行评价

上例中,为了使细分市场的识别更具有科学性,需要评价每个细分市场的潜在利润,标准是:第一,细分市场的规模和发展前景;第二,细分市场的赢利潜力;第三,公司目标和资源。标准分成 A、B 和 C 三级,逐级递减。结果发现除行政职能型部委机构与上述三个评价标准不一致外,其他三个细分市场(政府转制公司、金融机构和外省市集团和股份公司)是理想目标(表 4-1)。

表 4-1 细分市场价值评估

客户类型	规模和发展前景	赢利潜力	公司目标和资源	总评分
政府转制公司	B	A	A-	A-
金融机构	A	A	A	A
外省市集团和大型股份公司	A	B+	B	B+
行政部委机关	C	B-	B	B-

4. 确立定位体系

所谓定位体系是商业地产物业的客户组合群,也就是什么样的客户是物业的潜在购买者和使用者,他们应构成完整的生态关系群落,具有系统性、整体性、和谐性的特点。

5．评价定位体系

一个物业的市场定位是否正确,体现了物业的价值,我们应予以系统评价,多方案比较。

第二节　商业地产功能定位

城市特性与商业地产的功能定位

城市特性一般是指城市的突出性质，如城市所在区域的独特性、区位独特性、产业独特性和优势产业，尤其是商业经营环境发展态势。例如，一南方策划人到北京后感到明显差异：北京人热衷谈论国家大事，谈论政策、谈论形势滔滔不绝，街头百姓也侃起来没完没了，而南方的市井百姓则更关心民生问题。为什么呢？这是因为北京是国家首都，政治、经济、文化中心，并派生很多相关行业，如文化行业、传媒业和新技术行业；南方城市扮演区域政治中心和经济中心的职能。这就意味着两个城市的商业模式不同，从而影响商业物业开发定位方向。

城市特性实际是指城市发挥的主要功能，例如，提到上海，人们就想起国际经济、贸易中心和港口城市，是我国的经济、政治、文化中心，是海派文化的代表，是长江三角洲经济圈的龙头城市。提到济南，人们认为它是山东省政治、经济、文化中心，是山东省会。也正是在这一点，城市特性和商业物业功能有着一致性。城市特性与商业地产定位的关系是：

1. 城市在城市和区域经济体系中的位置决定着商业物业的规模和发展先后顺序

城市——区域经济体系是劳动空间分工长期演变的结果，城市功能不仅取决于主观努力，还要受其他城市和区域发展力量的促进或制约，城市地位是经济腹地和自身综合实力综合作用的结果。商业物业定位必须和城市功能合拍，借城市发展之力。

例如，济南在世界城市体系中处于三级（或四级城市），在国内处于二线城市,处在北京、上海等一线城市之下,辐射山东全省,上传下达,是跨国公司占领山东市场的高地,也是国内企业推销产品的集散中心,是山东企业跨国发展的桥梁。那么,若在济南开发甲级写字楼,就不能和北京相比,把主力目标客户群定位于跨国企业的管理中枢(分公司或者办事处)以及与之相关的咨询服务业,因为济南是跨国公司价值链的市场端(当然我们不能排除少量跨国企业设立厂房)。另一方面,分支机构采取租用写字楼的方法,很少采取购买产权方式,对那些急需资金投入开发的企业来说,直接客户定位于国内、省内企业、个人投资者比较现实。

因此,写字楼定位应分两个层次:可实现的层次,如把写字楼的投资客定位于本地购买者;目标层次,如国际化企业办公场所。在二线城市以下的中小城市,国际化企业是可遇不可求的,即使有外资企业,管理中枢也会设在更高一级城市。因此应优先以可实现的层次为主进行营销推广,在楼宇竣工交付使用后再寻求与跨国企业的合作。

2. 城市经济和社会空间分布特性影响定位

商业地产对于区位和地段十分敏感,项目与主要经济活动中心的距离是判断其价值的重要尺度,也是项目定位的主要依据。例如,北京写字楼市场分为三个比较集中的区域:CBD区、金融街和中关村西区,每个区客户群体不同,CBD区外资企业比较集中,金融街以银行、金融机构总部和中资企业总部为核心,中关村则集中了主要的高科技企业。这种分布特点促进和制约着写字楼和商场的功能和客户定位。

3. 城市空间结构演变特点,尤其是城市区域开发战略对商业地产的定位产生直接影响

例如,北京东扩、上海浦东开发和广州天河区珠江新城建设引起了商业物业的发展和新商业中心的形成。由于边缘性和郊区性在极短的时间内降

低,中心性增强,客户群结构也会发生相应的变化,投资者原来并不看好的地方,现在为有资金实力的人士所青睐,客户、价格和推广定位就应作相应的调整。例如,北京东部三环、四环和五环以定福庄为中心的地带成为主要的生活居住区后,商业用房价格直线上升。因此,研究城市空间发展演变趋势价值巨大。

4. 城市功能特色影响商业地产定位和价值

功能特色就是指城市发挥的作用。例如,青岛近海,有优良的沙滩和漫长的海岸线,是夏季休闲的好地方,所以旅游业很发达,是旅游城市。所以在青岛发展宾馆、旅店比较好。有的客户问:产权式酒店和分时度假酒店是济南的好还是青岛的好?从旅游的特色看,青岛比较适合一些。

5. 城市功能发展特性影响商业物业的预期增值

城市发展的战略性规划(总体规划)不但对城市核心区域,而且对广大的周边辐射区域产生影响,大凡被影响的区域,物业价值都会产生不同程度的提升。所以,大型物业要优先考虑城市区域的总体发展目标和发展计划,预测在不同的历史阶段人口规模和人口购买潜力。

6. 城市产业特点是市场定位的基础

例如,以中国科学院、北京大学、清华大学等许多著名的科研院所为基础,中关村高科技产业迅速发展,导致了高新技术产业市场、电子市场的发育。浙江温州制鞋业很发达,鞋业市场也很发达,浙江义乌是全国闻名的小商品集散地,产业和市场联动发展。所以要做好物业的定位工作,城市产业分析是基础。

街区生命有机体理论与商业地产定位

1. 街区生命有机体理论

街区是以街道为边界划分的区域。商业地产中所说的街区往往是指以街道为中心的线形或环形区,如著名的北京王府井商业街和上海南京路商业街。我们在研究商业街区发展历史和现状的基础上发现,商业街区是一个生命有机体,各组成器官不但相互联系,而且不断变化,或者由简单到复杂,或者由复杂向简单,形成一个完整的生命有机体。

在商业街区内,各类店铺依次排列,在熙熙攘攘的人群中吸引目标客户,决定自己的定位。店铺大小不一,有百货店、超市、专卖店,各种业态共存共生,看似不相关联,实际上却不能分离,构成完整的生命有机体,每个店铺、每个项目都要在这个生命有机体内确定自己的功能定位。打个形象的比喻:店铺就是生命有机体的各个功能器官,川流不息的人流就是"血液",购买力就是"养料和力量源泉"。因此市场区域越大,购买力越强的街区生命力就越旺盛,就越具有发展潜力。

2. 街区有机体功能的静态分析与商业地产定位

静态分析是在某一时点观察街区发挥的主要作用以及各种店铺之间的联系,分析各功能间的关系。例如,高科技信息市场中,不但有电脑市场、电脑配件市场,还有软件市场、电脑维修市场、办公用品商店、快餐店、写字楼、配送中心、邮局等,各店铺之间的关联度大,是主产业的延伸。而关联度小的店铺难以立足,例如,服装店、鞋店会逐渐被科技产品商店替代。

可采取景观分析方法认识街区功能,即调查分析街区内的建筑物的使用用途在调查的基础上统计分析。例如,笔者在济南为一项目作市场定位时,就发现经七路和纬二路沿街的高档写字楼均被各家大银行的山东总部、济南总部、地区支行和营业网点占据,根据景观观察结果我们按距离项目远

近进行统计分析,发现在不到1公里的方圆距离内有10家银行总部,如中国人民银行山东分行、银行干部培训中心、房地产金融超市、农业银行山东分行、华夏银行山东分行、民生银行山东分行、光大银行、中国银行等。非银行金融机构也很多,投资类企业诸如山东省经济开发投资公司、华夏证券、中创证券等。中国人寿保险股份公司、泰康人寿保险公司等。由此我们得出结论,该街区是银行和非银行金融机构密集区。从更广阔的范围看,我们发现济南主要的金融机构全部集中在经七路和泺源大街两侧,因此我们提出济南的"小金融街"概念。把项目定位成金融和非金融机构以及相关企业办公写字楼。

3. 街区生命有机体演变与商业地产定位

历史是现在和将来的一面镜子,它有助于我们把握事物发展的基本规律,作出符合现在和将来的定位决策。上面所举的济南街区分析案例中,我们为了把握演变规律,调查各建筑建成时间和各家金融机构迁入时间,调查并分析每个金融机构进入的时间和背景,并请管理人员评价街区形象,结果显示集中速度加快,金融和非金融机构的高管人员普遍认可该区域。动态分析验证了静态分析结果,也就相当于把握了街区未来命运。

我们分析街区演变应从如下4个角度认识:

(1)街区功能跃升与业态演进(详见图4-2)。在农村聚落向特大城市发展(辩证法称否定之否定)过程中,商业建筑及其业态也不断发生变化,由平房逐步向高楼大厦发展演化过度。就像人由小长大,不但肌体变得庞大,而且内容丰富,等级提高。图4-2揭示的规律是:街区商业物业规模和类型与城市规模同步成长,存在着内在的对应关系,超越发展阶段或落后于发展阶段都有违发展规律。例如,我们不可能在集贸市场阶段就考虑发展百货大楼,如果定位发展百货大楼,神仙也挽救不了大楼被长期空置的命运,只有等待时间老人解决问题。

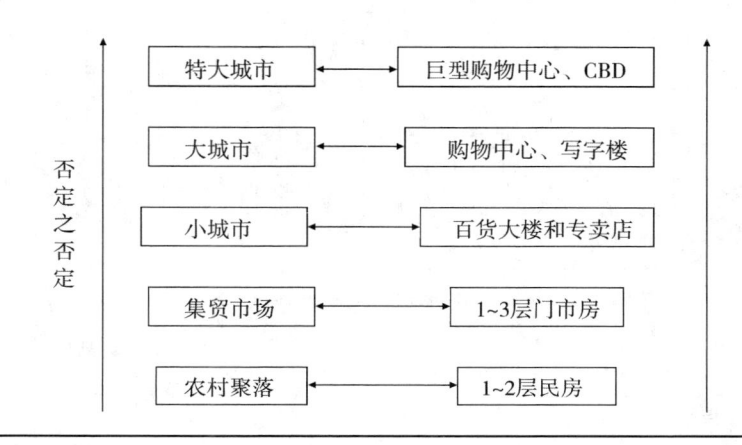

图4-2 街区功能升级与商业街区建筑和业态演变

```
           ┌─ 特大城市 ──── 巨型购物中心、CBD
           │
           ├─ 大城市 ───── 购物中心、写字楼
否定        │
之    ─────┼─ 小城市 ───── 百货大楼和专卖店
否定        │
           ├─ 集贸市场 ──── 1~3层门市房
           │
           └─ 农村聚落 ──── 1~2层民房
```

但是,商业建筑的寿命少则50年,多者达100年,如何在建设和销售阶段恰当定位以创造最大的价值呢?评价标准是超前半步。太超前不但需求总量跟不上,而且购买者也看不到光明前景,超前半步不但能让购房者、经营者看到光明前景,投资商和开发商还具备了深度炒作的题材,而且,物业价值也恰好在项目竣工的几年内显现,投资人、购房人、经营者各大欢喜。如果不能超前建设,建筑在其寿命周期内有可能阻碍街区发展,往往被强行拆除,拆除的成本由整个社会承担,不但不符合科学发展观,而且建筑的经济效益不能充分发挥。因此,定位不仅要考虑一时一地,还要从历史的长河中考虑。

(2)街区建筑与空间感(详见表4-2)。不同发展阶段的街区建筑类型和空间感觉不同,经营产品类别也相应变化。表中显示,不同规模和发展阶段的商业街区对应的建筑类型不同,发生由低级到高级的形态转变。该表对于我们认识街区所处的阶段具有指示意义。当我们考察一条商业街区时,可以对号入座,判断街区应该发展何种类型的商业建筑和经营业态(参见第二章市场调查)。

表4-2 街区建筑类型和空间感觉演化

街区类型	建筑与用途	空间感觉	备注
农村集市	平房、棚屋、商铺、地摊、柜台	狭窄、拥挤、交通混杂	农产品、农资和生活用品
城镇商业街	2~3层建筑,底商上住,局部有多层建筑,门市房、商铺、杂货店、百货店、超市、便利店	道路宽阔、交通趋于规矩、视野好,不感到压抑	农产品、农资和生活用品、工业制成品、餐饮
城市商业街	高层建筑、多层建筑和独立商场、百货、超市、专卖店、购物中心	高楼林立、交通有序、拥挤、时尚、清晰、稍有压抑感	时装、休闲、展示、精品店为特色
大城市中心商务区	超高层建筑、地下商业街、地上商业街	超高层建筑林立,人车分流、拥挤,压抑感强,名牌产品广告	名牌产品店、国际化商品多,时尚中心
特大城市顶级商务中心区	摩天大楼林立,地下、地上的立体商业环境,建筑下部为商业经营空间,上部为办公空间	拥挤、立体交通、压抑、紧张、商业氛围浓厚	国际名牌产品集中地、商业创新中心、时尚中心

(3)营业时间周期与经营业态和商业物业类型的关系(详见表4-3)。商业建筑形态和经营业态与营业时间相对应。例如,农村集市营业周期以3天甚至5天为单位,人们为了交易必须等待3天或者5天,日出为市,日落市散,露天交易为主,没有固定营业场所。随着交易量的增长,当营业利润超过门槛值后,固定摊位、固定营业场所才逐渐发展起来。

大城市商业街的营业时间就发生了巨大变化:营业时间周期缩短,天天开门营业纳客,日日成市,一般早晨9点开门,晚上9点关门。当发展成为国际性商业区时,不但白天的营业时间延长,晚上营业时间也延长,以满足不同时差人们的需要。例如,北京国贸中心和嘉里中心等高级写字楼,不但白天热闹非凡,晚上也有很多房间灯火通明,这里一般居住着国际性大公司,北京总部的负责人或者员工要么加班汇报工作(例如,美国的老板早晨刚开始工作)。所以,有的楼盘标榜"10点,生活才刚刚开始",就是说早晨10点开始工作,晚上10点工作和娱乐。因此真正意义上的国际化写字楼应该是全天候营业。

街区生活的时间分配包括两个方面:店铺的营业时间,这个比较容易理解;客户的生活时间,包括休闲时间和工作时间。根据表4-3,我们研究街区生活时间分配的目的是判断街区发展阶段,进一步确定与街区功能一致的商业经营业态和业种。

(4)商业业态空间的位移与定位。街区功能演变的过程也是城市商业业态在空间上发生位移过程。当新业态在商业街区出现时,原来业态的空间就会被挤压,向周边区域扩散,寻找新的发展土壤,扩散过程就像波浪一样,后浪推前浪,因此我们称之为"滴入效应和波浪迁移"。所谓滴入就是新业态、新的经营品种进入城市中心区域,占据城市发展的核心物业的核心位置,被替代的业态和经营企业向周边区域移动(参见第三章业态轮转理论)。该理论有助于我们认清商业街区的演变动力和演变方向,为选择合适的业态、合适的建筑空间形态提供理论依据。

4. 商业物业在街区内的功能定位矩阵与功能定位

一般地,商业物业,尤其是大型商业物业和商业街都是综合开发的结果,街区的功能组合和融合是开发者和商业经营者最关心的问题。国外学者在总结大量经验数据的基础上列出不同物业的融合性水平,得到下表[①]:

[①] 《房地产市场分析——案例研究方法》,〔美〕阿德里安娜·施米茨、德博拉·L.布雷特著,张红译,中信出版社,2003年。

表4-3　综合商业街区项目功能融合水平矩阵

主要用途组成	健康中心	交通设施	娱乐：运动	娱乐：剧院	娱乐：酒吧和宾馆	零售：可比零售	零售：专卖店	零售：便利店	宾馆	写字楼	住宅
住宅	□	●	×	×	□	□	□	●	×	●	
写字楼	□	□	□	—	●	□	□	●	□		●
宾馆	□	□	●	●	●	□	●	□		□	×
零售:便利店	—	●	□	□	□	×	●		□	□	●
零售:专卖店	—	●	□	●	●	●		×	●	□	□
零售:可比零售	—	□	□	●	●		●	●	●	□	□
娱乐:酒吧和宾馆	□	●	□	●		●	●	□	●	□	□
娱乐:剧院	—	—	□		●	●	●	□	●	—	×
娱乐:运动	□	□		□	□	□	●	□	●	□	×
交通设施	□		□	—	□	□	●	●	●	●	●
健康中心		□	□	—	□	—	□	□	□	□	□

● 融合强烈
□ 弱或者不确定
— 中立没有融合
× 潜在市场冲突

例如，住宅的融合性：与宾馆、剧院和运动型的业态存在冲突，但与写字楼、便利店和交通设施却有良好的融合能力，可以考虑集中布局。与健康中心、宾馆和酒吧等娱乐设施关系弱或者难以确定，如果把酒吧分为动感酒吧和静态酒吧，那么，住宅与动感酒吧的冲突是存在的。

再如，零售商业的融合性：该功能依托于其他功能而存在，例如，没有住宅的支持，社区便利店就不可能发展起来。绝大多数的商业项目既有便利和服务型商业设施，也有作为项目主要组成部分的提供全面商品和服务的超大型购物中心。分析过程根据零售部分的性质不同而有差别,例如,购物中心分析依赖于区域市场分析,而服务型和便利型零售的分析集中在地方和项目内的市场。

我们利用表 4-3,可以对街区功能组合进行评价,提出优化改良方案,同时也可以发现市场机会,找准新项目的市场定位。

5. 商业物业生命周期内的价值最大化定位

既然街区是个生命有机体,那么构成街区的商业建筑这些组织器官,也会随着街区的演变而变化,"生老病死"。就像人的发展过程一样,有孩童时期、青年时期、壮年时期和老年期,在不同的发展阶段其价值是不同的。我们在对物业定位时,一定要从建筑的生命周期内的价值最大化角度考虑问题,不计较一时得失(图 4-3)。实践中,我们常常重视物业的当前价值而忽视了物业在生命周期内的价值最大化,这种错误做法有三个表现:

(1) 商业物业刚建起来不到 5 年就被拆除,原因是城市规划变化(曲线 C)。

(2) 物业投入不到 2 年就人去楼空,没有市场消费。

(3) 见缝插针的物业投入使用不到 5 年,由于社会环境变化(例如,汽车快速进入家庭)难以靠近(停车困难),而不得不寻找新的市场,导致停业、更新改造,成本大幅度增加(曲线 A)。

根据图 4-3,B 曲线所表示的物业价值虽然在起始阶段并不是太高,但它有可持续发展的能力,中间虽然有波动,通过自动调整或者重新定位策略,价值重新被发现,波浪形提高。A 曲线在开始使用后的较长阶段价值表现良好,但由于环境的持续恶化,价值持续下跌不再回头,在生命周期内价值也不能达到最大化程度。C 曲线代表的物业定位最不理想,价值没有充分发挥就"突然死亡"。例如,由于处在规划控制区,政府计划要将其拆除。

图4-3 物业价值的不同发展轨迹

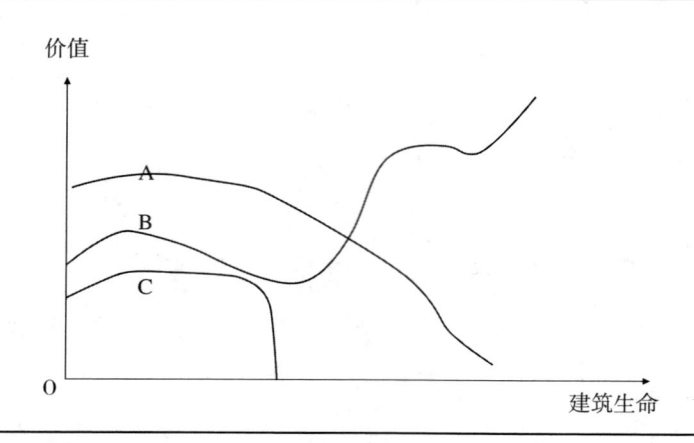

比较定位理论和比较定位方法

1. 比较定位理论基础

在一定环境条件下，人们的需求具有很大的相似性，例如，收入相当的居民购买的物品和消费倾向有很大的相似性，社区居民结构相似的区域购买力和消费品的种类具有同构性，甲社区的居民喜欢到超市购买生活必需品，乙社区的居民也同样喜欢到超市购买，两者的购买行为和习惯具有相似性，同样地，在文化背景相似的城市之间，居民通过学习也能形成相似的购物习惯，在某城获得成功的商业模式、产品和服务在另一个城市也同样有市场。在不同文化背景的居民之间、城市之间，通过学习、借鉴、消化和吸收也能实现消费行为的趋同。因此，通过观察其他相似背景地区、城市街区、社区居民的购物行为和购物习惯、消费出行心理，就能判断另一地点的消费习惯和行为。

比较定位的最大优点是简单易行，只要我们找到性质相同的参照物，通过分析就能发现与参照物相同的市场价值。例如，甲社区是高档居住区，在城市的位置和微观区位与计划建设的乙社区相同,居民结构也一样,那么甲社区商业物业的功能、业态和业种定位可被乙社区学习或者简单地复制,省去了复杂的推理和市场调查。该方法对于社区和街区商业的定位特别有效。

比较定位成功的关键是物业环境条件的相似性比较是否科学准确,物业环境条件是指物业区位条件、街区类型和邻里商店业态组合。科学标准是定位的各个要素之间能形成系统的因果关系链,并且是可逆的,形成充分必要条件。在分析物业环境条件时,既要分析相同点,也要分析不同点,跨区域比较定位时尤其要重视区域和城市特性研究。

2. 物业环境条件与比较定位

影响物业定位的主要因素是物业位置和微观环境。物业位置包括物业所在城市的位置、物业在城市中的位置,物业与城市中心区、城市标志性建筑、重大市政工程(城市广场、公园、展览会场、商业街)和城市主干道的空间关系,微观环境是指周边物业的功能组合和居民消费潜力、交通状况等。表4-4是各类商铺与区位环境的"关系地图",该"地图"是我们比较定位的指南,例如:

(1)如果某商业项目在交通枢纽和商业住宅中心附近,那么就应考虑在发展与中心商业区相关的商业物业,选择相关的商店组合;如果区位条件达不到标准,就应该选择发展其他类型的商业物业。

(2)如果我们从区位特性判断某区域为社区购物中心,那么,就应该选择与社区购物中心相关的店铺类型进行发展,例如,专业店、打折店、药店等,防止不当定位的发生。

表 4-4　商铺类型与区位关联关系①

商圈种类	商业街区类型	主要区位特征	零售商店的类型组合
大区域	中心商业区	在交通枢纽和商业住宅中心附近	专业店、各类专卖店、各类餐饮、娱乐和商业服务
	地区购物中心	在两条或两条以上的地区交通干道的交叉口上,主要居民区和就业集中区附近	专卖店、一两家大型综合商场、家用电器商店、文具店、专业用品商店及服务、餐饮、娱乐和康复设施
	专业购物街	附属于中心商业区或主要街道的交叉口	时装店、专卖店、餐饮店
社区商圈	社区购物中心区	在一个地区干道或主要街道的交叉口	专业店、打折店、药店、综合商店、快餐店、汽车附件及维修服务、商务金融服务
	打折店和降价店中心	同上	打折店、个体零售店、方便店、快餐店、中低档小型娱乐及康复设施
邻里街区	邻街、小区购物中心	连接主要街道的一个挨一个的街区通道	超市、方便店、修理及理财服务、书报摊
	方便用品街铺	同上	菜市、方便店、食品店、小吃店、理发店
其他	就业集中区	在写字楼和主要就业集中区附近的干道上	汽车附件和维修服务、快餐店、较大的电器商店
	高速公路服务商业带	在高速公路旁,位置突出	临时设施、移动摊点、快餐店、方便店、汽车维修服务
	专业商业区	在主要干道上或一些次要干道上	运输和储存、建材、主要汽车维修服务、方便店、餐馆、快餐店
	专门商业带	靠近用户或消费市场	礼品、纪念品、餐馆、娱乐设施

---

① 《房地产市场分析方法》,郑华著,电子工业出版社,2003 年。

第三节 商业地产客户定位

客户定位就是我们把产品卖给谁,我们把建成的商铺卖给何人,也就是寻找目标市场。正确的市场定位依赖于市场细分和对细分市场的判断,从而在产品和目标客户之间建立需要和被需要的关系。因此,客户定位是功能定位的前提基础,功能定位是客户定位的延续。

客户及类型分析

1. 客户概念

客户概念有外延和内涵之分。外延的客户是指市场中广泛存在的、对企业的产品或者服务有不同需求的个体或群体消费者;内涵的客户则是指企业的供应商、分销商以及下属的不同职能部门、分公司、办事处、分支机构等。我们在本书中研究的对象是"外延的客户",即商品和服务的需求者。

2. 客户类型细分及客户价值评价

按照客户的购买动机和购买行为,对企业的贡献,可以把客户分为如下5种类型:

(1)潜在顾客。那些有兴趣购买所提供的产品或服务的人。

(2)潜在购买者。那些至少有一次光顾,或者打一次电话询问、回复电子邮件的人。

(3)购买者。那些从您的经营项目中购买了物业的人(商场、写字楼、别墅等)或者接受您咨询服务的人。

(4)忠诚的跟随者。那些多次购买公司开发的产品的人。例如,买住宅后,再买公司开发的商铺。在香港或者深圳有的投资客凡是李嘉诚开发的物业就投资购买,等待增值。

(5)宣传者。那些热衷于宣传公司的产品和服务的人,试想如果他对公司的产品不满意、不忠诚能够高声宣扬吗?

上述5种类型一种比一种对公司产品的忠诚度高,一种比一种的价值大。按照客户对企业的价值高低,可以分为对企业价值最大的客户——"最有价值"客户组(MVCS);对企业的价值仅次于MVCS的客户组被称为"最具成长性"客户(MVCS),这组客户组也有可能成为最具有价值客户,还有一类客户组被称为"低于零点"客户(BZs),是因为企业为支持和服务于这一客户组的成本可能会超出边际收益,价值为负。在最具成长性客户与低于零点客户之间还会有多个其他客户组,他们没有明显的长期价值,但仍然会给企业带来利润。

3. 主力客户与辅助客户

根据客户关系选择坐标图,我们把利润高的伙伴型、能动型客户称为主力客户,是企业的主要利润源泉。在商业物业营运过程中,主力客户是衣食父母,主力定则天下定,写字楼如此,购物中心、商业街区同样如此。但是我们不能忽视辅助客户,红花当有绿叶配,没有大量的小客户,就不可能形成商业航母。表4-5是购物中心的主力客户组合结构,所列客户(同时也反映了物业功能)是不同类型中心的主力,一旦这些客户确定下来,购物中心也就成型了。

表4-5 各类购物中心的典型主力客户结构

便利中心	邻里中心	社区中心	地区或者超级中心
微型超市	超市	小百货店	百货商店
餐馆	药店	折扣百货店	时装店
美容院	打折百货店	超市	大型影城
干洗店	餐馆	大型优惠商店	娱乐中心
快餐店	家具店	百货商店	饮食街

续表

医疗室	五金商店	服装店	大型专卖店
牙科诊所	汽车美容店	家具店	大型优惠商店
	酒吧	体育用品商店	
	音像租赁店	药店	
	银行	办公用品店	
		电影院	

商业地产的客户链

在商业地产价值分析一章，我们认识到：比起住宅地产，商业地产的客户关系链条要长很多，如果说住宅地产是 B-2-C 的话（B 指企业，C 指消费者或者购买者），商业地产就是 B-2-B-2-B。第一个 B 是发展商，第二个 B 是投资者，即购买商铺的人，第三个 B 是商铺的经营者。与价值链对应，商业地产的客户链包括：投机者、单纯的投资者、投资兼出租者、投资自用者、购买自用者和经营使用者。

图 4-4 房屋在不同客户之间的传递动机和路线

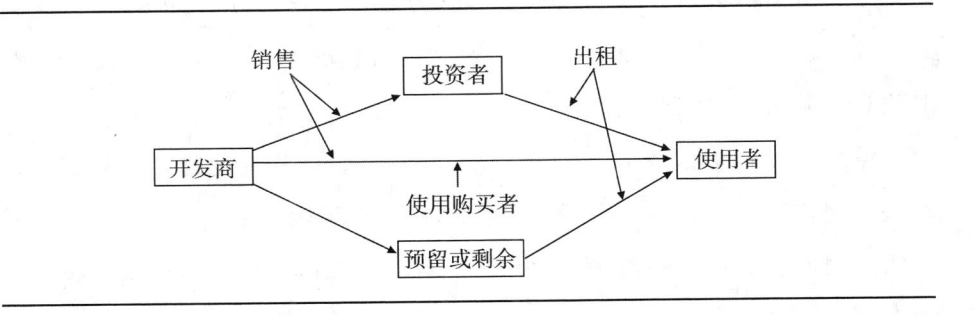

图 4-4 是以写字楼开发为例划分的客户价值链，充分反映了写字楼客户的复杂性，既有零散的客户，也有整层租赁的大公司，还有开发公司预留

的物业。客户群非常复杂，有效管理的方法是建立共同的价值目标。

商业物业经营模式与客户定位

纵观目前国内获得成功的商业地产项目，大致有四种开发模式，四种权益也给四种人群以不同的获益方式：

第一种是不租不售，完全自己持有并使用。开发商将四种权益集于一身，就是这四者权利的统一。在深圳有一些房地产开发商就是采用这样一种获利模式，同一个所有者本身又是开发者，又有自己的百货品牌，从事商业经营。这样的商业地产定位就转化成了商业经营者的客户定位，省掉了很多中间环节。

第二种模式是只租不售。开发商或者投资商长期主动或者被动持有，当物业质量比较好，收益潜力大时，他们往往主动持有。他们只出租物业，收取租金，伺机寻求更高的增值利益。比如，若城郊结合部某地周边居民人数达到20万人，开发商即邀请或者选择某个大型商业企业作为承租方，进场从事商业经营活动，目的是获取租金。那么，该开发商的客户定位就是商业经营者，如连锁超市、大型购物中心、仓储商店等。

第三种是只售不租。就是开发商将商业地产项目全部销售，由所有者自行经营和管理。这种开发模式相对省力且风险较低，但与前几种开发模式相比，则失去了更大收益前景的机会。这种情况下，客户定位就是投资者和投资经营者（自用型投资）。

第四种模式是租售结合。开发商根据市场情况把商业物业分割销售或租赁，租售结合。该模式适合大型商业物业，主要因为物业投资大，市场消化需要时间，单靠一种营销模式很难在短期内形成气候。另外，该方法也可以起到有效降低空置率、增加收益、维持资金链的作用。

商业地产客户关系的递进类型与选择

客户对企业的重要性和合作关系是不断发展的。营销就是通过不断改进企业与消费者的关系,实现客户固定化。因此,开发商必须对不同顾客(从一次性客户到终生客户之间的每一种客户类型)的关系营销深度、层次加以甄别,集中精力于最有价值的客户类型。市场营销学大师菲利普·科特勒(Philip Kotler)在研究中对企业的客户关系的深度和水平进行区分,概括为五种类型(表4-6)。对于商业地产开发商而言,具有如下意义。

表4-6 客户关系类型

类型	特征描述
基本型	是指销售员出售房屋后不再与客户接触,交易是一次性完成的
被动型	是销售员出售房屋,并鼓励客户有问题或建议时打电话给公司(自己不主动)
负责型	指销售员销售楼盘后及时联系客户,询问客户是否满意,征询有关改进楼盘的建议,以有助于房地产公司不断改进楼盘,使之更进一步满足客户需求
能动型	是指公司销售人员主动地与客户保持长期联系,就是房屋使用状况和公司信息经常进行沟通,听取他们的意见和建议
伙伴型	是公司与客户一直相处,就双方关心的事情(不限于房产)经常交流,并对客户的商业事务予以支持,双方共同寻找合作的机会,此时双方已成为松散型的合作伙伴

对于商业街、独立型商铺性质的开发物业,选择基本型或者被动型客户关系比较合适,交易完成后客户按自己的要求经营或者租赁,企业就可以不管不问。商业街的客户之间完全松散型的关系,每间商铺根据自己的判断作出经营决策。

综合性物业、写字楼、购物中心、酒店等必须采取负责型或者伙伴型的客户关系策略,因为物业的后续经营管理丝毫不能离开前期客户的支持和理解,他们关于项目价值判断和购买行为本身就是对营销的最大支持。一般地,物业的所有者应和主力客户建立战略伙伴关系,两者在战略层面进行合作，争取最大的战略利益。大连万达商业地产模式的成功就是战略合作的成功，合作双方利用各自的优势资源共同促进商业物业价值提升（请参阅第七章资本运营）。

如果企业是连锁经营或者有长期发展目标或者立志树立品牌，那么它也应该采取负责型和战略型的伙伴关系。蝴蝶效应揭示，一个地方打喷嚏，其他地方都跟着感冒，连锁型企业一个地方处理不慎，全盘皆输。例如，大连万达商业地产因为沈阳的业主告状，导致全国其他地方的购物中心连锁不良反应。2005年，为了建立可持续的客户关系，北京建外SOHO公司老板潘石屹先生在客户集中的地区（太原、温州和济南）等地举办了感恩之旅活动，进一步密切了与客户的关系。

第四节 商业物业的价格定位

价格定位及其影响因素

价格定位包括两个内容：一是确定楼盘价格区间，也就是楼盘定价应在什么样的价格区间内考虑；二是定价，即确定单位建筑面积销售价格。我们本节重点讨论前者。影响商业物业价格的因素有许多，主要的有：

（1）价值决定价格。马克思价值理论认为，价值决定价格，受供求关系的影响，价格会围绕价值波动（因此我们用一章的篇幅研究物业价值策划）。所以影响价格的主要因素是物业的价值，其次是供求关系的变化，商业物业价格也不例外。

（2）物业性能和质量：是指物业本身素质。例如，电梯品牌、载客量、速度、等候时间，质量好的电梯价格肯定高，这就要在物业价格上有所反映。价格定位中的比较法就是通过比较物业的性能和质量，根据质量优劣确定物业的比较价格。

（3）企业赢利目标。例如，资金雄厚的商业地产巨头可等到楼盘达到价值最大化时销售，采取一口价策略，购房者要么接受价格，要么放弃购买。中小型的投资商和开发商因资金不足，需要把预售的回笼资金重新投入开发过程，售价就应低开，吸引买家入市，加快资金回笼步伐。因此，企业应根据自己的能力判断自己在市场中的地位。

（4）竞争者的价格策略。应调查清楚竞争对手价格策略的真实目的和原因，否则就会吃亏上当。例如，对手采取低价策略，原因可能有：资金链断裂、回笼资金再投资、看空前景、提前获得利空消息、物业质量存在缺陷、成本低廉等。只有诊断清楚，我们才能正确应对，防止表面化看待价格策略问题。作者本人曾主持过一个楼盘策划工作，开发商明确说，他拿地成本在区域内最低,即使以最低的价格销售,利润也会高于竞争对手。实际上该开发商根本不缺钱,销售面积只占总面积的30%,其余70%的物业留下长期出租或者销售给战略投资者。若对手片面地认为该开发商之所以低价销售是因为资金链断裂,岂不大错特错!如果对手以整栋大楼的低价与他的30%物业比拼,岂不上当吃亏?

(5)投资者价值和收益。商业地产的投资客户在投资之前设立了投资价值标准,例如,价格高于10,000元/平方米的物业不考虑;投资回收年限超过10年的不考虑;日租金高于3元/平方米的不考虑;每年升值幅度低于5%的不考虑。忽视投资者的价值诉求,投资者就会用脚投票。

(6)宏观经济走势和微观价格波动。当宏观经济高位运行时,物业价格往往随之抬升,但在这个阶段要未雨绸缪,采取措施规避政策风险。例如,为遏制经济过热,政府往往采取提高利率、紧缩银根、提高贷款门槛、增加交易成本等措施,结果将导致需求大幅度缩减。如果对此有正确的预测,那么,完全可以在政策风暴来临之前"沽空"物业。当宏观走势比较好时,我们可以采取咄咄逼人的价格定位,不断地提升价格。

价格定位模型

理论上,市场的需求和产品的成本分别为物业价格确定了上限和下限,而竞争对手的成本和价格则有助于我们确定合适的价格。为此,我们需要将自己的成本和竞争对手的成本进行比较,分析自己的成本优、劣势。了解竞争对手的楼宇价格和楼宇品质,以及客户对每一个竞争对手产品的价格和质量的评价。图中显示(图4-5),价格定位考虑三个因子:项目成本和赢利目标,竞争对手成本、价格和产品以及客户需求和承受价格。

建筑开发成本应包括项目开发的所有支出,按照完全成本的标准计算,除了前期费用和建安工程费外,尤其不能忘掉开发税费和财务成本,因为参与策划定位的人员对它们并不完全掌握,需要和公司财务人员逐一落实。

图 4-5 价格定位模型

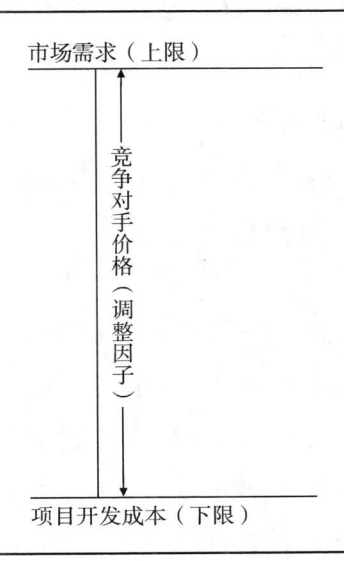

```
         市场需求（上限）
              ▲
              │
              │ 竞
              │ 争
              │ 对
              │ 手
              │ 价
              │ 格
              │（调
              │ 整
              │ 因
              │ 子）
              │
              ▼
         项目开发成本（下限）
```

竞争对手价格是竞争对象的实际销售或者租赁价格，须放在同样的标准上进行比较。例如，价格优惠幅度是多少，按套内面积还是按建筑面积计算。

市场需求按照缺口分析方法测算。进入实际销售或者租赁阶段，潜在客户的意见反馈和需求欲望是重要的需求信号。例如，某商铺项目共有 20 套房屋，在初步报价的基础上，有 35 个强烈购买的客户，那么显示需求旺盛，定价过低，需要上调。

定价方法

在商业地产营销实践中，由于定价的可参照样本较少，如何确定价格总水平始终是令人头疼的大问题。为此，这里介绍几种主要的价格定位方法，望读者在实践中灵活运用，善于打组合拳。

1. 成本导向定价。以商品房开发建设的总成本或者竞争性物业的成本作为定价的依据,立足于保本微利,快速销售。所谓竞争性物业的成本一般指在同一地段的其他相同物业的重置成本或者建造成本。当竞争性物业的成本较高时,则以它为基准定价,在同样定价水平下,已方将"雪藏"成本差产生的利润;反之,当对手物业成本较低时,以同等价格销售,则会被"吃掉"一块利润。一般地,商业地产营销实践中,位置最差的物业或者烂尾楼往往采取成本导向定价法,以回收成本为定价原则。

2.需求导向定价。定价时,商业物业的出卖人根据需求量和需求心理确定价格。由于商业物业的稀缺性特征,价格往往由需求量决定。例如,沿街小商铺有能力购买者众多,出卖人即可逐步加价,直至仅剩一家愿意承受高价格者,所以,有些商业物业的价格适宜用"拍卖方式"确定。一般地,商业街、购物中心、写字楼底商、社区商铺中总会有一批位置好、面积适中、总价不高的小商铺,购买者众多,销售物业时,即可采取"需求导向定价法",尽可能高地拉抬价格,提升利润。而对那些位置偏僻、交通不便的商业物业,需求者寥寥,则宜采取成本导向定价。

3.竞争导向定价。在存在竞争对手的情况下,为谋求竞争优势、尽快出售物业,往往要综合评估竞争能力后,确定有竞争力的价格。可在商业地产实践中,没有两个物业是相同的,即使形状大小都相同,由于位置无法相同,致使物业之间不存在明显的竞争性。所以,在商业地产实践中,我们不提倡竞争导向定价——大路朝天、各走半边,完全可以采取歧异化的定价方法,避开竞争。

4.营销目标导向定价。营销目标有多种,如销售额、利润额、投资收益率、市场占有率、品牌价值等,甚至营业额排行榜也是营销目标之一。一般地,商业地产投资巨大,拿到预售许可证时,开发企业已经弹尽粮绝了,迫切需要加快销售速度,回笼资金以救工程建设、归还银行贷款之急。所以,开发商们为回笼资金,也顾不得什么利润了,先解决燃眉之急为优先考量,销售额就是定价的优先目标。定价就首先以完成目标为原则,适当降低,优先保证成交量。同样地,营销目标也可以是"利润最大化",这时,往往拉高价格,采取一口价策略,为表达定价的坚定性,甚至对客户说:"就这个价,爱要不要。"我们常常看到,项目销售周期的前半段,多以"销售额"为目标,后期则以"利润最大化"为目标,售价步步高升,尾盘则将价格大幅度拉升。

利用投资收益方法倒推价格

商业地产定价和投资者决策,都要利用收益计算方法仔细测算,以评价价格定位是否合理,通过合理设定投资收益率,倒推价格是定位测算的有效方法。

1. 收益计算方法简介

(1)投资的净现值(Net Present Value – NPV)。现值就是指未来一项收入折现后的当前价值。例如,我们购买了3年期面值1,000元的国库券,3年后我们能得到1,000元,现在我们购买它需要花多少钱呢?如果利息是8%,那么现在购买的价格是$1,000/(1+0.08)^3 = 793.8$元。

净现值就是一项投资的未来收入的现值和扣除未来支出的现值和。用公式表示就是:

$$NPV = \sum_{t=0}^{n}(CI-CO)(1+i)^{-t}$$

CI——现金流入量

CO——现金流出量

n——项目计算期

i——折现率

折现率按照资金成本或者投资者的期望值计算。例如,一投资者把钱放在银行,实得利息率为5%,他对投资收益率期望值肯定高于银行利息率;否则,他会选择储蓄。

通俗地说,净现值方法就是把未来若干年内产生净收益按照贴现率标准进行贴现到投资时点上,比较不同方案的净现值大小,获得净现值大的方案就是最佳方案。

现在有两个投资项目可供选择,经计算现金净流量如下表(单位:万元):

	0	1	2	3	4	5
A方案现金流量	-12,000	12,000	2,000	2,000	1,000	1,000
B方案现金流量	-12,000	1,000	1,000	2,000	2,000	12,000

资金成本为12%,两方案的净现值分别为:

$NPVa = -12,000 + 12,000/(1+R) + 2,000/(1+R)^2 + 2,000/(1+R)^3 + 1,000/(1+R)^4 + 1,000/(1+R)^5 = 1,901.5$

$NPVb = -12,000 + 1,000/(1+12\%) + 1,000/(1+12\%)^2 + 2,000/(1+12\%)^3 + 2,000/(1+12\%)^4 + 12,000/(1+12\%)^5 = -810$(元)

计算结果表明,A方案净现值为正数,B方案是负数,前者是可取的方案。商业地产投资财务评价和定位评价时,将会用到这种方法。

(2)投资回收期。是指收回初始投资需要的时间。一般以年为单位,从投资开始起计算,是考察投资项目回收能力的重要指标。投资回收期分为静态投资回收期和动态回收期。前者不考虑资金的时间价值,后者考虑资金的时间价值,按折现率进行贴现。当进行方案比较时,动态回收期最真实地反应投资回收期。静态投资回收期用公式表达:

$\sum (CI - CO)_t = 0$

也就是说,将一项投资的现金支出和收入相加,当两者相等时,所需要的时间就是静态回收期。

动态回收期就是NPV=0时所需要的时间(见净现值公式)。

(3)内部收益率(IRR)。是指使未来净现值之和等于零时的贴现率,这时投资的净现值等于收入的净现值。用公式表达就是:

$$\sum(CI-CO)(1+i)^{-t}=0$$

公式中，我们经过预测得知未来若干年内现金流出流入量，求 i 值。使净现值等于零时的 i 值就是 IRR 值。当预期 IRR 大于要求的报酬率或者资金成本时，方案可以采纳；预期 IRR 小于要求的报酬率或者资金成本，方案不可采纳。

(4) 平均报酬率。投资项目生命周期内平均年投资报酬率，也称平均投资报酬率。计算公式是：

平均报酬率＝平均现金流量/初始投资×100%

实践中，当投资回收期比较长时，平均现金流量应该是贴现值。

(5) 简单的计算比较法。国际上专业的理财公司评估物业价值的简单方法是：

- 如果该物业的年收益×15 年＝房产购买价格，则认为该物业具有投资价值；
- 如果该物业的年收益×15 年＞房产购买价格，则认为该物业非常有投资价值。

当然在不同的利率水平和税收环境条件下，会产生不同的经验公式，读者不可生搬硬套，这里只是一个引导。

2．用租金等数据倒推价格

有时，我们为了确定定位是否合理，需要通过市场数据验证，其中通过估计物业租金推算价格是一重要方法。当估计价格与定位价格接近时，说明定位比较准确；否则，定位不准确，需要调整。

倒推价格首先要确定物业的预期租金和净现金流量。租金通过调查相似项目得到，相关数据还有出租率、物业管理费和税收标准等。为了更准确地预测租金，需要进行历史分析，调查过去若干年的租金水平，利用各种方法(如回归法)加以预测。租金是最重要的指标,没有它一切无从谈起。

其次确定期望的投资回报率或者以不低于资金的机会成本为标准计算。

然后先用简单方法测算价格。例如,一物业月净租金为75元/平方米,按上述简单方法测算物业售价为7,500元/平方米。如果我们的价格定位与此相差不大,说明比较合理。

我们再进一步用复杂方法测算。例如,我们以租金为标准,并考虑资金的折现率,计算现金流和投资回收期。如果投资回收期接近简单计算方法采用的回收期,说明计算结果正确。

同样地,我们可以提前设定价格,推算内部收益率。比较内部收益率和投资者的期望值大小,当前者大时,价格定位偏低,适当提高后再计算;直到两者相等。

3. 价格估计的交叉比较

所谓交叉比较就是把各种估计结果放在一起进行比较,发现价格定位中的问题,并加以解决。例如,我们利用比较法确定了价格区间。然后又用倒推方法估计价格,把两者的结果比较,探讨造成差距的原因,根据分析结果缩小定价区间,为最终定价提供支持。为了系统说明定价方法,特举如下案例说明。

案例2 物业价格定位步骤

我们接到一写字楼策划案例,该写字楼建筑面积35,000平方米,处在城市中心地段,周围有很多可比较类物业,有的已经建成多年,有的正在建设销售,市场数据相对比较容易获得。为了准确进行价格定位工作,我们采取了如下步骤:

第一步：对区域内的相关物业进行调查

主要采集售价、租金、物业管理费、出租率等数据，调查结果见表4-7。

表4-7 写字楼售价和租金调查

楼盘名称	售价 元/平方米	租金 元/平方米/日	物业管理费 元/平方米/日	得房率	出租率	销售面积 净租金
金胜大厦	8,600	3.8	0.28	68%	70%	2.4
恒太国际大厦	8,800	2~3.5	0.25	70%	96%	1.7~3.0
创业中心		4.5	0.4	53%	95%	1.9
黄河大厦		3.5		50%	90%	1.6
富丽大厦		2.2				2.0
房管大厦		2.5				2.2
银山国际大厦	4,800	1.8	0.27	68%	85%	1.0
金阳花园	6,180			80%	35%	
丰利大厦	8,500					
蓝海商务港	8,000					
项目西北角丙级办公楼		1.3~2				

备注：得房率是楼层套内与楼层面积比；租金净值是去掉物业管理费后的部分。

第二步：本项目价格定位计算

（1）比较法或者类比法：以金胜大厦、金阳花园、蓝海商务港、恒太国际大厦等项目的销售报价和实际成交价为参照，考虑到不同项目之间的异同（如地段、配套、装修、系统设备、智能化水平、楼盘形象），我们认为：本项目起价6,500元/平方米，最高价7,800元/平方米，销售平均价6,800元/平方米左右。该价格稍低于金胜大厦的报价和实际成交价，高于金阳花园价格，大幅度高于银山国际大厦售价。因为本项目质量与前两者齐，与后者存在地段等级差异。

采取比较法要注意不同项目存在很大差别，对价格高低产生有利作用

的称为"加值因子",反之称为"减值因子",例如,本项目和金胜大厦比较,加值因子有:最新设计、功能布局合理、空间灵活分割、智能化技术更先进、建筑外立面更突出现代等;减值因子有位置稍微偏离城市中心、体量小、核心客户少、停车不便等。

(2)租金直线回收法:按照理想的投资回收期(静态回收周期按8~10年比较容易接受)计算,本项目写字楼部分的租金报价为2.5~2.8元/平方米/日,实收租金达到2.1~2.4元/平方米/日(扣除管理费、空置时间、税金),10年回收周期计算销售价格应在6,670~8,760元/平方米之间,8年回收周期计算销售价格应在5,400~6,000元/平方米。取中间价,估计价格6,000~7,800元/平方米。

(3)按净现值方法估计,本项目价格如表4-8。表中显示,按照目前的利率水平进行贴现,仅租金部分的净现值就达到6,000~7,300元/平方米的区间。也就是说,8~10年的租金收益的净现值与投资额相当,到期时投资者不但收回全部投资,而且还能得到房屋的所有权,当10年后房屋的售价达到9,000元/平方米时,房屋本身的净现值(按6%的贴现率计算)还要达到6,632元/平方米。所以从投资收益的角度,本项目估价区间是6,500~7,000元/平方米。

表4-8 不同收益率水平和回收年限的价格净现值

收益率	回收年限	租金收入	净现值计算结果
4%	8	前2年按估计租金,以后每隔两年上浮4%。第一年按2.3元计算	5,977
4%	10		7,330
8%	8	同上	5,083
8%	10		6,029
8%	10	物业价值的现值9,000元/平方米,等额回收	6,039

交叉分析后的结论是:价格定位区间是6,800~7,200元/平方米。

第四章
商业地产定位

投资者收益率测算

商业地产的投资客户多,开发商推销物业的最大利器就是投资回报、保值和增值等诱人的条件。正如我们在第三章所言,开发商就投资回报、增值等的计算要么不科学,要么夸大其词,误导投资人,甚至自己也被误导,盲目自信(参见第八章案例二)。由于我国商业地产界还缺乏投资收益精算师(目前国际注册商业房地产投资师 CCIM 协会在培养这方面的人才)。为此,我们特举例说明投资者收益计算方法。

有一商铺物业,销售价格 6,000 元/平方米,客户 125 平方米,采取银行贷款方式,首付 40%,其余采取抵押贷款方式交清,还款期限 10 年,年利率 6.12%,月还款 5,023 元。购买时间为 2005 年 4 月 15 日,开始还银行贷款时间 2005 年 5 月,2006 年 9 月交付使用后开始出租。物业历年平均租金按每天 2.0 元/平方米(租金增长率与折现率相抵),预计出租率 90%。如果投资者三年后按 7,000 元/平方米销售,投资者的收益率是多少?计算条件和计算方法是:

(1) 一律按贴现值比较。贴现率暂按银行贷款利率计算。除契税外,不考虑其他交易税费和硬件投资。

(2) 第 M 期的收益 = 第 M 期还贷本金累计值 + 月租金余额贴现累积值。如果是 10 年还清银行贷款并平价出售,那么,还款期数是 121 期。如果购买三年后,还款期数是 37。

(3) 初始投资 = 首付款 + 契税 + 维修基金 + 没有租金收入期间的还贷款(由于时间短,贴现问题暂不考虑)。

(4) 当我们把没有租金期间银行还贷计为投入的话,在计算 M 期净所得时应扣除该段时间内的还贷本金累积值。第 M 期银行还款后归还本金额等于每次还本金额之和。

(5) 首期年投资净收益率 = M 期净收益/初始投资。

(6) 租金年初预收,租金分成三部分:一部分支付贷款本金,一部分支付贷款利息,第三部分为超出月供额。其中,当有租金收入时,支付贷款本金和超出月供部分合计构成投资收益。

内部收益率则按年度计算投资的现金流(不计贴现),得到一组现金流量。三年现金流量如下:

(1) 初始投资:−345,000(房款、契税、维修基金)

(2) 第一年现金流量:−60,762

(3) 第二年现金流量:474

(4) 第三年现金流量:75,000 + 125,000 − (450,000 − 110,781) + 20,748 = 552,529

根据上述计算结果,我们得到下表4-9。

表4-9 投资收益率计算一览表

总价款(元)	750,000
契税+维修基金	45,000
首付款(元)	300,000
月供款(元)	5,023
出租前还款	75,345
出售时净收益(1+2+3−4)	201,773
1 溢价收益(现值)	104,952
2 出售时已还本金	107,505
月净租金	6,750
月盈余(扣除还贷)	1,727
3 租金盈余累积净现值	34,675
4 没有租金收入期间还银行贷款本金累计	45,359
首期投资年净收益率	16%
内部收益率	11.5%

（特别值得注意的是，计算内部收益率需要计算每期的现金流，而计算首期投资净收益率需要把各期现金流折现，放在同一个时间点上比较。所以表中有些数据不一致，读者可以仔细思考。）

上述结果显示，投资者收益率比较高，有非常大的吸引力。如果开发商认为收益率过高，可以上调价格，调整到双方比较满意的程度。

但是，国家出台了二次交易转让征收营业税、所得税政策后，投资者的收益大大缩水。例如，国家征收20%的个人所得税，1,000元/平方米的增值就要征收200元/平方米，整个交易，投资者仅所得税就要支出25,000元，占总房价的3.33%。所以，还要充分考虑税收效应。

第五节　市场形象定位

市场形象定位

1. 形象定位

市场形象就是商业地产项目在客户心目中的特征组合,也就是社会大众对项目的认识和印象。特点越鲜明、性格突出项目给人的印象越深刻,推广效果越好。

市场形象定位就是给项目确定一个什么样的形象。是高雅还是媚俗?简洁明快还是雍容华贵?优质高价还是优质低价?物有所值还是物超所值?人人喜爱还是专为部分人群打造?等等,这些都构成项目的市场形象。我们应根据项目的地理位置、邻里关系、物业品质、客户特性确定市场形象。

2. 市场形象定位三原则

(1) 与客户定位、价格定位一致原则。若物业销售面向大客户,市场形象就要与大客户的身份一致,如"总部写字楼",超5A级写字楼,专为国际大公司建造。若物业面向中小投资者,则要强调物业的保值和增值特点、高投资回报率和低风险性。保持两者一致性,目的是形象准确反映价值,提升价值。所谓一流的物业,二流的价格,就是在价格和形象之间没有很好地沟通,传播过程中出现问题。

(2) 易于传播原则。市场形象的建立需要采取整合传播方式,如果我们能抓住项目的突出特点进行推广,就能以较低的成本建立市场形象。所以市场形象要求有特色、有个性,避免同质化的形象定位。就好比我们介绍一个朋友说他有鼻子、有嘴、有耳朵、有头发,别人会摸不着头脑,不知所云,当然就没有印象;相反地,如果我们介绍说这个人戴眼镜、头发黑白相间,罗圈腿,八字胡,那么这个人就栩栩如生、跃然出现,在人群中也能找出来。

(3)市场形象与项目实体一致原则。市场形象要建立在真实和"客观实在"的基础上,脱离实际的市场形象是不能长久的,一旦实物与市场形象脱节,被客户发现,将产生破坏性的后果。前期形成的美好的市场形象顷刻间化为乌有,甚至成为项目发展的累赘。例如,沈阳大连万达广场以沃尔玛进驻为推广手段,吸引中小投资者投资购房,当经营效果不理想时,客户反而以"广告欺诈"为由起诉万达公司,引起不小轰动。

市场形象定位与推广

树立良好的市场形象离不开推广,推广活动必须系统反映形象定位的要求。一般地,处理两者关系从如下5个方面着手:

1. 选择与市场形象一致的案名、广告词和解说词

它们是项目特点的最集中体现,有的营销策划公司为了更好地体现项目形象,在项目案名上狠下工夫。例如,北京的"苹果社区"、"建外SOHO"、"总部写字楼",集中表达了项目的特点,针对性强。"总部写字楼"广告语非常好,定位清晰:总部精神把项目所针对的目标客户从市场中摄取出来,提高了广告诉求的效率。再如,北京财富中心借鉴美国纽约洛克菲勒中心的广告语"晚上10点生活才刚刚开始"提高自身的国际化、高品质形象;北京锋尚国际中心的广告词"告别空调和暖气时代"标榜楼盘的高保温性能,给人以发聋振聩的市场反应,引来全国各地各界人士参观访问,迅速地提高了知名度。

2. 选择与市场形象一致的形象代言人或代表

某些项目采取形象代言人或代表制,开发商邀请明星出任形象代表。如果项目定位为成功人士,就应选择事业成功的明星人士;如果项目定位是

青年人社区,就应考虑邀请青年偶像,具有相当大的吸引力和信服力。

3. 选择与市场形象一致的色彩与图案设计

麦当劳和肯德基的设计堪称经典之作。有时,成年人会提出:为什么都愿意到麦当劳?答案是小孩和青年人喜欢,成年人不得不搭车消费。它们通过识别性强的图案和色彩设计博得了青少年的心,成为心目中快乐的天地。成年人喜欢端庄稳重的设计,色彩要求稳重,不张扬,但青年社区则不同,张扬的色彩、时尚、动感的图案组合是他们的最爱。

4. 选择与市场形象一致的建筑设计方案

沃尔玛购物广场根据不同城市的特点以及周边区域的环境特色进行设计,每个城市的建筑方案都不一样,更好地融入到城市中。高端写字楼就要显现霸气,除了建筑雄伟外,采取别具一格的围护材料相当吸引人。

5. 选择与市场形象一致的客户合作伙伴

例如,北京西格码大厦选择微软(现转到盛世大厦)作合作伙伴,提升了项目形象和物业价值。大连万达购物广场选择沃尔玛、时代华纳等国际商业巨擘为合作伙伴,提升物业价值和吸引力,为市场推广打下坚实的基础。如果我们选择的客户与市场形象不一致,会导致形象传播失败或者失效,例如,在甲级写字楼的底层引入购物中心,人来人往,热闹非凡,那么,写字楼的高端客户将逐渐迁出,换来的是低端客户,长此以往,甲级写字楼的形象将严重受损。

第六节 定位评价和比较决策

定位的一致性检验

1. 定位的一致性检验

所谓定位一致性检验就是检查不同定位之间是否存在必然的因果关系。例如，若一物业定位是高级写字楼、高级白领和高级写字楼的投资者，我们应该检验销售价格和租金是否也能达到相应的水平？若销售价格达到相应水平，租金是否保证较高的投资回报率？如果租金低、价格高，就会增加销售推广难度，两者就不具备一致性。同样地，如果我们主观判断开发高级写字楼有市场，但市场调查显示负责办公室租赁的公司高级经理们并不认同地理位置，说明定位不具有一致性。

对各项定位进行一致性检验意义重大。项目定位包含功能定位、价格定位、客户定位和市场推广定位等，经过分析我们得到了定位结果，那么该结果是否一致，存不存在冲突？或者存不存在错位问题？实践中，错位现象屡有发生，原因不外是策划人员缺乏经验，或者一厢情愿，凭自己的主观判断。例如，北京有个比较著名的楼盘——巨库，按照策划人的想法，该物业的主力客户群是年轻人，设想巨库是年轻人喜欢去的地方，但是交付使用后才发现，从经营的产品到购物人流都与青年人相去甚远，管理企业不得不调整自己的经营和推广策略。再如沃尔玛进军北京时选择了石景山地区，认为北京人也会像美国人一样开车到郊区购物，因为郊区的房租便宜，销售的产品价格自然有竞争优势，但结果发现，北京人不喜欢或者不习惯开车到很远的地方购物，再者石景山的购买力有限，导致选址不当。

2. 一致性检验方法

(1) 融合性检验。如果我们采取了融合性定位矩阵对项目的定位进行了定位分析,得到定位结果,那么融合性检验就变成了模拟检验。也就是说,通过市场调查验证客户是否与设想相一致。例如,我们通过融合性定位方法认为写字楼和宾馆是融合的,那么,我们就应在项目特定的环境条件下调查客户的居住行为,例如,在一定时期内因写字楼商务活动带来的旅客数量与居住在特定区域、宾馆的进行比较,目的是分析写字楼的商务吸引能力和旅客吸引力,观察是否存在"旅客漏斗"现象——设想在某区域居住实际上不在该区域居住。因此,调查时,假设各种条件下的旅客居住行为以确定写字楼和宾馆的相关关系非常重要。

(2) 比较性检验。就是通过分析类似项目的市场运行结果进行判断。该方法适用于先入为主的定位检验。例如,某开发商(投资商)在取得项目的开发权时根据自己对城市和区域的了解先确定一种定位系统,然后采取本、异地调查分析的方法验证该定位的科学合理性。

(3) 经济效果检验。也就是说评价定位的经济效益,过高或者过低都有可能显示定位不当。例如,某公司计划建设高档写字楼物业,针对城市的高端客户群(大企业、国际性公司分公司、办事处、咨询顾问企业),销售价格比同档次物业高,经过调查发现同城市写字楼最高售价为 8,800 元/平方米,造价 6,000 元/平方米。而同一地点高档公寓的二手房(简单装修)销售价格为 9,000 元/平方米,造价(地价相同,配套费低)为 5,400 元/平方米。也就是说只有当写字楼售价达到 9,700 元/平方米时,才有可能获得与公寓定位同样的收益率。由于公寓的售价可实现,有成交案例,而写字楼售价达到 9,700 元/平方米在该城市中还没有参照,所以高档公寓定位明显优于写字楼定位。建立经济收益分析模型是定位检验的快速方法。

(4) 预运行方法。就是说把定位方法交给市场进行检验,观察市场反应是否与定位设想一致。例如,某物业定位服装商场,在功能正式确定前,除调查研究外,还可采取预招商办法试探市场反应。若市场反应热烈,商户租赁愿望强烈,说明市场定位正确。为更准确定位,还可对意愿强的客户进行深度访谈。若市场反应平平,现有商户和潜在商户普遍不认可,那么就应重新研究定位问题。

定位方案的比较与选择

在规划确定的用地性质范围内,项目用地可以有多种定位方案。例如,宾馆类用地,有五星级酒店、经济型酒店、商务酒店或者公寓式酒店等发展选项,每个选项构成一个定位系统。如果按经济型酒店定位,就包括客户定位、价格定位、推广定位等内容。开发商和酒店运营商关切的首要问题是定位是否具有可行性,包括技术可行性和经济可行性,关键是研究每个定位系统的经济可行性。我们应就每个定位系统经济成果进行比较,选择比较理想的定位方案。

理想的定位方案并不一定是经济成果最大的方案。例如,开发五星级酒店所取得的经济成果最大,但与开发商或者投资商的经济实力或者投资战略不匹配。宏观环境的、企业自身的、经济的和技术要求构成定位评价系统的约束条件,其中,有些条件是硬约束。例如,企业资金不足,须靠销售回款维持项目开发,那么,就首先定位于易售物业。因此,有时营销策划人员发现自己辛辛苦苦制定的最理想的方案被轻易否定,而不被看好的方案却被开发商和投资人选中感到困惑,实际上他并没有掌握策划的真谛。

我们认为,选择最佳方案永远是一个过程,十全十美是做不到的。有时,我们寻找最优方案的过程中会浪费掉机会,承担时间成本和风险。因此在确定定位方案上要遵循次优理论。经济学上有最优理论和次优理论,意思是最优成果只是理论上的,在实践中很难达到,特别是经济系统变量多,变量之间的关系充满不确定性,所以实际成果稍逊于最优预期。在定位系统的经济评价中我们应努力争取最优，但要勇于接受次优方案。

专题：新天地：定位与执行

上海新天地获得成功有目共睹，从事商业地产开发和研究人士高度关注，特别是北京的建外 SOHO 提出要打造类似上海新天地模式的商业街后，则更受关注。那么它在定位和执行方面有什么经验值得借鉴呢？

上海是一个国际化的大都市，它是服务于本地和国内外的访客，所以"新天地"不是单纯的购物中心，是时尚中心。在开发过程中，第一阶段进行整体策划布局，第二阶段进行推广和招商，第三阶段是后期经营管理。

第一阶段，定位最重要。在项目不同发展阶段定位发生三个层次的逐步深化。第一个层次强调综合性。因为当时上海没有一个地方能够将餐饮、娱乐、购物和旅游、文化等等全部集在一起。像这类时尚场所，当时比较有特色的是衡山路，但衡山路是很多不同的个体组成，没有一个整体的投资者和管理者。于是形成第二层次的定位，使它成为上海市中心具有历史文化特色的都市旅游景点，希望来到上海的人，一定要来看新天地。后来又演化出第三层次的定位——它会成为国际交流和聚会地点，人们在这里参与活动、交流聚会。整个工程布局、规划设计都按定位目标执行，并进行了经济效益分析。

第二阶段，两年三个月的时间举办了大约三百多个针对性活动，面向一些文化政治团体、雅皮一族、中产阶层。建起样板房，举办活动吸引不同行业人士来参与。样板房不仅对招商有很大助益，也帮助未来租户建立了一批忠实消费群。整个推广活动没有用过一分钱的广告费，而产品突出的个性受到了广泛的认同。

招商时，第一批商户的质量非常重要。首先大牌、名牌企业具有标志性和号召力，标示商业特点和档次，其他经营者当然愿意跟随入主。假如招商

时不考虑商业档次,只看租金,那么根本就不可能进驻。因为商业物业租金是由市场决定,而不是发展商自己确定的。商家是不是愿意支付高租金,不是由物业投资成本决定,也不是因为周边房租,而是由它能创造的营业额决定。因此最重要的是定位。

专题:购物中心定位的三个关键

1. 定地址

商业有两句名言。一句是"隔街死",一条街20米宽,一边火得要命,另一边死街。还有句话是"一步差三成",哪怕门挨着门开店,但差一步生意就差了三成。这些语言都形容了商业定位选址的重要性。正确选址靠的是真功夫,主要靠:

(1)经验。即零售人员、物管人员与开发设计人员智慧结合起来,脑力激荡,利用经验,用经验检验。

(2)在选址上,无论如何不能一次确定。有时间的话,一年的时段,最好在黄金季节、非黄金季节,一天的时间,中午、晚上都看看。

(3)看城市规划,区域发展前景。

2. 定规模

关于购物中心的规模,外国人认为10万平方米以内叫最佳,英、美、澳大利亚等国由于人口少是可以的。我国的购物中心规模15万平方米是可以的。规模与效益连在一起,不是越大越好,规模一大,比较效益就下降了。规模越大,租金越低。15万平方米的商业,至少要5家不同业态的主力店,超过20家次主力店来组合。所以,规模要求最佳,不能求最大,要求比较效益。租金高,回报率高,才是真本事。现在在中国做购物中心,迫切需要解决规模偏大的问题,在商品和次主力店不匹配的情况下,盲目求大的结果只

能是自食苦果。

3. 定主力店

确定主力店和次主力店大有学问,有些业态适合在商业中心区,有些业态适合在副中心,有些业态适合在郊区。在核心商圈,不能搞建材、家居,在郊区不适合做百货、珠宝,尽可能选租金比较高的业态,而在郊区,尽量选聚人气的业态。目前在世界上有一个趋势,更多的向文化、休闲、健身的业态方向发展。关于购物中心的功能国际上有"四大功能"理论,即购物、休闲、运动和交际。现代生活节奏快,邻里疏于来往,到购物中心不仅可以休闲、健身,还可以交友。购物中心之所以发展文化娱乐功能,是因为可以增加人们的滞留时间。

(据王健林讲话整理)

第五章　商业建筑空间策划

第一节　商业建筑空间解读

商业建筑——"空"和"间"的智慧

商业建筑空间是陌生人群为交易目的而聚集的场所。建筑的"空"与"有"是矛盾统一体，就商业建筑而言，本身就是从自然空间和人文空间中划出一片天，按照一定的规则围合起来，形成适合人们聚集的场所，这是一个从"空"到"有"的过程。建筑空间在没有商品和人流聚集之前是"空"的，当他们进来后才能热闹起来，"有"了商品和服务的交换，又是从"空"到"有"的过程。

"空"和"间"也是辩证统一的。"间"是具体的"空"，是"空"的有形实体，从"空"到"间"的转化动力是"隔"。不同的"隔"产生不同的"间"，也就是不同的"空"，产生相应的"有"。"隔"遵循功能和价值原理，是人们就自己的需求对空间的划分实践，分割依据来源于"建筑策划"。例如，某开发商要开发大市场，但自己资金实力有限，要靠预售回笼资金支撑，如果商业空间间隔过大造成总价过高，超过客户的购买力，就无法销售回笼资金；如果空间分割大小合适，就能顺利销售。因此如何"分隔"空间就十分关键。从这个意义上讲，建筑空间策划具有非常重要的意义，它是从"空"到"有"的催化剂。

商业建筑空间功能

商业建筑空间具体有什么特性？日本商业建筑学家东直严在《商空间的设计技法》中对商空间功能做了深入论述，我们根据自己的理解加以剖析。

第一，商空间＝政空间——商业空间具有社会性，是社会的缩影。

第二，商空间＝涉空间——它是人的交往环境。例如，迎来送往、谈天说地和生意买卖无不是在商业空间内进行。

第三，商空间＝生空间——都市生活的发生器和舞台。人们的很多创新性思路、产品都在商业建筑中产生，也在商业建筑中得到推广。例如产品设计在办公室里完成，在商场中展示和销售。北京威格斯房地产顾问公司把写字楼、商场的功能定义为"商业展览"，并命名为"商展时代"，认为它是新产品的展示地，是新思潮的发源地，是推广的舞台，是时代的引航者。

第四，商空间＝招空间——它是吸引人的场所。独特和创新是吸引人的利器，各种各样的推广活动、路演招引人，新产品、新服务招引人。

第五，商空间＝承空间——是城市招待客人的大客厅。城市的客人来了到哪里去？住宾馆、吃饭店、逛商场、去旅游；到写字楼、酒店、茶餐厅等谈生意，哪一样能离开广义的商业物业呢？城市设施中，接待客人无不用商业物业，它们就像居民家中的大客厅。客厅宽敞明亮，设施好，环境宜人，种类齐全，主人热情好客，客人才愿意来，愿意住；否则，没有客厅，或者客厅狭小，不像样子，客人不愿来，也不愿住。因此，我们不难理解各级城市政府何以要花气力搞好商业地产项目了！

第六，商空间＝仓空间——是城市财富汇集场所。这一点最为精妙，写字楼和商场就是社会财富最集中的地方，写字楼里的职员控制着经济运行系统,是社会财富生产和分配的指挥中枢,就像人的大脑;商场则是社会财富的集散地。在做市场调查时,很多专家总结了一条规律:一个城市是否发达看一下最大的商场和最高档的写字楼(酒店)就知道了,或者说比较一下最高建筑的高度就行了。为什么?就是因为它们上连生产,下连消费,是一个城市综合实力的体现。大型写字楼和商场的建造成本和运营成本很高,如果能够建起来并维持运营,说明城市整体经济比较好、实力强;否则,建起来就困难,更不用说保持运营状态了。因此,最近几年在很多城市冒出了不少"财富中心"的大楼盘,说明大家的认识越来越深刻。

第七,商空间=妆空间——都市的脸面和形象。例如上海的外滩,银行林立,表现金融中心形象;北京的CBD,高级写字楼林立,展现商务中心形象。

第八,商空间=笑空间——充满欢笑、欢乐的空间。人们在商业交易中各得其所,经营者赚到钱心里高兴,消费者购买到所需的物品而满足,喜悦是由衷的。

第九,商空间=逍空间——是舒适的逍遥环境,是休闲、游乐的去处。穿梭于琳琅满目的商品之间,欣赏时尚的装饰,即使不购买商品,也使自己身心愉悦,倍感逍遥自在。

第十,商空间=冲空间——充满矛盾的社会缩影,矛盾激化的反应舞台。例如商业交易的双方是矛盾对立的,如果交易不公平,就会激化矛盾,引起纠纷。我们还常常看到某些社会利益团体为追求自己的利益在商业建筑内外游行、示威、张贴大字报,是矛盾经常发生的舞台。

商业空间特性

1. 共享性

就是说,商业建筑空间是所有人的活动场所,不为某一部分人所专有。能接纳社会各界人士,不论种族、民族和文化生活习惯,只要愿意进入,不受任何限制。在建筑物内,共享空间无不占据重要地位,是标志性空间。例如,北京王府井商业街、上海南京路的商业街步行道就是共享空间。大型商场的户外广场、入口和天井、大堂、休息场所,写字楼的一层大堂、门厅、休息间就是共享空间,具有很强的导引、吸引功能。

2. 易接近性

英文意思是"accessibility",人人都可以接近,进入。否则不能称为商业空间,例如,政府办公楼虽然达到甲级写字楼标准,但由于可接近性差,就不能称为写字楼。接近性有如下4个要素:

（1）物理接近性。是指因空间形态导致的进入建筑的难易程度,例如与建筑的距离、道路质量、交通状况、时间消耗、地形地貌等。目前社会似乎更关注残疾人能否顺利到达建筑的各个层面(盲道和无障碍通行),但对商业地产开发商而言,我们还应重点关注距离和交通对商圈的影响。

（2）心理接近性。心理应没有任何障碍地接近建筑物。有些商业建筑给人以距离感和心理压力,产生畏惧心理。例如商业银行营业网点往往会布置保安保证安全,但有些人见到警察类型的人就害怕,不敢贸然进入。

（3）知识接近性。人们因缺乏对商业物业的认识而不敢接近。例如,星级酒店的大堂沙发是供休憩的,但很多人没认识到这一点,不敢接近。

（4）民族、宗教、文化、情感的接近性。例如蒙古人是非常好客的,对客户非常热情,但由于对宗教和民族风情不了解,怕举止不得体,引起笑料。换了其他民族风味的餐馆也是如此。一旦交流的障碍被打破,人们却非常喜爱去购买具有浓郁民族风格的商品,学习风俗习惯,与不同文化背景的人交流。再如,上海的新天地和北京的建外SOHO是青年人的新时空,特别受青年人的喜爱,建筑风格、色彩搭配、文化格调都是针对青年人的,符合青年人的心理和情感需求。

3. 交换性

是商品和服务的交换场所,也是知识、文化、社会经验的交换场所;物业本身也是可以交换的,为了实现可交换性,应提高建筑空间分割的灵活性。

4. 整体性

商业建筑空间是一个整体,是一个生命有机体,互为"器官"。整体性具有3个体现:

(1) 室内、外空间的协调性。例如,商业街内的商铺经营效果取决于商业街的整体形象,整体商业形象有赖于各商铺空间的有机配合。大型商业建筑如写字楼、超市、百货商店,没有室外广场、道路的有机配合,建筑内空间再漂亮也不过是花瓶,没有实际价值。

(2) 室内空间的有机协调性。各个空间必须功能协调互补,才能发挥最大效能。

(3) 系统、设备协调性和整体性。商业建筑,特别是大型的商业建筑机械设备、机电系统特别复杂、多样,相互依存,必须把它们看成不可分割的整体,才能发挥最大的效能。所以建筑设计阶段就必须整合各方面的专家,采集各专家所长,采取建筑整体化设计方法,实现建筑的高性能。

第二节 商业建筑策划内容

商业建筑策划释义

建筑策划是 20 世纪后期在我国发展起来的一门学科,由于它具有实践性和经济性,很快推广开来。它产生的背景是除了建筑技术、建筑设计问题,建筑师在设计时还要关注经济问题,要有一个系统的设计任务书为依据。而制定设计任务书不是建筑师的强项,开发商由于不太掌握建筑技术,所以制定设计任务书也不具有优势,但又必须自己提出来,否则建筑师无从下手。于是,建筑策划应运而生。

建筑策划就是在建筑学领域中,建筑师根据总体规划目标设定,运用建筑学及相关学科的原理,通过对目标环境及条件的实态调查,对目标相关因素进行分析,从而得出既满足业主要求又具有环境效益、经济效益和社会效益的科学而全面的建筑设计的依据。我国当前阶段,建筑策划是建筑业主和建筑师的互动过程,是营销策划人员与建筑师的互动过程,还要有各方面的专家共同参与,形成设计任务书。

商业建筑策划就是在确定商业建筑经济目标的基础上,就建筑功能、建筑技术和材料、建筑艺术、商业业态等提出系统设计策划方案,成为建筑师设计创意的参照物。它以规划设计文件为依据,通过科学系统的测算和创新过程,形成初步设计任务书,交由建筑师进行建筑创意(理念设计或者概念性设计),在此基础上,再由建筑专家、商业经营和管理专家、房地产专家共同研究提出正式设计任务书,交由建筑师设计,逐步形成施工图纸。它是建筑策划理论在商业地产领域的具体实践。商业建筑策划的主要内容包括:建筑功能策划、建筑空间组成策划、建筑技术和设备材料策划、建筑业态策划、建筑创新和特色策划等内容。

商业建筑策划依据

俗话说，巧妇难为无米之炊。建筑策划工作者也要依据充分的材料才能做出美味佳肴。具体来说，商业建筑策划的依据有如下4类：

1. 规划设计要求

是指政府部门提出的规划要求，主要体现在"建设用地规划许可证"、"规划意见通知书"、"建筑规划许可证"和"土地使用权出让合同"中，其中规划意见通知书是主要设计依据，它对宗地四至范围、出入口设置、红线、高度、建筑、容积率、密度、绿地率、功能和停车场等做了重点规定。

2. 开发商的要求

由于受经验、实力、创新能力和资源整合能力的影响，不同开发商对同一个建筑也有不同的期望值。例如，一大型商业物业项目，资金实力雄厚的开发商打算自己持有，只对外出租，要求按大空间设计，用性能最好的设备和材料；资金实力弱的开发商则要靠销售回笼资金投入，就不得不考虑投资人的心理和能力，结果会要求把建筑空间分割划小；再如，有时按照价值最大化原则进行定位时会与开发商的发展战略冲突。作者本人参与过某城市的商业地产项目策划，认为做商业综合体是最佳方案，但开发商认为与总公司的发展战略目标违背，应该发展销售速度快的公寓类物业。由于开发商对建筑很有想法，自己某些非理性要求也往往被反映在设计任务书中。特别值得指出的是，开发商对产品成本和效益有自己的一套算法，建筑策划应予尊重。

3. 经济效益目标

一般地，投资商在承接项目时，都要进行可行性分析，其中，他们要设定系列经济效益目标。例如,投资成本不得超过3,000元/平方米,净利润率不得低于10%。建筑策划必须围绕目标做文章,有机协调建筑空间、建筑材料、设备、销售价格等因素之间的关系。

4. 市场调查结论

市场调查的若干结论是建筑策划的重要依据,例如,项目的市场定位和功能定位是建筑设计必须表达出来的。再如,经过调查发现甲级写字楼出租率比较高,租金有上涨的趋势,就应该发展甲级写字楼;如果调查发现附近的街区是银行和非银行金融机构密集区,底层功能就应该优先考虑银行营业网点和商业银行的分理处或者支行的需要。如果调查发现底层商铺供应少、需求大,那么就应优先考虑小商铺。

建筑功能组合策划

最简单的商铺也存在建筑功能组合问题。例如,厕所在什么地方?厨房如何布置?经营用房如何布置?都要建筑师们提出方案。大型的商业建筑的功能更多,组合更复杂,需要我们认真研究,制订系统策划方案。

1. 商业建筑的功能空间类型

不论是写字楼、百货商场、超市还是仓库,它们一般都包括如下功能空间:

(1)经营主体部分。也就是商业建筑的主要功能空间,是利润的主要来源,例如写字楼是办公场所,办公室是经营主体部分;商场是销售场所,买卖双方对话接触的空间(柜台、商品陈列处、商铺)是经营主体部分;酒店是客户住宿休息的场所,客房是经营主体部分。所以商业建筑策划时要紧紧围绕主功能的价值实现为目标。

(2)公共部分。顾名思义,就是为公共使用的部分,不同的商业地产项目公共部分变化很大,一般包括:门厅、大堂、电梯厅、值班室、厕所、餐厅、多功能厅、商店、健身房、行李房、商务中心、康乐部分(美容美发、桑拿、游泳、台球等)。商业建筑体量越大公共部分越复杂,内容越丰富。公共部分是经营主体部分的有机补充,也承担着经营任务,是为主要功能服务的,业主对这部分的赢利预期一般不高。

(3)设备和后勤辅助部分。它为经营提供后勤支持,包括各种机房、物业管理用房和管道井、储藏空间等。具体而言,设备机房主要有:空调机房、冷冻机房、热交换室、水泵房、风机房、变配电、电梯机房、弱电机房、电话交换机房、消防水池、消防控制室、计算机房、燃气锅炉房、库房、中水处理间;后勤用房包括:管理用房、库房、厕所、开水间、物业办公、厨房、广播室、洗车处、洗衣房等。

(4)停车部分。停车分机动和非机动两类,随着轿车迅速普及,机动车的停放问题越来越受到人们的重视,停车位不足甚至成了部分商业建筑的致命伤,即使停车位充足,进出不便也是大弱点。大型购物中心如果没有巨大的停车场,很难吸引到足够的人流。停车部分包括非机动停车空间(自行车棚)、地上机动停车场、地下机动停车场、机械停车车库和停车楼等。

2. 商业建筑经营主体功能空间组合

经营的主体空间就是实现一栋建筑物主体功能的部分,如写字楼的办公部分,商场的对外销售商品部分,酒店的客房和餐饮部分。确定建筑主体功能的主要依据是规划意见书和营销策划定位。为了把握问题的实质,我们还必须深入了解相关概念。因为市场上衍生了多种类型,每种都不一样。例如,商场有不同类型,如超市、产权式商铺、百货公司、仓储式超市等;写字楼的类型也不少,如"核心筒式办公空间"、传统的小空间、景观式办公空间等。通过明晰概念,准确定位,让参与各方处在同一沟通平台上。

表 5-1　写字楼空间组合类型一览表

办公空间大类	定义	亚类	定义
传统小空间	以走廊联系小办公空间,进深小,采光充足,但配套低		
核心筒式	中间是核心筒,办公室布置在周边,高层建筑常见		
牛栏式	把核心筒移到建筑外围,形成大跨度连续空间,形成牛栏式布局,每个员工在狭小的空间内活动		
景观式	按部门或小组划分,灵活可调,阳光、空气充足、用植物分割空间		
个性化办公	激发人的创造性、尊重人性	LOFT	工业厂房改造而成,宽敞、明亮、艺术家的天地
		MORE	是 mobile office residential edifice,指在社区组团里集中提供居住者办公、对外商务的资源支持
		STUDIO	工作室,空间不大,但有灵气、个性,以研究、咨询类工作为主
居住办公	居住和办公二合一的类型	公寓式办公	高层公寓,按家居布置,有厨房和卫生间,适合小公司
		酒店式办公	与酒店类似、配套完善,独立卫生间
		SOHO	以家居生活为主、办公为辅助

在确定建筑的主体功能后,应考虑功能空间的组合问题。空间的利害关系人有:商业工作人员(售货员、服务员、接待员、办公人员等)、商业场所的管理人员(物业管理人员、后勤人员)和顾客,空间应紧紧围绕他们之间的活动进行组织。

图5-1 商业的基本空间设置

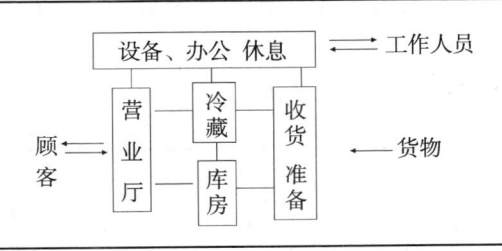

```
            ┌──────────────┐
            │设备、办公 休息│ ←── 工作人员
            └──┬────┬────┬─┘
               │ ┌──┐ │
          ┌──┐ │ │冷│ │ ┌──┐
          │营│ │ │藏│ │ │收│
   顾 ←──→│业│─┼─┤  ├─┼─┤货│←── 货物
   客     │厅│ │ ├──┤ │ │准│
          └──┘ │ │库│ │ │备│
               │ │房│ │ └──┘
               │ └──┘ │
```

图5-1是商业空间的组织模式，工作人员、货物和顾客在营业场所"见面"。营业场所是商业建筑空间的核心，其他空间均为其服务。不同大小、经营方式和管理模式的商业经营，各商业空间的组成比例是不同的。如临街的杂货铺，顾客和工作人员的进出流线是一致的，但同样大小的饭店则不允许厨师、原料从前门进入，需要专门通道解决，否则没有食客会到这里来。

图5-2是写字楼的基本空间组织，办公室是人员、货物、信息的辐辏之地，居于核心地位。与商场不同的是，客户和信息进入渠道与办公工作人员是一致的，只有货物和部分信息从办公室的后门通过货梯进入办公室。

图5-2 写字楼的基本空间设置

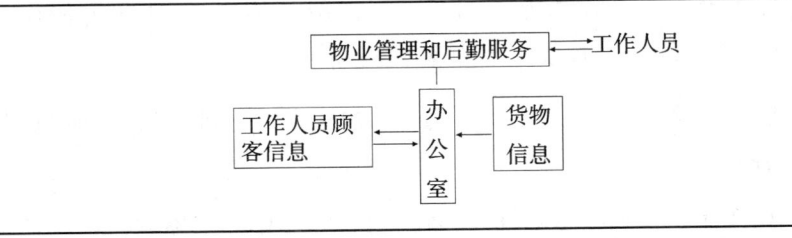

```
              ┌────────────────┐
              │物业管理和后勤服务│ ←── 工作人员
              └────────┬───────┘
                       │
   ┌────────┐    ┌────┴───┐    ┌────┐
   │工作人员顾│←──→│  办公  │←──→│货物│
   │客信息  │    │   室   │    │信息│
   └────────┘    └────────┘    └────┘
```

3. 商业建筑的交通流线设计

交通设计是为各种人员和货物进出提供不同的运输工具和道路系统。商业空间中一般包括顾客、工作人员和货物的流动三条主交通流线。工作

199

人员和货物的流线比较清晰、固定,对空间的影响和要求不如顾客挑剔,是被动地根据顾客的需要进行调整。我们重点分析顾客的交通行为。

图5-3 商业空间中顾客的流动

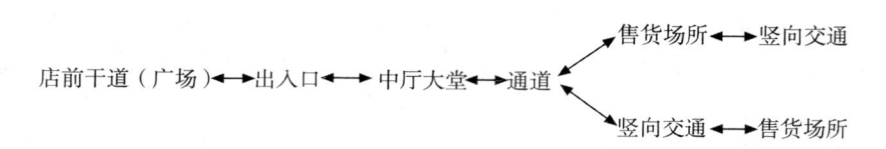

```
                                        ┌→售货场所←→竖向交通
店前干道(广场)←→出入口←→中厅大堂←→通道┤
                                        └→竖向交通←→售货场所
```

商业空间活动的人流根据目的不同分4种类型:

(1) 目的明确、流动路线清晰的人群,一般总是选择到达目的地的最短路线,直奔购物地点。男性居多。

(2) 无目的人流。运动无固定方向和路线,跟着感觉走,发现合适的就买。女性居多。

(3) 观览类人流,为琳琅满目的商品和店铺陈列所吸引,目的是增长见识、收集信息。

(4) 等候、休息人流。这部分人虽然不流动,但占据流动空间,影响交通,所以要为他们设计空间移到主流线以外,防止阻滞。

为了保证建筑空间流线的顺畅,一般采取如下设计方法:

(1) 机能设计——设计功能空间与行为对应。例如,为休憩人流设计休憩空间,为带孩子的妈妈们设计"儿童欢乐空间"。

(2) 规模和体量设计——根据科学测算决定功能空间的规模(面积)和体量(立体空间、间隔)。

(3) 配置设计—— 一是改变目标的位置,使流线更顺畅、不拥堵;二是加强设备配置,提高运行效率。高层写字楼的电梯是一个"瓶颈",解决方法是:在增加载客位的同时,提高运行速度和联动控制,以最快的速度输送人员。

(4) 流线设计——通过商品陈列位置、功能空间的划分组合形成流线,借助竖向导引牌和地面指示标志,引导人流,确立客户的目的感和方向感,减少无目的的闲逛人流。

（5）经营模式组合设计——动态和静态商业模式组合设计,可以降低人流密度,提高静态商业的关注率。把较为集中的卖场分散化,解决人流阻塞问题等。

4. 建筑空间指标的确定

商业建筑的经营主体部分的主要性能指标有建筑平面、标准层、层高、柱距、进深、荷载、使用率等,下面分别说明。

建筑平面受用地面积和四至的影响较大,其次是高度、面积和防火分区、进深和使用率。当采取核心筒模式时又要考虑进深问题,当进深过大时,影响房间的通风和采光,降低了物业的性能和档次,为此就必须改变形态,缩小进深。再如当商场平面过大时,就要考虑增加层高或者设立中庭、天井等共享空间。防火分区也会对平面布局产生一定的影响,例如,写字楼标准层的防火分区的大小为1,000平方米,加自动喷淋系统时可以达到2,000平方米。

层高是指两层楼板中线的距离,从地板到吊顶的高度称为净层高。商业建筑的层高和净层高意义都非常重要。例如,普通办公楼层高3米就比较理想,但采用中央空调和新风系统的写字楼层高一般不低于3.5米,有的甚至达到3.9米,高出的部分主要被混凝土梁、通风管线、自动喷淋系统等占据。层高与建筑平面关系很大,当平面进深较大时,提高层高不失为选择之一。净高是另一重要的参考指标,例如仓储式超市净高不得低于3.8米,层高4.5米才能满足要求,而写字楼的净高不应低于2.6~2.7米。

随着材料科学的发展,建筑物的柱距和空间跨度越来越大,商业空间越来越容易分割。但过分追求大跨度会产生结构和层高问题,如9米跨度的混凝土梁的高度达到0.8米上下,不但要增加层高,而且耗用大量的钢材,成本上升。所以凡事有个合理限度，并不是越大越好。

进深一般指外墙到交通走廊之间的距离。从通风采光的角度计算，进深则是室内某点到最近的窗口距离。进深和办公空间类型、标准层面积、使用率、出租单元、使用者、技术等都有关系。例如景观式办公空间的进深一般不小于 20 米；而核心筒式的办公空间不宜过大，超过 14～16 米就很不舒服。

电梯是交通组织的重要一环。扶梯的运力比较大，在交通比较密集的区域布置基本能满足交通需要。垂直梯的运载能力稍差，理论计算每个客梯位的服务面积是 150 平方米，一个办公建筑面积 30,000 平方米的建筑需要 200 个客梯位，需要 10 部额定载客 20 人的电梯。但实际上，我国的很多建筑物达不到这个要求，每部电梯的服务面积实际达到 5,000 平方米，每个客梯位的服务建筑面积达到 250～400 平方米。

核心筒和中庭是建筑平面组织的中心。设置在中间部位还是边缘位置要具体问题具体分析。例如高层建筑一般选择在中间布局，形成框筒式结构。商场则不同，中庭可以用大堂替代，也可以在建筑的中心部位形成中庭或者天井，把商业经营空间联系起来。

5. 商业建筑公共部分策划

公共部分策划按照"总体构成—各分项功能的内容和规模—功能整合"的步骤实施。总体构成确定规模大小和功能要求及其构成，功能要与主功能一致和协调，遵循整体价值最大化理念。各分项功能的内容和规模基于总体功能设计和测算。功能整合基于商业交换关系从不同的方面满足需要，剔除替代性强的功能，增加辅助功能，形成完整的商业生态链。有些商业类型经过长时期的磨合和实践已经形成了最佳的商业组合模式。例如，专业化写字楼的公共空间功能有：银行营业网点、航空公司售票处、咖啡快餐厅（茶餐厅）、高档饭店、商务中心、快递中心、邮寄网点、员工餐厅等。大中型超市也会与快餐连锁店结盟，例如肯德基和麦当劳、加州牛肉面、永和豆浆等与大型连锁超市结盟。

公共部分的功能组合受多方面制约。例如，应考虑经济效益预期、周边配套、技术等因素。在商业底层布局餐馆要考虑气味排放、防火和垃圾处理和运输；配置游泳池需要结构和技术上的细致考虑。下面就重要的公共空间作一剖析。

商业空间的门厅，有时也称大堂，借用了酒店的术语，具有组织人流和聚集人流的作用，是"招空间"和"笑空间"。门厅是商业空间标志性和形象性的展示空间，所以，酒店或写字楼大堂时常成为企业推广产品、展示形象的场所。门厅大小没有固定指标，统计显示，门厅面积占总面积的1%～5%，绝对值在200～800平方米之间。

咖啡酒吧、茶吧。当它们与写字楼结合时，到这里来的人多与商务活动有关。与商场结合搭配时，来者的目的多是休闲、休息、读书看报、会友。由于咖啡吧和茶吧的经营时间与办公时间有冲突和错位，所以，在纯办公楼中，一般经济效益不是太好，反而那些带有快餐性质的茶餐厅、咖啡餐厅比较受欢迎。在商业氛围浓厚的商业中心区，大众快餐、咖啡馆却受到欢迎，营业时间持续12个小时以上，经济效益明显。

多功能厅就是要满足不同的商务活动需要，空间灵活。一般地，多功能厅和会议室不是写字楼必备的功能空间，但宾馆酒店却不能缺少。根据调研，多功能厅和会议绝对大小在160～600平方米之间，占总办公面积的5‰～6‰。

功能整合一般遵循的原则是：从商业建筑所在的区域考虑将空间共享，提高效率和价值；将一些空间进行合并或者外移到建筑外。例如门厅可以把大堂、展览结合起来，多功能厅可以满足商务办公、展览和舞会功能。

商业建筑应用技术策划

商业建筑特别是大型写字楼、超市、商场、购物中心越来越多地利用高技术,呈现高性能化、高科技化的倾向,很多技术都能提高建筑的健康性、舒适性和可持续发展性,如何采用这些技术、应用新型的建筑材料和技术设备成为建筑策划的重点。

1. 应用技术策划的原则

当我们在决定是否采用一项新技术时,需要遵循如下一系列的原则:

(1)超前半步。有些新技术非常先进,与现有技术比超前太多,不但成本高,后勤配套不到位,而且投资者和消费者也不认可,有很大的进入风险和推广风险。因此如果采用新技术,也要使用"超前半步"的技术,尽量不使用超前一步或两步的技术。

(2)技术整合。当我们采用新技术的时候,要考虑它是否与建筑的其他设施和设备完美啮合并提升它们的性能,达到形体功能的整体优化和提升。如果达不到这些目标,反而增加系统升级的成本或者整合成本,就不能采用。

(3)保证和提升性能。商业建筑在建设前期根据市场定位或者办公舒适、健康性要求设立性能目标,这些目标必须得到技术的支撑才能达到市场目标;否则会降低建筑产品的市场价值。

(4)确立技术的营销价值。通俗地说就是挖掘技术的"卖点",提高产品的性能价格比。例如,位于北京 CBD 核心区的"旺座中心"率先在全国引入"呼吸式"玻璃幕墙,虽然增加了造价,但其带来的营销价值却远高于边际成本,通过对呼吸式幕墙的宣传和功能解剖,项目的市场知名度和美誉度得到广泛认可,是营销的加速器。再如"北京锋尚国际中心"采用国际先进的保温技术极大地减少热对流,宣称"告别空调和暖气时代",赚足了"眼球",

加快了市场销售,建筑造价也在价格方面得到补偿。

(5)创新原则。商业建筑创新的源泉就是应用新技术以及相关的商业经营理念,例如采用架空地板技术,将极大地提高布线的灵活性,适应企业组织和商业模式的快速变化,为办公室的灵活和低成本再组织创造条件。

2. 技术策划的步骤

(1)确立技术性能指标和要求。

(2)组织专家技术团队对性能指标的合理性研讨,专家团队的组建应包括多方面的专家。

(3)寻找适用技术,收集技术资料。

(4)就每项技术进行评估,评估标准依据上述原则和建筑设计规范。

(5)得出结论,报开发建设单位决策。

商业建筑特色策划

商业建筑是"招空间"和"承空间",没有特色和良好的市场形象,无以招引人。所以就商业建筑空间而言,商业建筑特色策划是非常重要的一环。

1. 商业建筑特色的体现

(1)建筑外立面。新颖、别致,具有艺术美感和吸引力。例如国家大剧院具有彩蛋般的外壳,非常有特色,与周围建筑的威严肃穆形成鲜明的对比。国家奥林匹克体育中心的鸟巢方案别具一格,非常有特色。

(2)建筑高度。高度是楼盘相互区别的重要标志,在其他条件相同的条件下,高度成为最鲜明的特色。

(3)区域标志性。标志性是楼盘综合素质的反映,例如地理位置、体量、建筑外立面、使用单位等。

(4)技术和性能的创新性特色。例如北京财富中心采用了架空木地板技术和四管式中央空调技术而与众不同，北京南新仓项目采用了欧盟总部使用的陶土瓦成为特色。

(5) 历史文化特色。例如有些商业建筑因为发生了重大的历史事件或者文化活动而蜚声海内外。

2. 建筑特色策划

商业建筑的特色可以有多种，但我们不可能面面俱到，需要综合研判，合理策划。为此我们需要做如下几个方面的工作：

(1) 市场调查，确立建筑特色的突破点。既然要有特色就要调查清楚现有建筑物特色的优缺点。负责任的建筑师一般都要对现场进行充分考察，了解当地的文化、风俗、政治和经济特色以及建设单位的意愿。

(2) 就每个建筑特色的突破点进行比较评估，根据评估值的大小按照优先顺序排列。

(3) 将评估结果写入设计任务书，作为设计要求向设计师提出。

(4) 对建筑方案进行评价，一般的商业建筑的初步设计方案至少有三个，参加设计竞标的单位至少有两家。对初步建筑方案评审的过程就是建筑特色确定的过程，例如高度、体量、外形、美观与周围环境的协调和功能基本确立。

(5) 对机电设备、强弱电系统和智能化系统等进行评估，确立特色。

(6) 市场推广，塑造建筑的特色，包括形体特色、人文特色和经济技术特色。为差异化营销打下坚实的基础。

特色就要经受大众的考验，得到大众的认可，所以，如何在特色设计阶段引入大众的意见也是策划的重点。例如，我们可以在专家团队中邀请民间代表参加，将初步方案在公众场所展示，对提出宝贵意见的人士进行奖励。它们既是征求意见方法，也是市场推广方法。

专题：购物中心设计关键点

1. 设计由谁主导

决定购物中心设计质量的，首先是租赁人员，他们应根据市场状态、经营模式提出设计要求，其次才是规划设计人员（参考第七章）。设计师考虑建筑个性和创新，较少考虑投资成本和商业经营的合理性。

2. 人流动线是核心

大型购物中心体量庞大，店中有店，一个人在里面如果没有目的流动或者流线不顺畅，就像迷宫一样，哪里有心购物？例如，顾客反映北京世纪金源购物中心太大，一个人一天也逛不过来。虽然要让顾客停留时间长一些，但如果他走的路不对，停留时间都是些"垃圾时间"，于自己和商场都没有好处。所以要让顾客流通顺畅，找到方向，辨别位置。动线也是店家和顾客流的结合方式，只有两者有效接触，才能产生财富。

3. 通透的视觉

视觉通透不仅降低拥挤程度，而且使顾客轻松购物，发现更多的购买机会。国外购物中心设计的要求是：一眼至少能看到十个商店招牌。看到的招牌越多，刺激越大，越容易激励客户的购买欲。

4. 注意主力店的技术标准

不同业态的主力店技术标准不同，就荷载方面，建材超市要求荷载4吨，普通的超市和书店1吨，普通的百货荷载有400～500公斤。就高度而言，建材超市不低于8米；生活超市5米；仓储商店则要9米。总之，不同的主力店都有不同的荷载、高度、卸货的要求,招商前,应与主力店完成技术对接。

第三节 商业建筑策划与设计

策划与设计原则

第一，要在充分策划论证的基础上展开设计，在设计的基础上深入策划，步步深入，两者不能脱离。建筑策划目的是设计一个品质优良、功能完善、整体价值最高的商业建筑。一般地，业主会提出建筑设计的主要意图（包括功能、特性、经济效益等要求），在初步论证的基础上形成初步设计任务书。建筑师根据初步设计任务书提交概念性设计，各方对概念性设计进行评价，根据评价结论提出深入设计任务书，建筑师再据此深入设计，使方案步步优化，达到报批条件。

第二，充分挖掘地段价值，有机利用地段条件，提升环境。无论何种类型的商业地产项目，策划和设计的共同目的就是研究地段环境，发现地段价值，体现地段价值。无论设计什么样的建筑风格，一定要根据地域传统的文化观念、地域特色、消费心理等因素综合考虑。还应考虑以下因素：客流规律、交通状况、商业环境、地形特点、城市规划要求。

第三，要设计合理、科学和流畅的动线（人流和物流），提升价值。人流动线要最大化地满足人们进出商场和对商品的浏览需要。物流动线要满足商品的转移运输。通过动线的合理设计，间隔形成高效的经营空间场所，提升物业价值和商业经营效果（见案例一和案例二）。

第四，策划和设计要注重形象、特色，它们是提升物业价值的要素。商业建筑的外观、色彩、各种建筑符号要得体，建筑风格要与建筑所经营的内容相互匹配，建筑外观设计最好能够让所服务对象永记心间。

第五，专业化操作是关键。不但市场策划要专业化，建筑策划也要专业化。北京五合国际的刘力博士撰文指出，高度专业化的项目操作、尊重专业顾问公司的参与和咨询建议以及由专业化建筑规划设计公司负责设计是做好建筑设计的关键要素，不可或缺。

建筑外部空间的策划和设计关键点

商业建筑的外部空间策划和设计主要解决建筑总平面与城市交通干道和环境的关系，重点是人车流线的规划和设计、商业氛围的营造等。

1. 外部交通设计

交通要素有过区人(车)流、顾客人(车)流以及内部人(车)流。为了保证人(车)流的顺畅有序，首先要人车分流，通过人行道、过街天桥(地道)等方式把客流和城市干道车流分开。其次设置步行广场，既可以作为人流的疏散地，又可以作为室内外的过渡和缓冲空间。在广场内设计休闲娱乐景点吸引人流是扩大市场容量的好方法。

2. 商业建筑出入口设计

一般由雨棚、门廊、台阶、坡道、门洞等构成。从立面形式上看，可以分为三种类型：扁平式，在墙上直接开门，用标志性图案或者醒目标志标示出入口；凸式，由雨棚或者门廊构成，突出到建筑主体外部，识别性和引导能力更强；凹式，入口局部内凹，建筑就好比张开怀抱一样形成向心力，共同指向出入口，形成商场专用的户外广场，这是比较常用的方法。入口与室外空间的连接方式有两种，一种是直接临街，如商业街两侧的商铺和购物中心内的步行街；另一种是临街入口广场，入口后退红线，在门前形成小型广场，形成诱导缓冲空间。

3. 商业建筑外观设计

设计的突出特点是广告化、商业化和大众化，充分表现作为公共建筑、经营内容的特征。广告是引导社会审美趋势和创造商品知名度的重要手段。建筑能以其巨大的广告形象发挥独特的广告效果,起到招揽顾客的作用。

4. 建筑外观设计语言要丰富

强调人的参与意识,为增进吸引力创造多样化的娱乐、休憩空间。将历史的建筑造型和细部设计加以提炼抽象,并运用到商业建筑的外观设计中,能够引起人们的美好回忆。在条件许可的范围内,通过建筑比例、色彩、造型、材料的运用创造标新立异、独树一帜的市场效果。商业建筑必须符合时尚标准,顺应流行趋势的变化。

建筑内部空间设计关键点

大型商业建筑空间构成元素有公共和交通空间,包括门厅、竖向交通厅(如楼梯间、候梯厅)、问讯处、寄存处、内部步行街廊、共享中庭等;营业空间包括营业厅、娱乐厅(室)、餐饮室等;辅助空间包括卫生间、库房、办公室、员工休息室等。由于功能空间多,应避免顾此失彼、功能失调的问题出现,合理搭配是策划设计的关键。

商业建筑的内部空间组织有如下四种形式:一是以大厅为核心的营业空间组合;二是室内商业步行街的线状串、并联的组合;三是以中庭为中心组织商业空间的方式;四是多种组合方式并存,各得其所。

室内步行街、中庭、交通厅是最基本的空间要素,是大众交流互动的空间,形成空间组织的网络和骨架。内部步行街的宽度一般在10～20米,购物者看到两侧的橱窗和商品陈列为宜。中庭共享空间是比较普遍的空间处理和组合方式。

表 5-2　商业建筑营业厅设计要求和功能布局

层数	设计原则	货品布局
1	确保客流畅通，配置选择时间短的轻便商品和大件消费品	化妆品、药品、服饰、手提包、鞋、伞、烟等
2～3	稳重气氛，配备选择时间长、价格高且出售量大的商品	服装、纺织品、日用品、服饰、家用电器等
4～5	满足布置多种专业柜台	床上用品、照相机、书籍、文具、运动器械、餐具等
6层以上	布置需要较大存放面积的商品	家庭用品、电器、乐器、工艺美术品、陶瓷、瓷器等
地下室	顾客最后光顾的商品	食品、厨房用品、特产等

营业用空间分为三个组成部分——顾客用部分、商店用部分和辅助部分。顾客用部分是营业空间的核心。营业空间一般占整个建筑面积的60%～70%，纯营业面积约占总建筑面积的50%。商业建筑的营业厅一般由数层构成，营业厅的功能定位与高度有密切的关系（见表5-2）。

交通空间组织最重要的是避免顾客流、内部人员流和商品流线重叠交叉，造成拥堵，其中顾客流最重要，内部人员流次之，因为在营业高峰期，内部人员流动反而受到牵制。营业大厅的水平交通必须明确地具有清晰合理的流线，流线组织必须确保以最佳角度展示商品，使顾客比较便利地浏览、选购商品，还能安全疏散。竖向交通组织形式分为中心式、周边式和混合方式布局。中心式布局把垂直交通设施布置在营业厅的中心。周边式则把交通设施布置在营业厅的外围。综合布局是把垂直交通设施均匀地布置在营业场所内，顾客可以方便地找到上下楼梯、电梯等。

专题：大连万达购物广场定位与设计

大连万达购物广场以订单商业模式①为核心,以中小店铺为有机补充,形成完整的商业生态群落。广场的平面和立面设计充分反映了这一点。其具体做法是：

购物广场首层设计成步行街形式,以步行街来组织空间,将大型品牌店置于二三层,四层以上布置其他功能及品牌店,这样既满足了某些小商家独立经营管理的需要,又满足大商家的使用功能,使二者各得其所,相得益彰。同时也为消费者提供了一种新的商业空间形式"室内步行街"。

每层的平面设计均以中庭为中心,用中庭将步行街与各层平面组织联系起来,使购物广场空间得以融会贯通,产生强烈的空间对比效果。这既为商家创造出一种商业氛围环境,也使顾客获得了一个带有自然光的休闲空间,满足了顾客对休闲功能的要求。中庭的设计还可以融入文化与互动的理念,提高购物广场的艺术品位。购物广场的交通设计也非常现代化,将停车场置于地下一层,卖场置于地面以上。这样既节约了用地,也避免了人车混杂交叉,使空间布局设计自然流畅的特点。

购物广场每层空间层高都比较高,为各种不同使用功能的融入创造了条件。例如,可在其中设置儿童娱乐场,满足一部分带孩子逛街的家长们的需求;还可以在其中设置青年娱乐场所,如小型的影剧院、电子游戏厅等,使购物与娱乐结合起来。

综上所述,整个购物广场的平面设计紧扣模式之主题,并将其发挥得淋漓尽致,可谓在传统模式基础上的创新。

---

① 详见第八章案例分析。

案例 3 沃尔玛的动线设计

图 5-4 显示,出入口与建筑空间的使用效率关系密切。恰当地设计流线,将避免商场死角,部分地方拥挤不堪,边角处冷冷清清。实践中经过摸索,大商家们还是发现了最有效的出入口设计和流线:出口和入口距离尽可能地远或者说错开,最符合商场利益,这就好像在卖场内部形成了一条漫长的购物街,这一点在示意图上也有表达。

图 5-4 卖场的出入口与死角(阴影)六种模式

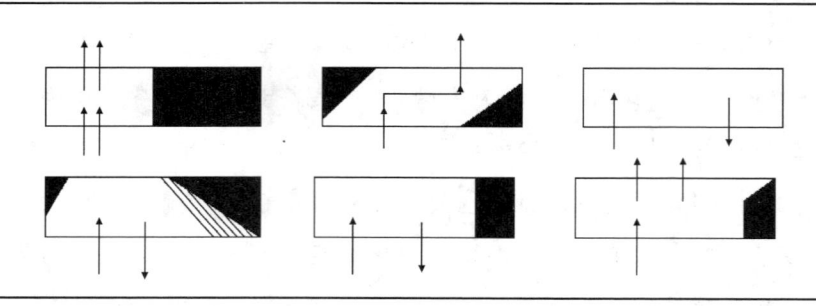

图 5-5 沃尔玛的顾客流线

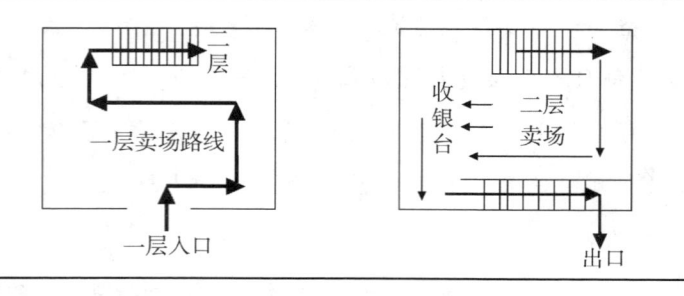

图 5-5 显示,沃尔玛购物中心的入口设在一层,出口在二层,进到商场,不管购物还是没有购物,都要走过漫长的商业街,浏览商品。结果每个商品类别都得到了同等对待,有机会被顾客购买。

建筑空间间隔设计三法则

在动线设计的基础上,对整体空间进行分割,分割的原则是:

1. 灵活性或弹性设计原则

商业建筑的结构(体量、层高、负荷、进深、柱距、核心筒)建成后难以变更;如果变更,成本也相当高昂。这一法则既适用于商店、超市,也适用于写字楼、酒店,具有通用性。灵活性设计的主要原因是:

(1)在给定的空间内商业业态不断发生变化,灵活性是迎合变化的利器。不同的商业业态对空间间隔的需要不同,例如临街商铺开始时适合做电器经营,取得的价值最高,但过一段时间后,附近竞争者增多,利润下降,最合适的业态是开餐馆,那么,商铺是否能够重新间隔,适合餐饮的经营需要就是商铺能否实现价值最大化的关键。

(2)公司组织或商业模式不断发生变化。例如公司人事变动、公司规模扩张、新设立部门、开拓新业务等都会对办公空间变化产生需求,办公空间的灵活间隔特性恰好满足这种变化。否则公司就要搬迁到合适的位置,由此而造成大量的成本支出(装修、业务关系的重新建立、工作的暂时中断)。

(3)技术革新需要对建筑空间进行重组。在当今电子/信息社会,技术变革的速度特别快,日新月异,特别是网络通讯技术的变化更快。建筑空间的灵活性是为了迎合这种变化,通过灵活性设计,降低技术更新改造的成本。例如架空地板技术可以使户内的布线灵活,随时可以调整,成本费用降到最低限度。

(4)为了达到人性化目标,空间和设备的个性化控制越来越强。个性化控制是灵活性的高级表现形态,突破了物理空间的灵活性界限,向使用人舒适健康的方向发展。个性化控制包括:温度、通风和照明的个性控制;设计可调式地板通风口;实现灵活性空间和固定空间的完美结合,满足日常工作和临时工作的需要。

(5)商业建筑是聚集场所,不同的聚集方式对空间的要求不同,例如15人的会议和5人的小组会对空间的要求不同,150人的集会(商业路演)与1,000人的商业推广活动又不同,在同样的空间内要满足人群聚集和分散的需要,充足的灵活性是必不可少的,否则将降低商业空间的效能。

2. 共享空间居支配地位原则

也就是说,商业建筑空间的核心是共享空间,是组织功能空间的"纲"。它基本相当于销售面积中分摊的部分,约占总建筑面积的25%~45%。

共享空间的性质决定了物业的档次和性质。例如纯写字楼的共享空间以办公服务业态为主,复合型的写字楼共享空间以商品交易店铺为核心诉求。共享空间装修档次越高,说明物业的定位越高,商品和服务的质量和价格都要相应提高。

3. 追求价值最大化原则

开发商、物业投资人、房屋租赁者和消费者都想通过商业建筑获得最大价值。价值最大化如何理解呢?

(1)短期价值最大化和长期的价值最大化。短期价值最大化是开发商的价值最大化,用低档的建筑设计队伍,按低标准设计,选用低标准建材,把房屋建成后销售完,不管将来商业形态的变化如何,也不管建筑能持续生存多长时间。长期价值最大化考虑的出发点是:商业建筑寿命少则50年,多则100年,在建设阶段并不能达到建筑价值的顶峰,价值会逐渐提高并使建筑的所有者、使用者从建筑升值中得到利益,亦即全寿命周期的价值最大化,所以商业建筑在设计中并不追求成本最低,而追求性能最高、寿命最长,生命周期内的运行维护成本最低①。

（2）局部价值最大化和总体价值最大化。复合功能建筑中，底商部分的价值最大化会降低写字楼的档次和价值，如北京的万通广场，底层零售商业非常繁华，结果写字楼内的高端客户群纷纷外迁，租金下降。如果开发商根据不同功能空间的面积比例关系作出取舍，牺牲局部，提升另一部分的价值，就有可能实现总体价值最大化。有时候，开发公司和运营公司很难决定，如底商部分容易销售，销售单价高，为了回笼资金，开发商无法顾及太多，优先销售底商，整体价值最大化成为泡影。

（3）商业地产价值链的价值最大化，即每个价值链节点的价值汇总后的价值最大。商业建筑空间是每个参与者创造最大价值的物质基础，每个环节都会产生新价值，不是固定价值的平均分配。

专题：商场间隔转变成商铺，大幅提升价值

某城中心地带有一幢商业和办公为一体的综合楼，规划一到二层为商业，三到十八层为办公。该项目南临城市主干道，西临城市次干道。用地呈刀把形（见图5-6），建筑设计方案也基本呈刀把形状。在策划师介入前，一到二层除大堂外，是大跨度商业用房，没有间隔。三层以上是办公间。策划人员接手策划任务后，根据调查发现，综合楼方圆一公里的范围内高档写字楼有20多座，大商场有4家，但是，长时间内没有商铺物业可以对外销售。小面积商铺市场空间肯定很大。为此，就建筑方案提出如下修改建议：

（1）缩小大堂面积。原来大堂面积300平方米，缩小为200平方米。增加了100平方米的可销售面积。由于一层商铺售价几乎等于办公物业售价

---

① 参见第三章，生命周期与价值关系。

的2.5倍,这种改动的效益非常明显。

(2)除了大堂外,把两侧的商场分割成一到二层上下联体的商铺,每户有内楼梯上下。开间6.6米,进深15米。部分商铺开间9米(两个柱距),进深18米。

(3)在临主干道一侧,为第三层面向主干道留单独上下通道,目的是提升三层的商业价值。可以用作餐饮、茶社、酒吧等。

(4)每个商铺的功能事先定位清楚,要求购买者遵照执行。

(5)采取拍卖方式销售。主要原因是此类物业在该地段紧缺。

方案实施的结果是:

原来商场一层售价估计为20,000元/平方米,二层估计13,000元/平方米,办公物业售价为7,500元/平方米。采取新的分割和销售方法后,商

图5-6 建筑策划过程与价值提升

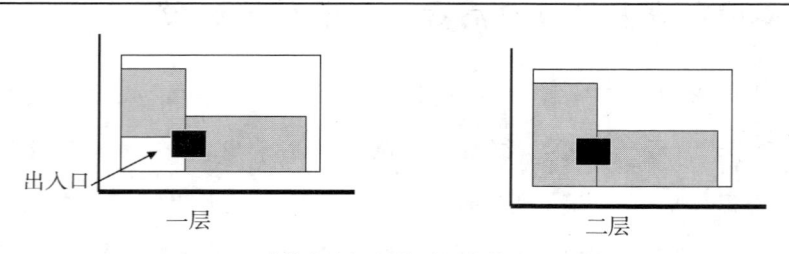

建筑方案调整前(黑方块为核心筒)

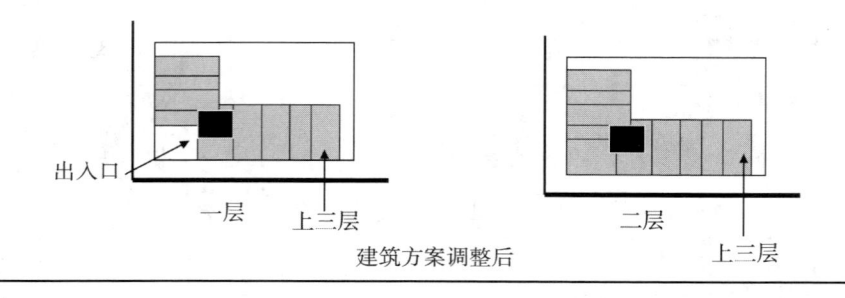

建筑方案调整后

铺平均售价达到20,000元/平方米，三层售价提高到11,000元/平方米。二层价格提升幅度达到54%，三层价格提升幅度达到47%。值得注意的是，不但整体功能得以优化，而且改造成本增加幅度有限。建筑策划的综合效益明显，初步估算净增值幅度为800万元。

建筑整体性设计

1. 建筑整体化设计

从建筑策划的角度看，建筑的整体性设计就是建筑和设计的完美结合，贯彻了全过程策划的思想。所谓建筑整体性设计（whole-building design）是指把建筑的所有组成部分作为一个整体来设计，它把建筑的所有亚系统和组件整合起来。现代商业建筑越来越复杂，技术含量越来越高，如果不采取系统化、整体化的设计方法，有可能产生系统性能冗余、相互掣肘。建筑物的设计、建造、使用和运行维护也是不可分割的组成部分，不能把建筑策划和建筑维护或者建筑设计分割开来。

2. 建筑整体性设计利益

建筑的整体性设计不仅把建筑结构和系统当做一个整体，而且还要检验系统工作的效率以节省能源，减轻对环境的影响。整体性设计把场址、能源、材料、室内空气质量、声环境、自然资源及其相互关系都考虑进来。建筑的整体性设计具有如下利益。

（1）减少能源消耗。商业建筑的能源消耗是非常大的，商场内人流攒动，灯火辉煌，散发的热量要通过空调系统排出，如果把电器散发的热量减少，同时加强建筑的保温性能，就可以节省大量的能源。

（2）降低维护和资本成本支出。能源节约本身就是成本节约。建筑性能优越，运行维护费用相应减少。

（3）减轻环境伤害。由于采取整体设计方法将降低能源消耗，所以减轻了对化石燃料的需求，降低了温室气体的排放，有利于保护环境。

（4）提高使用者的舒适度和健康。整体性设计可以满足使用者的个性化需求，例如，张三怕热，在其周围就可以创造较冷的环境，李四怕冷自己就可以营造适合自己的温度环境。

（5）提高雇员的工作效率。雇员的工作效率和商业获利能力是相关的。最新的研究显示，当建筑在设计时考虑自然采光、舒适的温度和安静的工作环境，那么雇员工作效率会得到提高。研究甚至显示，设计精良的建筑可以使工作效率提高20%。

（6）提升物业的整体价值，达到功能最优化。宜人的室内环境有助于为业主吸引到最合适的租客，增加潜在客户群体，形成物业价值链的良性循环。

建筑整体性设计目标请见下图：

图5-7 整体建筑设计目标

设计目标		
	可接近性	平等进入的机会、灵活性设计
	美观	尊重设计语言和要素、尊重整体性设计、理解设计程序、邀请专家进行设计
	成本效益	使用成本估计方法、使用经济估计方法、非货币化利益的量化
	功能/运营	符合功能要求、产品和系统整合、实现性能目标
	历史保护	成功执行保护程序、建筑系统更新、满足安全/保护需要、符合可达性要求
	工作效率	增进身心健康、创造舒适环境、满足工作的不断变化、整合技术工具、确保系统和空间的可靠性
	保安/安全	防火规划、保证使用者的健康和安全、抵抗自然灾害、保护使用者和资产的安全
	可持续性	发掘场所潜力、能源消耗最小化、保护和储蓄水源、使用环境友好产品、改善室内空气质量、优化系统运行和维护

商业建筑的全过程控制与监理

建筑从酝酿到建成交付使用及运行维护是一个复杂的系统工程,如何保持首尾一致,运行性能与设计性能一致是建筑业主关心的问题,导入建筑运行监理是重要的保障措施。建筑运行监理(commissioning)是一个连续不断的过程,目的是保证建筑系统得以正确设计、安装和调试,得以正常运行和维护,达到业主的建造目的。它从设计阶段开始介入,入住一年后结束。房屋竣工后使命即告结束。从建筑策划的角度看,建筑运行监理工程师的介入是非常必要的,他能使建筑策划前后连贯,保持一致,所见即所想。

建筑全过程监理方法兴起自20世纪60年代的美国国防和核工业部门,在过去的10年中,建筑运行监理获得了快速发展,最主要的客户是学校、大学医院、研究机构、工厂和政府。

1. 建筑全过程监理的内容

(1)参与建筑从概念设计到竣工交付的所有阶段,以检查和验证建筑系统是否达到了设计性能指标。

(2)按照说明书的要求和设计意图逐步推进,保证项目从静止状态启动直到满负荷运行。

(3)检验暖通空调系统的性能,保证它们在特殊情况下也能达到建筑物所需要的运行技术参数。

(4)检查技术参数、运行和维护手册和成型施工文件是否精确和完善。

(5)制订详细的维护预案,保证设备运行管理人员能够合理地制订和执行设备机电系统的维护计划。

(6)保证设备的使用人得到系统培训,使他们了解设备发挥功能的过程。

(7)培训设备运行管理人员,使其了解整个建筑系统的设计方法和运行维护方法。

(8)提交书面文件,记载监理成果和监理过程中发现的问题及其解决方案。

2. 全过程监理方法优点

(1)设备运行达到原始设计预计,并根据使用者的要求进行调整。

(2)在项目的早期发现问题从而降低成本。

(3)由于系统运行效率提高节约成本。

(4)建筑使用者工作绩效提高产生潜在的成本节约。

(5)项目的所有成员都能从监理中分享利益。

第四节　建筑策划和设计方案评价

策划和设计方案的经济评价

我们按照策划和设计的一套原则和方法制订的方案是否合理如何判断？从根本上要落实到经济效益、社会效益和环境效益的评价,其中前者是优先考虑的问题。下面我们通过简单的例子说明经济评价的步骤和方法。

某写字楼项目规划已经按照初步设计任务书提交建筑概念性设计方案,除了对方案的功能、布局进行评估外,通过经济技术论证优化功能比例结构尤为重要。如果经济效益不明显,就应调整功能比例结构。为此,我们应采取如下步骤进行系统评价。

1. 计算建筑方案的功能构成和空间参数

空间参数主要是指各功能空间的面积和层高,当层高超过一定高度时,一层的空间可以变更为两层,售价就要相应提高。按照初步设计图纸,计算写字楼的功能构成和空间参数。计算方法见表5-3：

表5-3　某项目功能空间和空间参数

功能空间	面积(平方米)	备注
办公部分	30,000	可售,3~20层
二层	3,000	
其中:商务中心	150	不可售
康乐中心	400	出租
高级餐馆	800	可售
多功能厅	400	出租
会议室	200	出租

续表

双层联体商业用房	1,050	可售
一层	3,000	
其中：门厅和大堂、电梯厅	500	分摊
咖啡和茶吧	400	销售
小商店	100	销售
外开门商铺	1,500	可售
银行	500	可售
地下一层	3,000	
其中：车库	1,500	可售
部分设备用房	500	可售（电信）
部分设备用房	1,000	不可售（配套）
地下二层	3,000	
其中：车库	1,500	出租（人防配套）
员工餐厅	500	出租
设备用房	1,000	配套
总计	46,000	

2. 分离可/不可销售部分

写字楼、商场和住宅一样，总有一部分功能空间是主功能空间的辅助空间，无法销售，是成本因素。在对建筑策划方案进行论证时，必须把可以销售和不可销售部分分离，才能真实地评价建筑策划方案的优劣。这一点与项目可行性论证时的匡算有所不同，在建筑设计方案阶段就不能囫囵吞枣，否则得不到有价值的结论。

例如，一层大堂、卫生间和走廊列为公摊面积，要分摊到整幢大楼，结果总有一部分面积售价是按写字间价格，而不能按一层商铺价格计算。某楼盘写字间价格是12,000元/平方米，底商价格达到30,000元/平方米，两者价格相差一倍多，其差额几乎就是开发纯利润。如果采取概算方法，就有可能忽视这个问题。

要根据建筑面积计算及分摊规则计算可售和不可售部分,在计算分摊系数的基础上按照政府的标准算法进行计算,为此有必要导入专业公司进行测算,测算的结果记录在案,我们将得到每个建筑策划方案所对应的功能和规模参数。

3. 估计成本和销售价格

成本估计一般由造价工程师计算,在建筑策划阶段,多采取比较法,也就是选择比较相似的项目进行估计,两个项目的相似性越大,成本估计越准确,即使有差别,可以进行调整。销售价格估计比较复杂。为了保证价格估计的准确性,除采取比较法外,还有采取收益还原法,多方面交叉估计(见第四章价格定位部分)。由于我们对建筑策划方案进行评价,故价格估计应该细致到每个功能空间、每个楼层。只有这样才能显现不同方案之间的价值差别。

4. 按照投入产出方法计算方案成本和收入,计算利润

为了真实准确地得到结果,建议采用房地产投资分析功能软件,快速便捷。据了解,每个城市都有类似的功能软件,基本参数也是现在的,只要把项目参数录入,就能得到结果。

5. 收益比较和方案优化

比较每个方案的经济收益,寻找造成差别的原因,并加以优化。选择最理想的结果所对应的方案,然后评价方案的可实现性。注意,片面地变动一个参数不会得到理想的结果,例如把底层商业用房的面积尽量扩大而其他参数不变,当然得到面积最大的方案对应价值最高方案,实际上这是不可能的,底层商业面积过分扩大会降低写字楼的档次,导致写字楼售价降低。

所以，建筑策划方案的参数是相互关联的，牵一发而动全身。利用模型对方案进行优化时，一定注意参数变化的相关性。这也就是建筑整体性设计价值所在。

建筑策划方案的"路演"评价方法

建筑策划方案路演就是把建筑策划方案展示给目标客户群，观察他们的反应。展示的方案包括设计方案、价格策略、资源整合方案等。路演一般适合于业主或者营销策划公司对建筑方案没有把握的情况下，通过亮相探测市场反应，根据信息反馈对方案优化调整。实际上，在房地产营销过程中，路演已经成为非常成熟的操作模式。例如，内部认购就是很好的路演措施，后来发展到摇号选房，都是在试探市场的反应。该方法具有如下优点：

(1) 成本低，易操作。只要有一定的客户群，把他们召集起来，在系统地介绍方案后征求意见，填写调查表即可。

(2) 得到直接反馈。建筑策划方案是专家根据科学推理和经验判断制订的，但由于市场千变万化，策划专家也不敢大胆地说方案已经达到最好。丑媳妇总要见公婆，我们把方案展示给潜在客户，让他们品头论足、评价结论具有非常大的参考意义。

(3) 固定客户群。通过路演，让市场知晓项目的有关信息，增加了解，可以吸引关注的目光，有可能把部分犹豫型、观望型客户争取过来。

(4) 降低市场风险。通过路演，发现建筑设计存在的致命弱点，修改瑕疵。如果包含价格策略的话，还可以探讨销售起价和平均价，有助于企业合理定价。

(5) 路演还能汇集各方面智慧，避免走弯路。路演还包括对专家学者的方案解释，对政府主管部门的方案沟通等内容，让其从不同角度对方案提出要求，作为方案调整依据。

路演的建筑方案评价一般遵循如下步骤：

（1）调查结果获得。路演就是把建筑策划方案向有限的客户群全面展示和说明。路演的成果一般表现为"项目调查表"，就是让每个与会人员填写调查表，这些表格含有我们期望获得的结果，也就是市场的真实信息，期望结果并不是误导，而是我们把尚不掌握、没有把握的问题提交给市场寻找答案，所以调查表的设计与路演内容保持一致。

（2）调查结果处理。按照市场调查统计技术分析调查结果，频数分析和交差分析非常有效。

（3）专家集体会诊。有时，市场的反应并不是开发单位所期望的，毕竟双方的利益是矛盾对立的，例如商铺的真实需求者会在填写调查表时刻意压低价格，不愿购买的会随意填写，如果我们根据此类信号决策，难免丧失部分价值。对复杂的市场信息，仅凭部分专家的判断难免有失偏颇。专家集体会诊有利于综合分析，发现信息背后的真实动机。

（4）根据调查分析结果评价建筑策划方案的合理性，对不合理的部分进行调整。

济南恒隆广场建筑功能组合与商业布局

2011年8月26日，位于济南核心商圈泉城路商业街区的恒隆广场开门营业，开启了济南商业发展的新纪元。恒隆广场是济南核心区的地标性建筑，与另一地标性建筑"泉城广场"隔护城河相望，新建的过街天桥又把两者紧密地联系在一起。

恒隆广场规划建设用地面积约5.235公顷，建筑密度58%，绿地率可达14%，长约780米、宽约230米。地下两层、地上七层。北至泉城路，南到黑虎泉西路，东邻天地置业，西接榜棚街。其中，商业面积17万平方米，是集百货商店、超级市场、专卖店、娱乐场所、电影院、酒店、商务办公、餐饮等为一体的超级商业航母。这是恒隆地产继2010年6月沈阳的皇城恒隆广场开幕后的另一个新项目，也实现了集团在未来数年，每年均有一个世界级商业物业项目在内地不同城市落成启用的目标。

图 5-8　济南恒隆广场的中观和微观商业环境

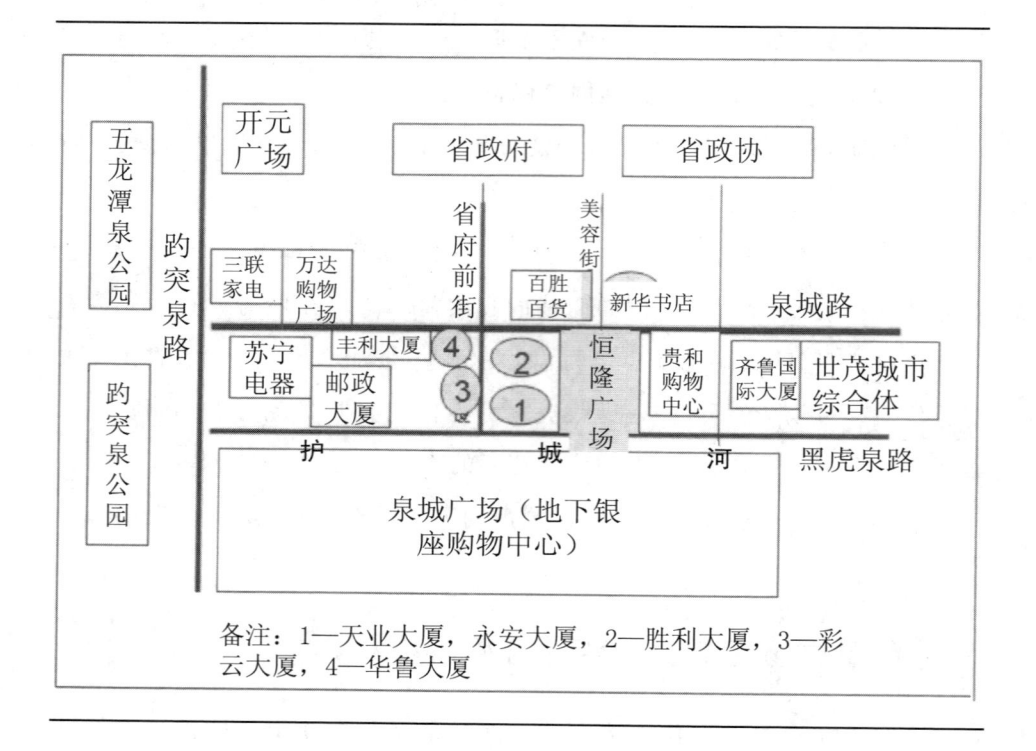

```
五龙潭泉公园    开元广场       省政府        省政协
             趵突泉路
             三联  万达   省府  美容街
             家电  购物  前街
                 广场         百胜  新华书店    泉城路
趵突泉公园       苏宁  丰利大厦  ④  ②  百货  恒 贵和  齐鲁国  世茂城市
             电器  邮政       ③  ①     隆 购物  际大厦  综合体
                 大厦              广 中心
                                 场
             护     城        河              黑虎泉路
             泉城广场（地下银座购物中心）
```

备注：1—天业大厦，永安大厦，2—胜利大厦，3—彩云大厦，4—华鲁大厦

恒隆广场位处济南市中心被誉为"金街"的泉城路，这里是明代以来的政治、文化及商业核心地带，人流畅旺。上述已进驻商户过半数为国际时尚品牌，包括首次进入济南的著名品牌 Bang&Olufsen、Coach（蔻驰）、Escada（爱斯卡达）、Furla（芙拉）、IWC（万国表）、Muji（无印良品）、UNIQLO（优衣库）和 VersaceJeans（范思哲牛仔）等。除了时尚服饰外，恒隆广场还汇聚了戏院、高级超市和多家优质食府，集优质餐饮、购物、休闲和娱乐于一体（详见附图，恒隆广场商家落户图 1-7）。

结合本章关于建筑策划的论述，我们认为，有如下问题值得关注：

第一,商业空间的社会性、时尚型、财富性、地标性等充分体现出来,成为城市的脸面和象征、成为市民交往的舞台和城市大客厅。例如,恒隆广场在同类商场中,也排在全国前几名。济南万达广场也是第三代城市综合体排在前几名的大型物业,两者迅速把济南的商业水平提升到一个新台阶。这提示我们,对商业物业的认识必须站在高端,有个全方位的理解。

第二,商业物业定位有独特之处,恒隆广场从建筑空间、装修、商品陈列、品牌选择等诸方面,定位为济南商业金字塔的顶端、食物链的最上层,引进大量的国际一线品牌装点门面,使其成为市民观察外部世界的窗口,从而带来川流不息的客源。

第三,商业建筑的可接近性设计始终是商业价值提升的关键。恒隆广场在这方面采取了多向举措:(1)建设跨护城河天桥,将泉城广场和恒隆广场连接起来,过街天桥设上下扶梯和步行梯,实现人流的快速通行;(2)建设大型地下停车场,约计 10 万平方米的附属设施和停车场,使得购物人流愿意到拥挤狭窄的泉城路商业街购物(其北侧的泉城路和南侧的黑虎泉西路都是单行线,进出极为不便);(3)该商业物业与四周的交通联系便捷,与泉城路、泉城广场、榜棚街等零障碍连接,是可接近性设计原则的生动表达;(4)建筑内部的可接近性则通过"扶梯"、"直梯"的密集、恰当配置实现。扶梯中配置有"跨层扶梯",可由一层大堂直上三层,与单层扶梯结合使用,大大提高了商业物业的价值;(5)可接近性的另一表现视觉可接近性,突出表现是"中庭空间"、"共享空间"无处不在,视觉空间感极强,商铺、商品一览无余。由此,顾客和商家之间的信息不对称大大降低。

第四,室内商业步行街的广泛使用和规范布局不仅提升了商业价值,还提升了商业空间的附加价值,例如休闲、观光、社交等。顾客在享受附加功能的同时,也会产生购物、餐饮消费需求,有助于增加营业成效。实践证明,商业空间提供的功能越多,商业价值越高,"一站式消费"比"一站式购物"概念更为理想,就在于它拓展了商业空间的功能。

第五，从本购物中心的商家组合看，招商也是相当成功的。其突出特点是，通过国际奢饰品、名牌商品的引入，树立了它在市民心目中的超高端形象。由于单位商品价值最高，利润丰厚，在共享空间宽大的情况下，单位面积租金收益也会较高。当然，前期为吸引高端品牌进驻，租金水平较低，可随着时间推移，将逐步向市场租金靠拢。

附图1 恒隆广场一层商家落户图

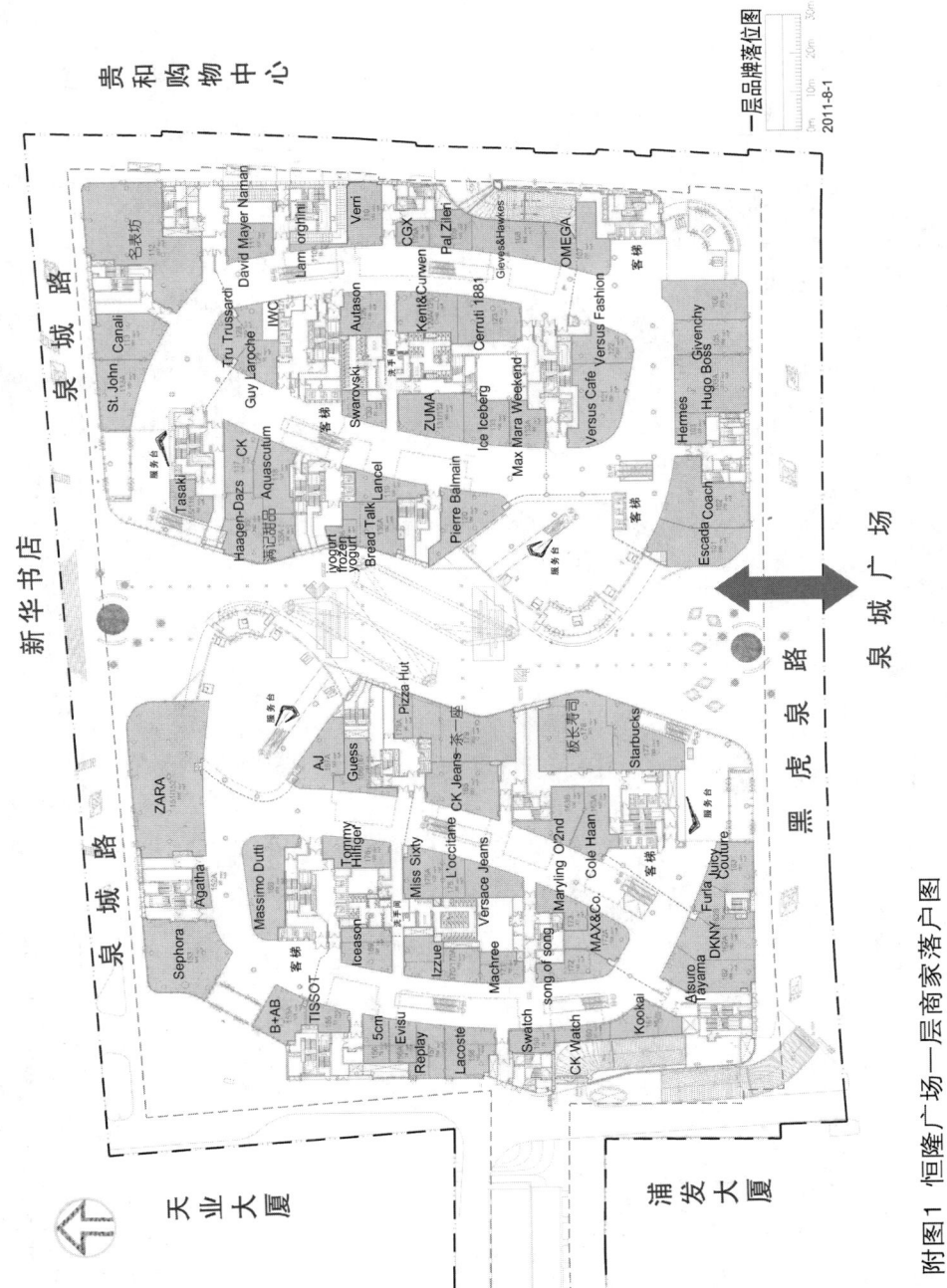

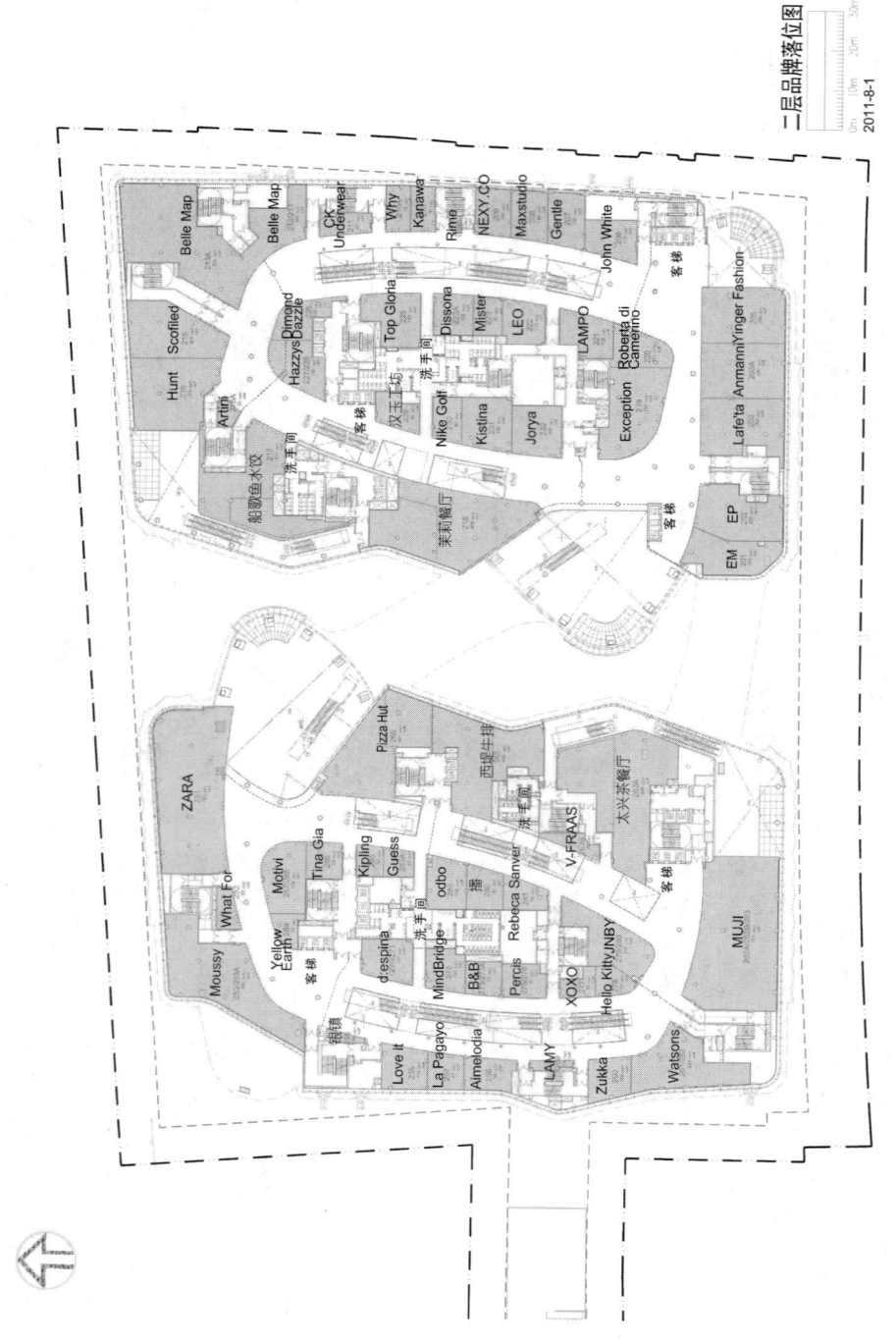

附图2 恒隆广场二层商家落户图

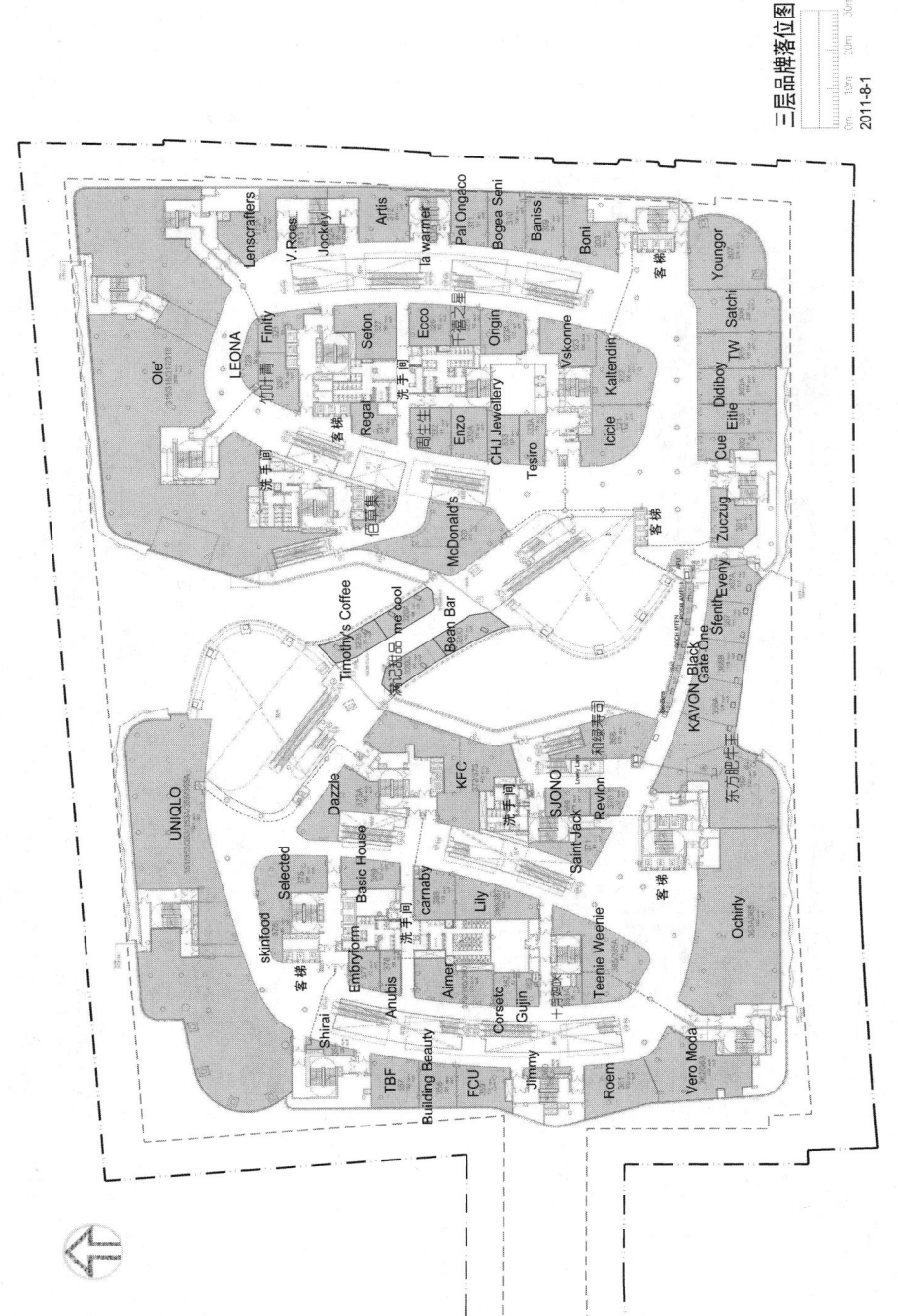

附图3 恒隆广场三层商家落户图

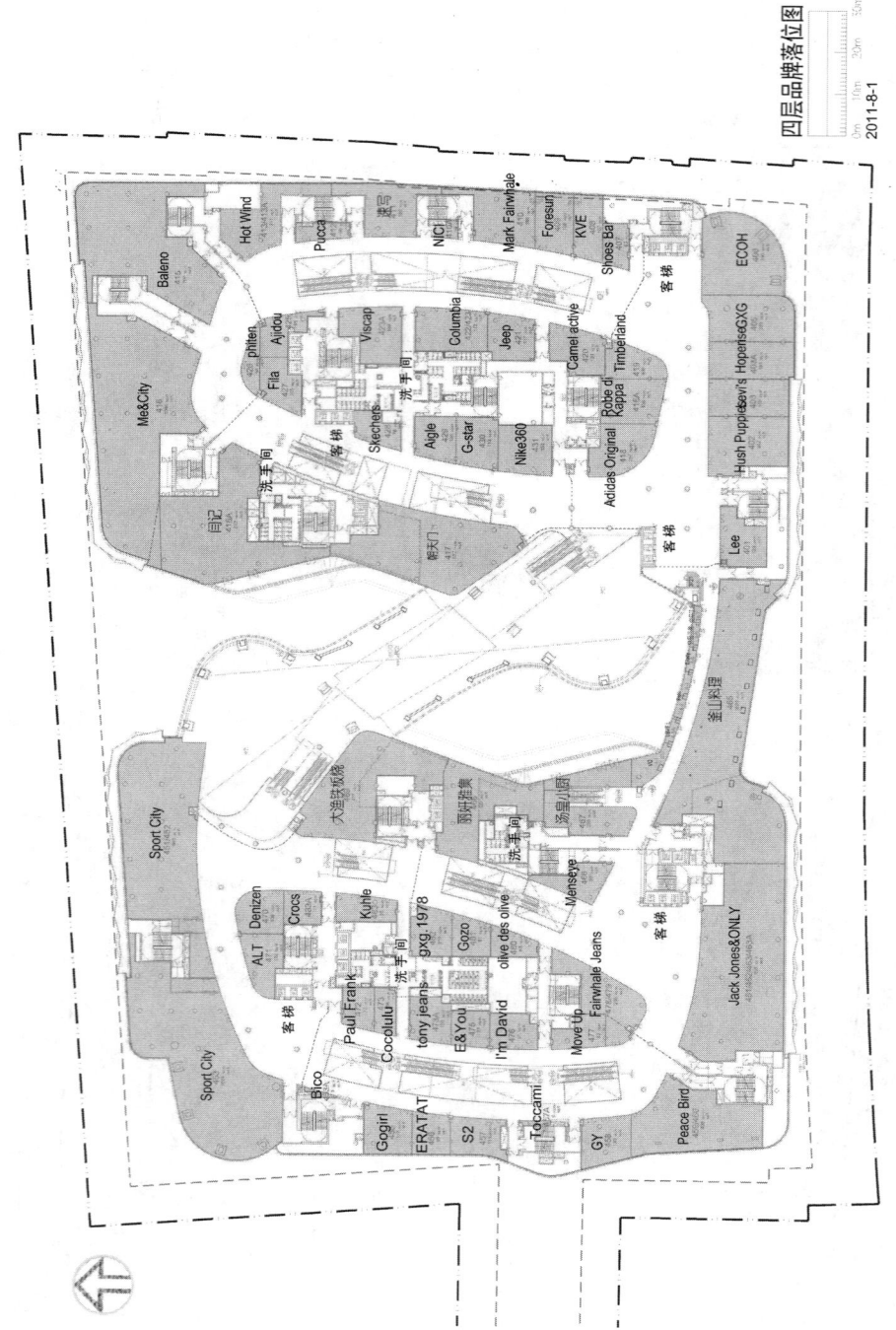

附图4 恒隆广场四层商家落户图

第五章 商业建筑空间策划

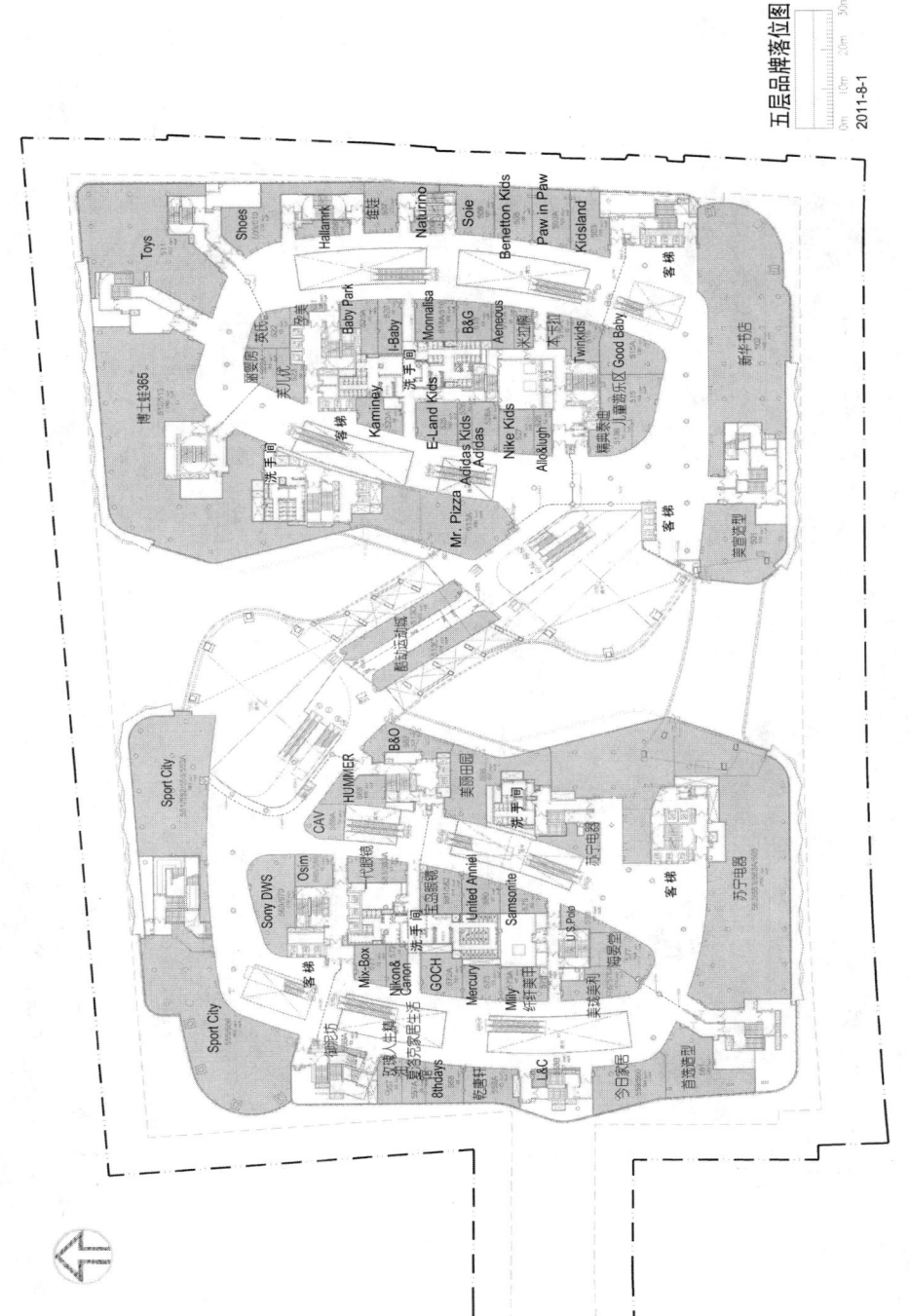

附图5 恒隆广场五层商家落户图

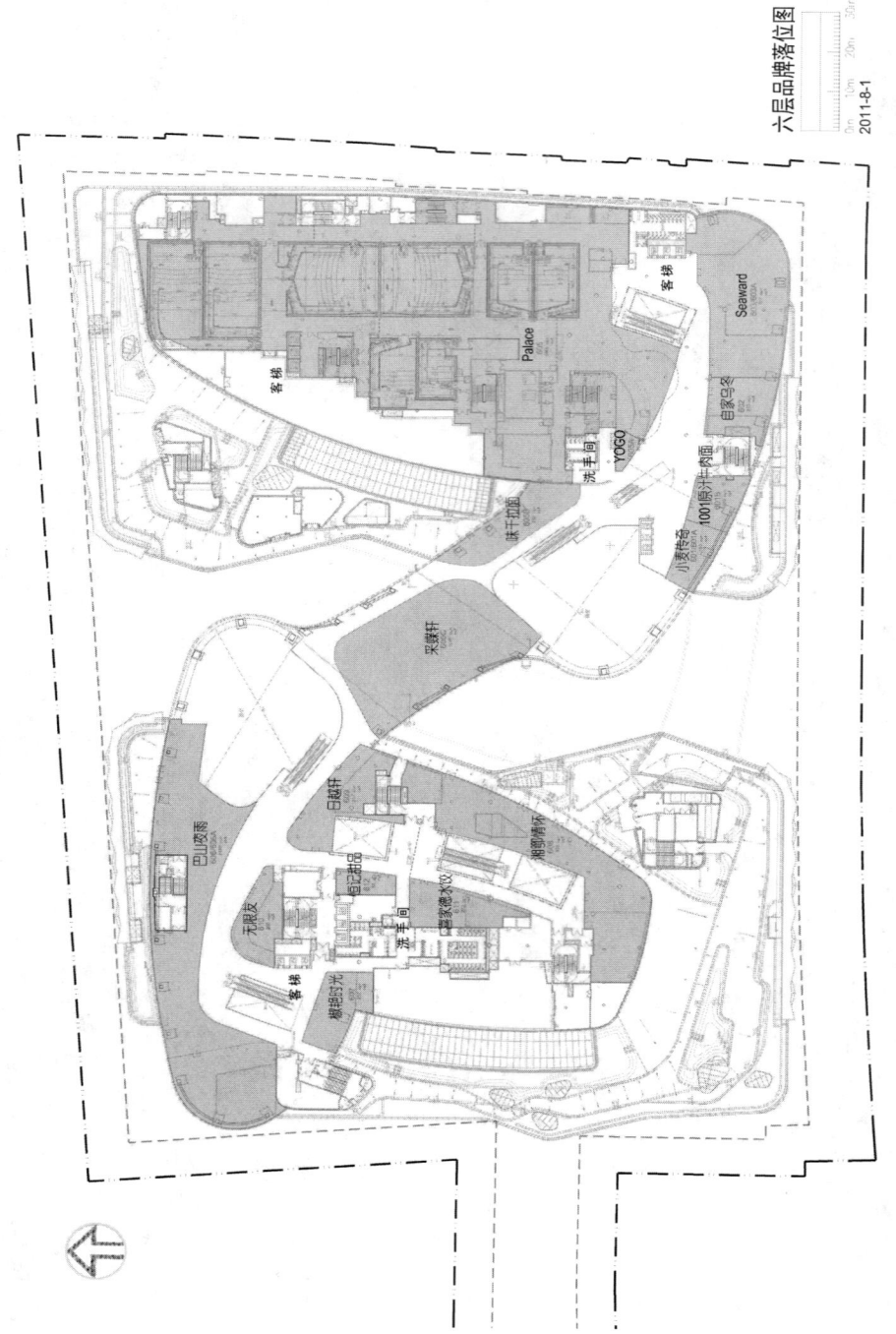

附图6 恒隆广场六层商家落户图

附图7 恒隆广场七层商家落户图

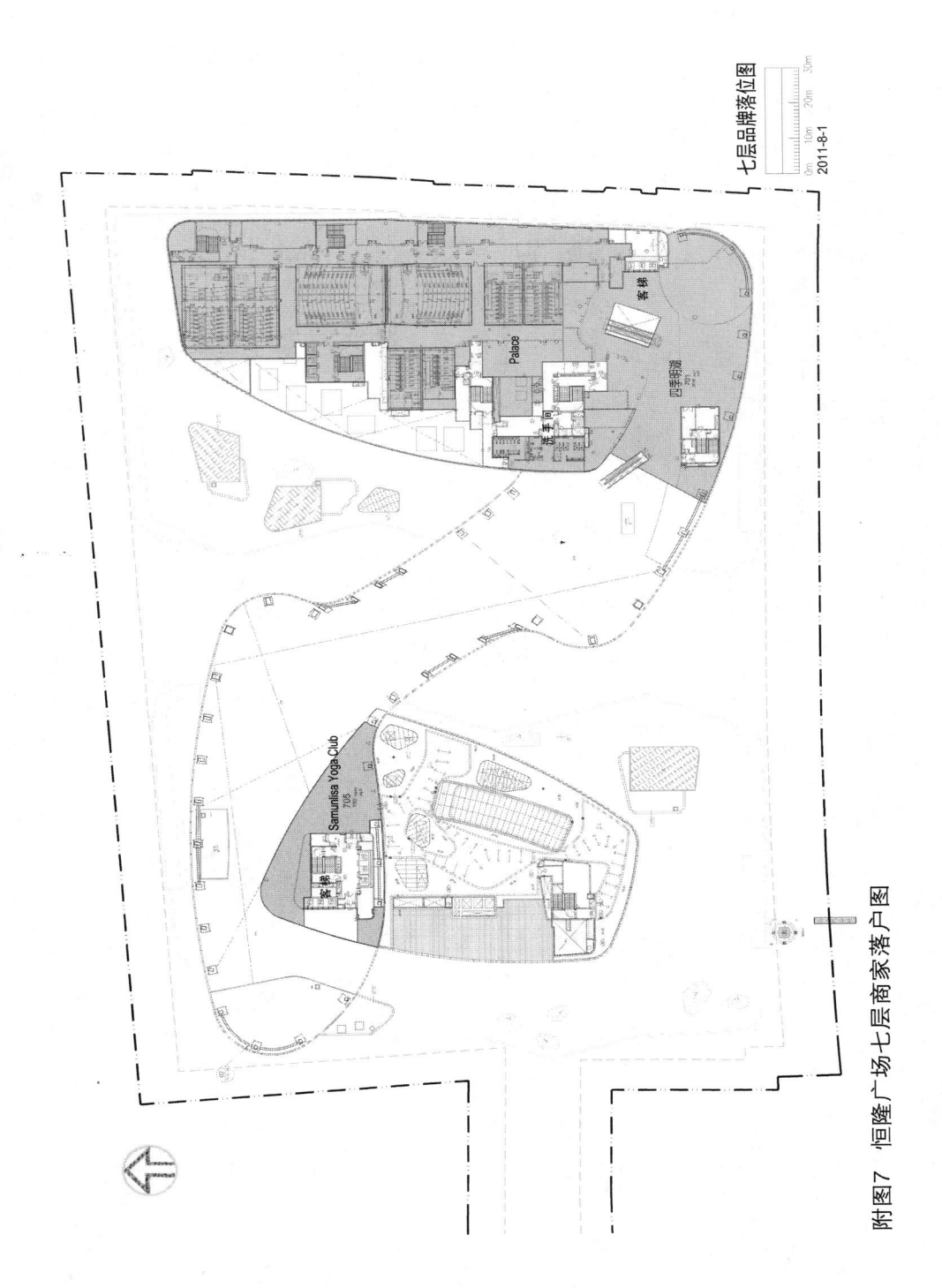

第六章 商业地产的招商与推广

第一节 商业地产招商

商业地产招商释义

现代商业房产运营的核心是把经营单位和消费形态整合到统一的经营主题和信息平台上。统一运营包含四个方面：统一招商管理、统一营销、统一服务监督和统一物业管理。这其中"统一招商管理"又是后面三个统一工作的基础和起源。凡是招引商家前来投资、合作、购买物业、租赁物业经营的商业推广行为都是招商，但主要指招引商家进场从事商业经营的行为。所以我们认为商业地产招商具有如下特点：

1. 为解决关键问题、创造价值而招商

如果开发企业手中有项目但缺乏资金，即可采取招商方法吸引投资伙伴；握有物业，但没有经营者，可通过招商加以吸引；如果物业规模庞大，可以提前招商，与大客户谈判，获得客户的入主承诺后再动工建设。也就是

说,招商不仅仅是找租赁客户,在开发建设的多个环节都可以招商,但通常所谓的招商就是吸引大商业经营者进场经营。

2. 招商需要系统策划,统筹安排

招商一般发生在项目运作之前,招商者应就需要什么样的合作伙伴、给予对方什么利益、如何才能实现价值最大化等问题系统谋划,拿出一整套方案,形成招商计划书,使被招商人遵从己愿。

3. 大型商业物业的招商难度大,耗时长

商业地产项目建设期长,在不能掌握项目业态演化方向的前提下,目标主力店群不容易与开发商结成合作联盟,中小店群因装修进度不同进场经营时间相差较大。从业态组合确定开始至项目全面营业,它可分为主力店和中小店两个招商阶段。主力店的招商集中在项目业态组合之后,规划之前,最好在建筑设计开始时就已经完成招商工作,物业的规划和设计完全按照主力店的要求设计和建设。而中小店的招商则分散于整个项目的建设期间,导致招商时间拉长。

4. 招商技术要求高

例如商业街和商业中心招商需要招商人员具备丰富的零售服务知识,熟悉商品或服务的类别及特点,具备较强的招商技巧、谈判能力和较强业务评估能力。再如商业地产开发商和酒店连锁品牌管理公司洽谈合作则要求业务人员具备酒店管理知识,了解酒店行业的经营法则和惯例。

商业地产招商的基础——销售和租赁

1. 物业产权结构

产权结构是指物业的所有人构成及其权益构成。我们按产权人的多少把物业分为单一所有人物业、多产权人物业和社会化物业（又可称混合产权物业）。混合产权结构是通过产权转让——开发商销售给购买人实现的，销售合同对买卖双方的权利义务关系有着清晰的界定，国家法律也认可并保护其合法权益。

由于产权和使用权可以分离，从产权人手中获得使用权的途径是租赁，使用权转让后的物业使用人结构更为复杂，但所有人必须遵守物业管理规定和租赁合同。

从物业产权的原始取得阶段起，产权结构就处在不断的变化过程中，一般地是趋向分散，个别的也趋于集中。开发商把物业分割销售给不同的产权人会导致产权分散化，而把物业从众多投资人手中回购则是集中化发展（表6-1）。

表6-1 物业类型与产权结构和促销途径

物业类型	所有权结构	实现途径	备注
独立商铺、商业街	单一所有权	销售、自建	商业街由独立店铺构成
大型商场、写字楼	单一所有、混合所有	持有、整售、分割出售	开发商一般采取销售办法，商业经营企业则独家持有
批发市场	混合所有	分割出售	
酒店、宾馆	混合或单一	持有或者销售	产权酒店、公寓式酒店为混合方式

2. 物业销售与租赁组合

从经济收益上看，销售、租赁可以相互转化。物业既可以采取一次性交清房款的方式，也可以采取长期租赁，到期直接转让产权的方式，销售和租赁的交叉运用,能加快物业的推广进程。如下是我国商业地产营销实践中常用的销售和租赁组合方法。

(1)售后包租(返租):就是投资人购买物业后,由出卖人租赁物业,租金按照事先约定的标准支付给购买人。当租赁人为第三人时,转变为售后包租。现在市场上所谓的产权式商场、产权式酒店就是这种推广模式的概念化。

(2)租赁转销售:就是说租赁人在出卖人规定的租赁条件下长期租赁物业,租期超过一定时间的,物业产权可以无条件地转让给租赁人。目的是稳定租赁客户,特别是有市场号召力的客户。有时这种方法也被用来推销劣质物业。

(3)售后回购:是指开发商或者投资者在销售物业后一定的时间内把物业交给购买人使用或者租赁,规定的时间期满,出卖人再按合同约定的价格回购物业。物业购买人获得可观的投资回报,而出卖人则解决了物业发展资金不足的问题。该方法与现在的《商品房销售管理办法》虽然不冲突,但如果想解决资金问题则行不通,因为按照现行销售规定,具备销售条件时开发商就不缺资金,不具备销售条件时,则不能销售。

目前已经有部分开发商把已经分割出售的商业铺位回购,因为他们发现由于定位不准确的原因,招商工作难度非常大,已经卖给投资者的物业迟迟无人进场经营,开发商蒙受巨大的经济损失。当开发商的资金约束解除后,及时回购是减轻经济损失的唯一途径。

3. 物业租赁及关键条款

一般地,物业租约的主要任务有两个:确定租金数量、支付方式和租金变化幅度;在租赁双方分配风险。

(1)租约期限。在价值链分析部分我们已经指出,由于出租人要把周转成本和空置因素计算在内。租赁时间长短与租金水平有直接关系,租赁时间长的，单位租金就低；租赁时间短的，单位租金就高。

（2）租金是否包含费用。在租赁实践中，租金标准存在很大差异，例如有的项目租金按照套内建筑面积计算，有的按照整体建筑面积计算。有的租金包含物业管理费；水费和电费，有的物业管理费另计。不同的计算基数存在很大的差别。

（3）租金调整政策：在租期较长时，为了真实客观地反映物业的价值和通货膨胀率因素，租约一般规定一定时段内租金保持不变，但超过该时段，租金就上涨一定的幅度。例如以一年为一个时段，在一年内租金保持不变，超过一年，租金上涨5%，新租期内按照上涨后的租金标准计算。

（4）计价方式：我国的租赁实践中租金计算方式主要是按建筑面积每天租金进行计算，有的项目或者地方采取按套或套内面积计价；租赁者缴纳的租金包含的内容也不相同，例如写字楼租金通常包括空调费用和采暖费用，有的甚至包括物业管理费用。

4. 租赁推广关系

不同类型的物业租赁采取的租赁推广方式不同（表6-2）。例如，处在稳定期的成熟写字楼，老客户迁出，新租户进来，形象和口碑就是最好的宣传机器。而入住期的写字楼出租率低，急需提高，产权人除降低租金吸引客户外，更要采取广告手段把物业的核心竞争力和供应信息广泛传播。

表6-2 租赁、推广力度与项目发展阶段关系

	项目前期	项目中期	项目后期	交付期	成熟期
租赁	无	准备	具备开始条件	签订租约	稳定、周转
推广	招商、确定主力客户	招商推广，确定大客户	租赁推广	优惠活动 建立网络	租金提高，无大规模推广活动

招商应遵循的价值原则

1. 组合价值原则——联合购买行为和购物中心业态组合

经典零售商业竞争理论把一个个独立的店铺作为研究的对象分析其市场行为,得到竞争均衡模型。每个店铺都有自己的势力范围,在空间分布上具有分散发展的特性。但是随着现代购物中心、一体化商业街的兴起和发展,人们发现关联商品和服务场所有聚集的态势,这种聚集有利于购买者——降低出行费用、节约出行时间和提高购买成功概率。为解释这一新的商业聚集形态,新古典主义零售商业理论诞生了,该理论的核心主张如下。

(1)联合购买行为。在经典理论中,每种商品的消费都有自己的购买旅行集,也就是说消费者每次出行只购买一种商品。但是,购买实践却是人们的每次出行购买的商品不止一个,可以同时购买很多产品,当这些商品在一个地方同时销售时,消费者的购买时间和购买成本就可以大大降低,同时可以避免买不到称心如意商品的风险。我们把一次出行同时购买多种商品的行为称为联合购买旅行。例如,消费者到大型购物中心要购买洗衣粉,他同时还可能购买袜子、给女儿购买文具,甚至看到商品后才产生购买欲望。

(2)相互依赖的商品需求。在对多种商品的购买旅行中,对某产品的需求并不仅依赖于价格策略。购物中心内单个零售店往往发现其销售量还会随着该中心作为一个整体的吸引力而发生变化。购物中心的吸引力用某特定消费者从某一商店购买某样东西的概率表示:一是消费者到该购物中心的概率,由该中心的全部商店的集合行为和该中心的所有者或者经营者的行为决定;二是该中心商店的联合价格策略也会影响消费者的选择概率。例如,我们时常发现购物中心内部分商品价格特别便宜,甚至低于成本价,其目的就是吸引消费者到购物中心购物,引发联合购买行为。

(3)零售商业组合和购物中心租约结构。因购物中心的商店组合决定其中任何一个商店的经营业绩，所以所有者和经营管理者应该非常关心商店的组合结构。商店的组合结构包括商店规模组合（不同规模的店铺的结构）、业态组合（专卖店、超市、百货店等组成结构）、经营内容组合（不同产品线结构）等等。购物中心的经营管理者应采取措施不断调整商店组合，以使购物中心内商店经营的整体利益最大化。控制和调整商店组合的措施是利用"歧视性租金"引进或者排斥商业经营者。例如，对于中心急于引进的商业经营者采取低租金策略，而对于中心不想引进的商业经营者或者想更换的商业经营者采取高租金策略，充分发挥租金杠杆的作用。例如对于中心的主力店、具有品牌号召力的店铺，经营者会给予最优惠的租金和租赁条件。相反，小型商店的业务在很大程度上依靠吸引那些由于主力商店的名声而来的购物人流，通常被收取高租金。

在购物中心内，租金通常不按固定标准征收，而按经营者营业额的一定比例收取，对租赁双方都有激励作用。当然经营业绩连续不佳的商户会被赶出卖场。

2. 主力店与商业经营者品牌价值

一般地，招商工作最难的就是与主力店商业经营者谈判，协商如何进入购物中心以及进入的条件。主力店一般是品牌店，具有社会影响力和号召力，它的进入实际上是对商业环境的认可，投了赞成票，对商业物业的投资人和开发商来说具有很大的推广价值。例如大连购物中心、购物广场之所以取得成功，其中一个重要原因就是和品牌商业经营者的战略合作，优先确定品牌商业经营者，借势宣传。而且一旦品牌商业经营者确定，招商主题和商业形象定位都清晰化。

品牌意味着价值。在购物中心内，品牌的价值不仅仅是为品牌商业经营者自己所独有，而且为其他商业经营者创造价值，也就是有良好的外延性或者称外部经济性，其他中小商业经营者属于借势型商铺，依赖主力店而生存。所以主力店的贡献最大,理应获得租金和租赁条件的优惠,而小商业经营者属于借势型,理应承担较高的租金。所以在招商活动中开发商和经营者要正确认识商业经营者的品牌价值,系统测算品牌商业经营者带来的经济价值,作为与品牌商业经营者谈判的依据。

品牌商业经营者的价值主要表现在:提升物业市场形象,提高物业销售价格;加快招商进度,提高出租率和单位面积租金;强化商业氛围,带动整个购物中心的销售。所以物业所有者不能单纯地认为给品牌商业经营者的优惠太大了,这部分的优惠完全可以通过售价提高、租金提高和出租率提高、价值实现等方面得以弥补,所以招商工作要着眼于全局,着眼于整体利益最大化。

当然,我们必须认识到,品牌商业经营者进入中心的目的不是为了获得物业所有者的租金让步,而是靠持续经营获得收益。所以在与品牌商业经营者的谈判过程中,物业所有者对物业的特性分析得越透彻,对价值的认识越深刻,就越能把握商业经营者的脉搏。例如,如果认识到物业位置和环境最适合品牌商业经营者的发展,即使不给予租赁优惠,商业经营者也会进场经营,那么我们就赢得谈判的主导权,而不无根据地让步。

大型商业物业内不止一个品牌商业经营者,更多的情况是多品牌共存,品牌越多,就越是提升项目档次、稳定市场、吸引其他商户。当然在招商过程中要分清主次和轻重加以区别对待。

3. 物业所有者和商业经营者合作共赢价值原则

物业所有者(包括开发商)和商业经营者应该建立在对彼此价值的认同,对品牌的认同,对带来的潜在收益的认同的基础上实现共赢。共赢才能实现物业经营的可持续发展、价值的可持续性实现。否则对双方都会造成巨大的损失。例如开发商认为租金低拒绝继续与品牌商家合作,那么其他商业经营者的利益就会受损。

4. 先招商后建设原则

大连万达集团的经验是先招商后建设,认为这样才能实现物业价值的最大化。房地产开发企业的思维模式是先做规划设计,建筑方案美观漂亮,就付诸实施,工程进展一半甚至建成再招商。这时开发商与商家谈判就处于十分不利的地位,"人为刀俎,我为鱼肉",开发商处于弱势。例如,商家说层高不够,有效使用率下降;楼板荷载不足,无法使用等等,如果非请他们来,就得委屈降价。所以,大型商业物业一定要先招商,后建设。招商在前另一个明显优点是节省投资。据透露,大连万达购物中心完全成本(不计精装)平均每平方米3,000元左右,低廉的主要原因就是设计阶段与进驻各店有效对接,大堂、电梯、卸货区的位置都是反复计算好的,所有面积都能产生租金。

5. 持续招商原则

在商业物业价值分析中,我们发现在起步阶段商业价值还不能100%得到实现,新商家进来,老商家撤出,处在动态平衡之中。在动态平衡中,优胜劣汰,商业经营群落不断得到优化,整个物业定位处在动态变化之中,为市场接受认可,逐步确立自己在市场中的位置。全国的购物中心在开业前的2~3年内90%经营效果不好,矛盾众多,通过实践找到自己的位置后才逐渐兴隆起来。所以,不要指望招商一劳永逸,要坚持持续经营的理念,持续招商,寻求价值最大化方案。

招商对象定位和选择

1. 招商对象定位方法

招商定位和商业地产的客户定位稍有不同,招商面对的客户全部是经营者,即使购买物业也会自营。商业房地产项目可以根据各地区消费水平、

消费结构、消费能力和商业房地产项目的经营规模进行经营定位的确定,基本上可以从以下几个方面考虑:

(1)根据项目的功能定位确定经营业态,进行业态定位。例如大型购物中心通常是集购物、休闲、娱乐、文化、饮食等多功能服务于一体,是混合业态物业;再如,如果物业处在社区中心,应考虑社区购物中心或者便利店。

(2)确立经营目标市场,例如确定市场范围或者商圈针对商圈中的哪类人群,该人群有何共性特征,需求偏好是什么。

(3)确定经营主题特色。设计符合目标人群的经营主题,例如适合青年人的酒吧一条街;适合大众客层的以服装批发兼零售的大型服装市场。

(4)确定业种和经营品种组合,合理搭配吃、穿、用、玩、乐、赏、游等功能,使之成为一个完整的生态群落。

微观经营主体选择还要考虑零售业固有的特征,例如:

(1)经营组织形式,如确定采取连锁经营、合作经营还是特许经营方式。

(2)确定采取什么样的销售方式(自助服务、自选商店还是百货商店)。

(3)确定经营规模和经营范围。如食品还是非食品、日用品还是耐用品、比较购物还是方便购物。

(4)确定经营商品档次和商品本身特点。例如,是高价和流行商品,还是低价冲动购买商品。

招商对象定位捷径是把物业所处的地理位置、空间环境与各个城市的商业网点规划委员会、商业委员会等机构制定的商业物业发展规划进行比对,根据比较结果进行系统性定位。例如,上海的房地产开发商可采用商业零售业业态规范(表6-3),根据项目的立地条件和环境确定项目适合发展何种类型的业态。例如,项目是大型居住区的底商,应重点考虑便利店和超市为定位目标,再进一步确定商场的商品结构和经营方式、确定商店的营业时间。

表 6-3　上海市九种零售业态基本条件一览表(选摘)

业态	基本条件						
	选址	商圈、目标顾客	规模	商品(经营)结构	经营方式	服务功能	商业信息自动化
超市	地区中心、居住区	经营服务辐射半径0.5公里,目标顾客以居民为主	营业面积500平方米以上	以销售食品、生鲜食品、日用品为主	采取自选方式,出入口分设	营业时间12小时以上	程度较高
便利店	地区中心、居住区、交通要道以及车站、医院、学校、娱乐场所、办公楼等公共活动区	目标顾客以居民、单身、年轻人为主	营业面积在100平方米左右	以销售食品、小百货为主,有即时消费性、小容量、应急性等特点	以开架自选为主,统一收银	营业时间16小时以上,提供即时性食品的辅助设施,开设多项商品性服务项目	程度较高
大型综合超市	城郊结合部、交通要道和符合城市规划的大型居住区附近	经营服务辐射半径3公里以上,目标顾客以居民、流动顾客为主	营业面积在5,000平方米以上	大众化衣、食、用品齐全,满足一次性购全,注重本企业品牌开发	采取自选销售方式,出入口分设,统一收银	设不低于营业面积50%的停车场	程度较高

2. 招商对象资格判断

微观主体定位与商业经营者的实际对接是招商工作的核心环节。有的开发商往往陷于主观臆断,认为应该有什么样的企业进场经营,主观地把招商对象锁定在这些企业身上,结果往往碰得灰头灰脸,不得不重新定位,二次招商,浪费了时机。实际上,目标企业是强势谈判对象,在品牌积累过程中形成了自己一套独特的经营模式和物业评判方法,在各地的扩展受到企业发展战略、年度计划、区域竞争的影响,对进驻环境有严格要求,想招引它们进场经营非常困难。因此,我们建议开发商多做调研,把目标企业的条件摸清楚。如果自己的"兵棋推演"结果不适合某类商业经营者,就完全没有必要耗费精力与他们谈判。

目前国内知名商业经营企业（如沃尔玛、家乐福、华联、万佳、星巴克、肯德基、麦当劳）都有自己的选址和经营规范，同时有自己的市场拓展规划。例如，家乐福大卖场在选址上要求非常严格。Carrefour 的法文意思就是"十字路口"，其选址的标准是：首先交通方便（私家车、公交车、地铁、轻轨）；两条马路交叉口，其一为主干道，确保足够的市场区域和市场容量。其次处在人口集中区域，辐射商圈内人口密度大。第三，停车位配备充足，例如在北京每个卖场至少需要 600 多个车位。家乐福对建筑物的要求更为严格，首先它要求建筑占地面积 15,000 平米以上（合 22.5 亩），最多不超过两层，总建筑面积 20,000～40,000 平方米，转租租户由家乐福负责管理，建筑物长宽比例——10∶7 或 10∶6。试想，在城市的十字交叉路口，容积率 2 左右，造价是非常高的，符合条件的项目凤毛麟角。

因此，确立招商的具体企业时，不仅要符合商业经营者的硬件需要，还要符合商业经营者的拓展计划。所以开发商和商业经营者的对接是个非常系统的问题。

制定招商政策

在经营方式、经营范围和微观经营主体目标明确的情况下，商业地产开发商应在综合权衡的基础上制定招商政策。

1. 确定微观经营主体的规模、经营内容的组合

主要表现为主力店和借势型商店的组合、不同经营品种之间的竞争性和互补性关系。其中主力店居于关键性地位，其布局直接影响到商业房地产的形态。大型核心商店适合放在线性步行街的端点，不宜集中布置在中间，这样才能达到组织人流的效果。通常我们看到，在竖向上核心店布局在2～3层，借势型商店布局在一层，但由于交通出口须满足疏散、消防要求布局在建筑一端，结果，一层的借势型商铺冷冷清清，生意十分清淡。分析和

实践结果表明，一层借势型商铺也必须走合纵连横的路子，以强势对抗强势，才能扭转局面。济南沃尔玛购物广场一层在重新组合后引进多家手机连锁商业经营者，形成手机大卖场，改变了原来小商业经营者对抗大商场的不利形势。因此在微观经营主体规模的配置上，要充分考虑物业形态、客户群结构、客户消费行为等因素。

2. 确定经营店铺的布局

同一大类商品经营者集中布局，形成街中有店，店中有街的布局结构，主题鲜明，个性特征明显，便于购物者进行商品款式、质量、价格和服务等内容的比较，降低购物者出行的成本和风险。集中布置有利于扩大商品覆盖范围，提供与城市商业区一样的竞争性和便利性，创造"购物、消费气氛"。

在大型购物场所内，四种主要商店类型需要互相聚集。第一类是男士用品商店，男鞋、男装、运动用品应当集中布置。第二类是女士用品和儿童用品店，包括女装、女鞋、童装、童鞋和玩具等等，这样便于在购买之前对商品款式、价格和颜色进行比较。第三类是食品零售店，包括肉店、鱼店、熟食店、面包店等等，聚集不仅给购物者带来方便，而且还能有效地增加销量。第四类适合聚集的还有个人服务店，这些服务设施需要靠近停车场和入口，有可能的话集中布置，并与其他微观经营主体相对分离，让购物者出入方便，并有营业时间的自主权。

一些商店类型适合分散布置，例如，服装店和外卖快餐和冷饮应该分开，而且，把服装和食品分开也有利于组织人流，因为在这两种类型的商店中，购物者的步行速度完全不同。如果建筑规模较大，则可以考虑安排百货商店。百货商店往往成为大型商业房地产的核心，但是常常只能获得比较低的租金。小型百货商店则往往成为大型商业房地产的次级核心经营主体。

对于商业经营面积有限的物业，如写字楼配套底商，开发商为了实现物业价值的最大化,会根据写字楼物业的实际需求,确定底层商业物业的具体用途。该用途在投资人或者经营者与物业开发商签订合同时就确定下来,使用人必须按照合同规定经营,例如销售时指定发展咖啡店,产权人不论将房屋租给何人,都要经营咖啡饮料。该招商政策存在经营风险,如果定位不准,经营者就会蒙受巨大的经济损失,所以充分的论证和测算尤为重要。

3. 制定租金政策

确定租金应与选择微观经营主体相互配合。开发商目的是选择合适的零售商,最大限度地出租营业面积,获得租金的最大化。但是,长期稳定的商业经营主体和短期高回报存在矛盾,难以两全其美。商业信誉好的零售商能保证稳定的租金,但其支付的租金低于小经营者,但小经营者不能保证整体物业全部出租,这需要开发商和业主进行系统的价值评价以决定取舍。评价的标准是商业经营者的外部经济性大小以及对销售环境的影响,有时我们发现,大型商业企业整体租金价格偏低,与小商铺的租金相差非常大,有人认为租给大商业经营者得不偿失,其实这种想法是错误的。如果没有大型商业企业的进驻,小商铺就无存在的土壤,高租金也就是"无源之水"。统计发现,业主或者开发商的利益主要由大客户所决定,小客户虽然租金高,但周转率也高,总处在不断的变化过程之中,综合计算,租金反而低。

为此,我们应根据客户实力、品牌、商业信誉和市场影响力等的不同,制定差别性租金政策,在租金水平、支付方式、租期、租赁保证金等方面体现灵活性,例如对于目标客户可以在租金折让的基础上采取基本租金+销售额租金的方式,降低目标客户的进入门槛。对于非目标客户,租金不但没有折让,还要求预付全部租金,提高进入门槛。如果既想降低空置率,又想限制某些商业经营者,可以把这些商业经营者的租期缩短,当有理想的商业经营者时,随时可以解除租约。

4. 确定推广政策

采取何种类型的推广策略是招商政策的重要组成部分,例如对于大型商业地产项目仅靠本地市场还不足以消化,必须面向全国市场。例如不少地方的商业地产项目组团到香港招商,或者到商业比较发达的浙江温州、义乌、上海等地招商,在本地建设类似温州服装城、义乌小商品市场的批发零售市场。采取的推广渠道也非常重要,例如大型项目的招商除了广告外,重点发挥人员促销的作用,动员政府部门的力量(各地几乎都有招商办公室)。小型项目则主要靠广告和人员促销方式。

准备招商材料

招商材料是商家评价物业、经营效果的依据。任何一个商家在决策前都会做深入细致的市场调研,虽然招商材料不是商家是否进驻的充分条件,但是商家决策的必要条件,没有它,商家就不可能作出任何决策。因此,准备招商材料是商业物业招商工作的必要一环。一般地,招商材料包括如下5项内容:

(1) 项目简介。包括位置、交通、环境、物业规模、平面功能布局、建筑配套设施等。既有宏观因素,也有微观因素。总之要给招商对象一个完整的形象。

(2) 市场环境和市场定位。包括所在城市、功能区域的情况介绍,同类物业布局和经营状态,市场机会,定位的可行性等。

(3) 招商政策。包括税费优惠政策、租金政策、物业管理政策、统一市场推广政策等。这些政策直接影响到商家的经营成本,因此,越详细具体越有利于商家的决策。

(4) 持续经营措施。商业物业的持续经营性是商家决策的重要因素,因为商家的进入成本和退出成本是非常高的,任何一个商家都不愿看到摆好架势不久就不得不退出。招商者应制定一系列措施保证经营活动的持续进行。例如引进品牌商家,以长期低租金维持商家的长期经营,用权益方式固定若干商家。

(5)招商谈判签约的路线图。说明招商程序,并严格按程序办事。

招商阶段的主要任务

招商活动非常复杂,在项目的不同阶段招商活动也有很大差别,我们按物业发展的阶段进行划分并指出各个阶段的重点工作:

(1)物业开发论证阶段:该阶段招商的重点是寻找潜在购买者或者长期租赁者,在这个阶段达成意向的,我们称之为商业地产订单模式,开发商可以按照购买者、租赁者的要求建造,避免了返工损失,对参与各方都非常有利。在施工之前仍没有找到合适的买主和租户的情况下,开发商就要根据市场定位和项目发展战略展开营销工作。

(2)物业建设阶段。在该阶段,一般采取边施工、边销售、边招商的策略,以施工进度促进销售,以销售带动招商,或者以招商带动销售。例如写字楼的营销中以招商带动销售的例子就很多,北京现代城和建外SOHO都在销售的同时,为投资者提供及时的招商服务,使投资者尽快地把房屋出租出去,减轻投资者的担忧和供楼压力,促进投资者购买。有的开发商根据写字楼的位置、档次估计物业租金,推算投资收益率,诱使投资者购买,实际上也是以招商促进销售的策略。当投资者自己使用房屋(自用)时,物业运营有了门槛客户(大型商场尤其重要),降低了招商的成本和物业运营费用,为顺利招商打下坚实的基础。

(3)物业建成后阶段。招商是主旋律,目的是提高物业的使用率,提高经济效益。该阶段招商的主要任务除了保持物业的正常运营外,还必须不断地调整经营业态和客户结构,在提高出租率的基础上,提高租金,甚至不惜采取重新定位措施,全面升级物业档次(参见第七章)。

搭建招商沟通平台

我国商业地产招商存在的主要问题是开发商和商业经营者之间缺乏沟通，具体有如下三种表现：

其一，开发商不熟悉商业经营，甚至不懂商业经营规律。商业地产开发和经营在我国兴起也就是2～3年的事，由于遵循不同的规律，很多开发商并不明白，专家学者也不能给予实效性的指导，理论研究还不充分，实践中案例积累也不是非常丰富，很多开发商摸着石头过河。不少开发商习惯用住宅类物业的开发模式设计和建设，或者按照自己的主观臆测判断什么类型的物业最适合商家的要求，结果建成后与商业经营者的要求要么相差太大而不能成交，要么强行改造，费时、费力、费钱。

其二，开发商和商业经营者缺乏信息沟通的平台，供求信息不对称。商业地产要招商，实力商业经营者要寻找最合适的店面，但由于短时间内难以建立信息沟通平台，有项目、有物业的不知到哪里找商业经营者，商业经营者需要何种类型的房屋，商业经营者也不知哪里有物业，两者即使见面，也由于供应和需求差距太大而不得不抱憾而归。造成"抱憾"的主要原因就是"项目前期的信息不对称"。随着我国商业零售业2004年12月11日彻底对外开放，我国商业市场正在吸引着越来越多国际商业经营者的关注，寻找适合商业经营者发展的商业地产项目是众多国内外商业经营者扩张规模、占领市场的基础。但是中国商业地产开发商对国内外商业经营者对商业地产项目的需求缺乏足够的了解和认识，阻碍了各大商业经营者在中国的发展，也加大了商业地产项目招商困难所带来的开发风险。

其三，商业地产的供应者和需求者实力不济，市场融资渠道不畅，机构投资者少，结果导致开发商不得不采取分拆零售的方式解决建设投资问题，商业经营者也没有能力全部租用。同时除了国外的大型连锁经营商业品牌，国内的众多百货公司、商业经营公司在激烈的市场竞争中苦苦挣扎，虽然想快速扩张，但总是心有余而力不足，可招商的品牌商业经营者不多，增加了招商的难度。同时由于开发商和商业经营者在市场中的地位不平等，如一个地方开发商与国际大企业对垒，明显处于弱势，难免会丧失部分利益。

搭建开发商和商家沟通的平台具体应采取如下方法：

加强商业地产招商理论研究，让开发商按照客观经济规律开发物业，并进行推广，缩小与商业经营者需求之间的差距。

采取订单商业地产模式，量身定做是关键。开发商按照商业经营者的要求设计和建造，建成后直接交给商业经营者使用，做到无缝链接。为保证商业地产拥有一个比较好的后期经营效果，商业经营者在确定扩张计划时，有必要提前介入，为开发商进行规划设计及销售推广提出合理化建议。

构造信息交流平台，为开发商和商业经营者的联姻牵线搭桥。打个比方，开发商招商与商业经营者投资之间的关系好比谈恋爱，现在好小伙与好姑娘都多的是，恰恰所缺的是给他们牵线搭桥的红娘。

培育机构投资者和发展品牌连锁商业经营者，扩大商业经营者的数量和需求量是解决招商难的关键环节。因为品牌商业经营者构成商业物业的主力客户，它们的进驻将有效地带动商业经营的活跃，可谓牵一发而动全身。它们的存在将有效地保持商业经营主题、整体性和市场形象，是商业中的航空母舰。机构投资者和品牌商业经营者的存在使招商活动按照价值最大化的规律运作，保证招商的科学合理性和商业经营的可持续性发展。

超越招商——最佳解决方案

武林高手的至圣境界是"以无招胜有招"，看似没有出招，实际上在出招之前就已经把对手打败了，靠的是苦练真功。同样地，最高层次的招商就是"不招商"，超越招商。超越招商就是孙子所提倡的"不战而屈人之兵，善之善者也"的至高境界。例如，有的项目广告铺天盖地，工作人员磨破了嘴皮，使出浑身解数,说服商家进场经营,虽然能取得成功,但自己也深受重伤——花了太多的推广费。外人看来企业在真正招商,但让内行人看层次太低。

就目前业界招商的实践看,最高档次的招商是开发商和商业经营者的战略联姻,资源互补。在没有项目之前合作双方就已经就市场开发达成战略合作意见,项目进入开发操作阶段万事俱备,就不再谈招商,正所谓"大道无形,大雪无痕"。次等档次的招商就是拿项目找资金,找商业经营者,单打独斗。三等档次的招商是项目已经动工,图纸已经定型,这时再招商,吸引商业经营者。最低层次的招商是物业建成交付使用被动招商。那么,如何才能超越招商呢?

试看大连万达公司的做法,先和连锁品牌店签订战略合作协议,建立互信、共赢的沟通平台。以此为根据,万达与世界知名的商业零售品牌连锁集团签订合作协议,与法国雅高集团签订酒店连锁品牌店扩张合作协议,与国美电器签订合作拓展协议。在协议的基础上,不需要费力地招商,双方直接进入可操作层面,共同选址、研究建筑方案设计等工作。建成后,商家进场,带动相关商家进场经营,根本不需要太大的招商声势。据此,我们认为,要超越招商必须做到如下几点:

1. 互利双赢,互有需求是基础。"己欲达而达人,己欲立而立人"。自己要赢利,必须让别人也有利可图。否则无法建立持久的商业合作关系。在选择开发项目、设计、物业空间分割使用时要充分考虑对方,在双方一致的基础上合作。

2. 立足于战略合作,优势互补,创造价值。战略层面的价值最高。德国人有句话说"如果道路错了,跑得快一点用也没有"。战略就是双方合作平台,在平台上双方资源共享,优势互补,创造出更多的价值。新价值不是双方价值的简单相加,而是在协同效应的条件下的爆炸式增长。

3. 充分的市场调查论证和精心设计是超越招商的基础。它适用于任何一个项目,哪怕只有一个项目也应如此,项目质量好,自然有人喜欢。我们观察市场招商情况会发现，项目位置差，商圈人口基数小，定位不准确的项目招商力度反而特别大、持续时间长，而项目位置好、商圈人口基数大，定位准确的项目招商力度反而小，持续时间短，说明前期运筹非常重要。

专题：购物中心招商、管理的基本规则

与国外的购物中心相比，我国的城市购物中心呈现出鲜明的特征：体量大、位置更接近市中心，这是由于我国城市集中发展、人口规模大、居住集中所致（如北京的世纪金源购物中心建筑面积超过100万平方米）。例如，城市人口如果超过100万，在美国能排在前十位，而在中国，人口超过100万的城市上百座，是发展购物中心的肥沃土壤。购物中心规模大则需要更多的商家填充，所以，我国的购物中心往往像超级航空母舰战斗群，承载着太多的"商家"，在市场的大海中游弋。如何选择和组合这些商家，形成攻守兼备的超级武器系统、凝聚成综合战斗力，是购物中心投资商、运营商、物业管理公司和主力商家极为关心的问题。

正反两方面的经验教训表明，购物中心效益最大的保障是"统一运营"，即由一家管理公司说了算，按照理想模式安排，具体包括：统一招商、统一营销、统一监督和统一物业管理，即"四统一"。就好比航母战斗群，个个威力无比，但必须统一在舰队司令官的指挥下行动。所谓统一招商，就是指定一家商业管理公司或者管理部门按照购物中心的功能规划和定位主题招徕并选择商家，进场经营，并按照约定统一管理。业界普遍认为这是购物中心成功运行的根本法则。潘石屹开发的SOHO系列商业地产项目，底层商铺散售后，放任客户自寻租户经营（详见第八章案例三），业界认为他这不是真正的商业地产，可见统一招商多么重要了。其实，统一招商是针对大型购物中心来说的，商业街两侧的散铺，投资人和租户自有其赢利办法，开发商是不可强求统一的。他们的经营内容是不是合适，定位是不是恰当，市场会做出正确

的选择。

一般地,购物中心招商遵循如下规则:

第一,主力商家优先。所谓优先是指在购物中心前期筹划、设计阶段,就应该有明确的约定,落实到纸面上,大连万达、东方伟业的订单式商业地产模式就是针对购物中心的招商难题而设计的。在不确定主力商店的情况下,其他商家的招商谈判无从谈起。所以,大连万达地产为解决万达广场扩张迅速、合作商家开张跟不上趟的情况,不得不自己培养百货企业"万千百货"、万达影城 IMAX 等商业经营品牌(详见第八章案例一)。

第二,确定购物中心的商业经营主题和目标客户群,并维护品牌主题形象。一般地,主力商家确定后,购物中心的主题和形象就有了眉目,客户群也大体确定下来。次级主力客户和寄生客户也就比较容易选定,商家也比较容易就经营绩效做出判断。

第三,确定商家构成时,努力维持商业经营面积的黄金比例。一般认为,零售:餐饮:娱乐=52:18:30 是比较理想的比例,此比例特别适用于超大型综合性的购物中心 Shopping Mall。

第四,购物中心的业态组合、商家构成要在"功能和形式上同业差异、异业互补"。有效控制竞争强度,既要有一定气氛,又不能竞争过度,致使商家经营惨淡。异业互补旨在满足顾客消费的选择权,不同业态、不同经营范围的商家聚集在一起,共同招徕顾客,共享商机,相互补充。譬如百货、超市因为经营品项不同,可以互补,济南万达广场地下一层为乐购超市、1~5 层为万千百货,室内步行街餐饮、专卖店配合,形成良性的商业生态群落。

表6-4 购物中心业态和业种招商组合表

经营类别	商家功能和地位	商家业态和业种
零售	核心主力店	名牌百货、综合超市,具有全球、全国和区域影响力
	辅助主力店	时装、电器、通讯设备、家居、书店、音像店、金银首饰店等专业店

续表

文娱	配套辅助店	土特产店、保健品店等
	核心主力店	电玩城、影院、科技展览馆等
	辅助主力店	儿童乐园、科技馆、歌舞厅等
	配套辅助店	影音碟片店、艺术摄影、旅行社、网吧等
餐饮	核心主力店	美食广场、西餐店、特色中餐、休闲咖啡店、酒吧等
	辅助主力店	快餐店、特色美食、小吃
配套服务		宾馆、银行、邮局、诊所、美容美发、电信业务受理、停车场等

第五，购物中心主力店最好由购物中心的产权持有人控股，或者当购物中心委托商业管理运营公司管理时（如北京世纪金源购物中心委托燕莎管理），该商管公司拥有自己的商业品牌，足以支撑购物中心的品牌和营业规模与气氛。如果购物中心完全委托与自己毫无关系的品牌百货、超市进驻为主力店，一则租金必须相当低，二则难以实现统一招商和管理。因为购物中心产权持有人和主力商家的利益时常发生冲突。陈智先生领衔的"深圳铜锣湾集团"一度是全国"MALL"的学习榜样，当他抽离了自己的商业实体，作为"商业管理公司"与开发商合作时，由于他们只拿商业管理费，开发商则利用"铜锣湾"的牌子做招商推广，以便卖房子收钱，一旦开业经营效果不好，利益不同，很容易走向分裂。结果，"铜锣湾 Mall"的品牌迅速滑落，商户感到被骗，开发商也很受伤。如果产权人（尤其是开发商）拥有商业经营利益时，就会毫不犹豫地拿开发收益弥补前期商业经营的亏损，支持商业经营持续发展。

当购物中心的主力店确定并被产权人控制后，招商工作就变得容易。如果购物中心的产权人对商业经营抱有信心，可以物业使用权作价入股吸引次级主力店。其他店铺的招商即可转为"出租方式"。

第六，统一招商和管理一定要充分照顾"小商户"的关切，呵护并培育它们，尤其是开业后的养商阶段，更不能"涸泽而渔、焚林而猎"。因为小商户租赁面积小,谈判能力有限,往往接受的是"高租金",当交清首期租金、装修店面并进货后,开张营业时,已经"倾家荡产"了,急盼着把本钱收回来,所以在商品、服务定价上,就比较"狠",结果反而降低了营业额。不少位置欠佳的购物中心的部分商铺,开不起业来,冷冷清清,就是这个原因。所以,购物中心的产权人、包括中小投资者一定要立足于"前期养商",放水养鱼。为此,商业管理公司要说服商铺投资人接受统一招商管理规定。

　　第七,把购物中心的所有商家整合到统一的管理服务平台上,为他们增加营业额、提高形象服务。建立在租赁关系上的管理,不是真正意义的商业管理。商业管理必须增进共同的商业利益。例如,商家的打折促销活动、文化娱乐活动、献爱心活动、慈善活动,个别商家是无法举办的,而举办起来对吸引客户、凝聚人气非常重要,这时就需要商业管理公司出面组织实施。如果这方面的管理缺位,购物中心死气沉沉,商业经营就好不到哪里去!

第二节　商业地产整合推广

整合营销

整合营销传播（Integrated Marketing Communications，简称 IMC）是美国西北大学教授 Don E.舒尔茨最早提出并发展的关于市场营销的新理论体系。IMC 理论的发源地——美国西北大学的研究组把 IMC 定义成：

"IMC 把品牌等与企业的所有接触点作为信息传达渠道，以直接影响消费者的购买行为为目标，是从消费者出发，运用所有手段进行有力传播的过程"。而且，这一研究组的先驱者舒尔茨教授对此做了如下补充说明："IMC 不是以一种表情、一种声音，而是以更多的要素构成的概念。IMC 是以潜在顾客和现在顾客为对象、开发并实行说服性传播的多种形态的过程。IMC 的目的是直接影响听众的传播形态，IMC 考虑消费者与企业接触的所有要素（如品牌）。IMC 甚至使用以往不被看做是传播形态、但消费者认为是传播形态的要素。概括地讲，IMC 是为开发出反映经过一定时间可测定的、有效果的、有效率的、相互作用的传播程序而设计的。"

综上所述：IMC 是指企业以由外而内战略为基础，为与利害关系者进行有效沟通，以营销传播管理者为主体展开的传播活动。营销传播管理者应该了解他们的需求，并反映到企业经营战略中，持续、一贯地提出合适的对策。为此，应首先决定符合企业实情的各种传播手段和方法的优先次序，通过计划、调整、控制等管理过程，有效地、阶段性地整合诸多企业传播活动。

整合营销推广呼吁企业放弃 4P 理论（产品、价格、渠道、销售促进），遵循 4C 理论（顾客、购买成本、便利和沟通）。也就是说，企业要把更多的精力从推销产品转到尊重客户的价值方面来，重视与客户的价值沟通。

企业要采取措施降低顾客的购买成本、提供购买便利和增加产品价值的沟通量。

商业地产经营推广过程中，4C理论得到了广泛的运用。例如，购物中心设立的理论基础就是联合购买，一次出行就能满足顾客的绝大部分需要，并且，由于规模经济效益发挥作用，商家提供的商品质量最好、价格最低。

商业地产价值链与整合营销

价值链分析显示，当消费者的价值得到满足后，才能满足经营者、物业所有者的价值，基于此整合营销传播的理论和方法对于商业地产推广和招商有重要的指导意义。

消费者需求是商业地产价值链的根本。例如，在居民比较集中的社区发展便利型超市、连锁店，降低消费者的出行成本，方便居民生活，定位就比较理想。

消费者为交易支付的成本决定物业的市场区域和市场容量大小。如果消费者愿意为交易支付较高的成本，那么，商业物业的吸引范围就会扩大，市场容量大，经营效益随之提高；反过来，物业的市场价值和租金也会提高。

沟通与价值链。当市场上有很多竞争者时，与顾客沟通充分的商业经营者往往能取得竞争优势。商业物业的推广与招商实际上就是与各类客户进行价值沟通的过程，企业要把商业物业的信息准确、完整地传递给目标客户群，达到与物业所有者在价值分享基础上的合作。

商业物业的各参与方价值需要整合形成完整的价值链，整合营销是构建价值链的有力武器。例如我们在对一建材批发市场进行招商时，既要吸引经营者、厂家代表处、代理商进场经营，也要吸引建材的需求者（建筑施工单位、家庭装修者）前来购买产品，把供求双方有机地整合起来。

商业地产整合推广理念——金字塔体系论

所谓推广的理念金字塔体系(图6-1)就是为了保持项目推广的主题鲜明性、一致性和活动的协同效应,把项目涉及的概念、行为用理念整合起来,形成像金字塔般的理念体系。该推广体系有如下特点:

1. 整合性

物业的各个组成部分就好比高楼大厦的砖石,价值在整体中得到体现。当我们宣扬整体价值时,离不开各项价值的支撑。否则,理念就成为无源之水、无本之木,同样地,如果缺乏理念的提炼和升华,就无法整合各种价值,形成合力。

2. 双向沟通,互为因果

某些项目往往是理念和概念先行,例如,我们决定发展生态型写字楼,利用在城市中心区的位置打造商务中心区概念,然后我们从概念出发,分析概念的本质规定性,它对建筑材料、建筑管理、营销管理、物业管理的要求,据以确定建筑材料和服务标准。同样地,如果我们先确定了建筑材料和服务,就应该从建筑材料和服务中提炼推广概念,进而上升到理念。再美妙的概念也要靠材料打造起来。

3. 理念和概念推广应贯彻少而精的原则

理念层次越少越好,单一理念最佳。因为理念层次相当于人们的哲学思考,是最高价值的体现,如果多于两个,相当于一个项目遵循两种价值体系,或者一种价值体系的两种表达方式,容易使目标受众产生困惑。例如健康生态建筑与绿色建筑从本质上讲差别不大,如果在推广过程中同时出现,就会画蛇添足。当一种理念需要多个概念支撑时,例如投资理念需要稳定、安全、收益的多个概念支撑时,虽然我们能总结多个概念从不同方面加以解释,但仍应贯彻少而精的原则。

4. 创新是推广策划活动的灵魂,原创最有价值

要不断研究产品和技术的发展变化,跟踪最前沿的建筑材料、建筑技术、消费时尚、服务方式,从中选择最适合项目环境条件的创新组合。这里借用古代哲学流派"名家"的思辨方式和孔子关于"正名"的论述解剖该体系的优点:理念和概念是"名",而材料、设备、做法、服务等是"实",在营销策划实践中,首先要"正名",名正才能言顺,也就是对概念和理念要正确理解,不能知其然,不知其所以然,导致名至而实不至,有欺诈之虞;其次要在实施阶段正确运用概念,选择最能表达概念的技术、材料、设备、做法和服务等,名实相符。如果"实"不足,易造成"炒概念"的后果,给客户、投资人以欺诈感;"名"不当则不能有效传播,不能充分发掘项目的价值。

图6-1 推广的理念金字塔体系

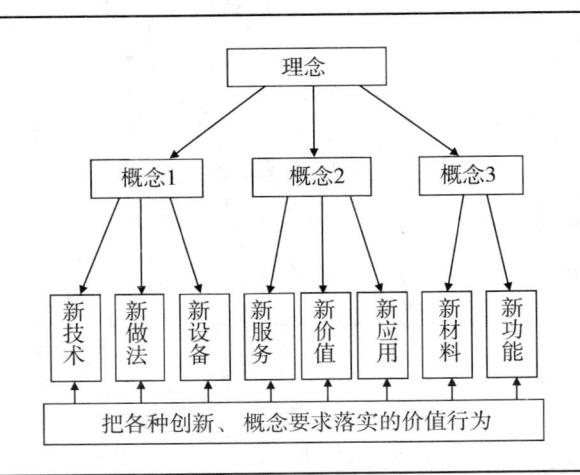

专题：北京某高档写字楼项目的理念金字塔体系

写字楼的总理念是"高性能写字楼①的杰出代表"，完全按照高性能写字楼的设计要求设计和建设。高性能建筑是美国能源部提倡的以节约能源、生态环保、健康舒适为核心的建筑形态，与当前国家科学发展观的要求完全一致。

主题概念主要有健康写字楼概念、高效写字楼概念、能源和成本节约写字楼概念和可持续发展概念。根据美国建筑一体化设计组织②的设计原则，有一系列的设计措施保证实现这些目标。节约成本表现在节约能源、高质量的建筑和材料设备节约了运行和维护费用、降低了折旧费用（如中央空调机组折旧、电梯折旧、各种管线的折旧等）。由于高性能写字楼的成本核算方法是全寿命成本最低，而不是初始投资最低，所以写字楼运行成本最低，效益最好。

健康概念的技术支撑体系包括良好的自然采光和通风、优美的室内和室外环境以及采用环境友好产品；方法有：全玻璃幕墙、变风量全空气调节系统、新风加湿系统、无污染和挥发性物质的建筑材料等。高效概念主要有：建筑结构和系统的稳定性设计、提高员工身心健康的技术、高效率的交通、高效率的办公配套等。其他的技术指标体系可以参阅相关的网站获得。

具体价值行为包括邀请专业美国建筑师进行设计，对建筑材料和设备进行节能和效益评估，按照美国 LEED®（能源和资源设计领先标准）设计并取得相关认证，邀请设计师参与推广活动。

---

① 董金社，"发展我国的高性能建筑"，鲁港置业，2004 第 3 期。
② 访问 www.wbld.org 网站。

营销推广的主题和副题

在推广活动策划中,为了传播的一致性、有效性和可识别性,需要制订推广主题,在主题不能完整表达内容的情况下,设计副题。

1. 营销推广主题

主题用来表达并传播项目的核心价值,它就好比文章的"眼睛"和"灵魂",一切故事情节、各种论点和论据都围绕该主题展开。项目营销推广主题应满足如下条件:

(1)表达项目的突出价值和个性。例如,有些项目位于城市中心区,处在城市主干道交叉路口的位置,那么,项目的价值来源于位置或者称区位、周围环境的衬托作用和地标性建筑的指示意义。

(2)项目主题应与推广理念或者概念合拍,是理念和概念的直白表达。例如处于北京CBD核心区的酒店式公寓项目——旺座在大力宣传CBD的同时,根据北京城市环境特点选用了德国的呼吸式玻璃幕墙技术,增加房间的保温效能和降低室内空气的沙尘量,并以此为基础凝聚环保和健康概念,取得客户共鸣。

(3)单主题和多主题推广策略恰当运用。所谓多主题推广策略就是在推广的不同阶段采取不同的主题,有的策划人称之为独立主题传播策略。大型项目开发周期长,分期开发,所以市场喜好在变,新材料、新设计、新生活方式在变,只有跟上时代发展的主题才是好主题,因此应采取多主题策略。小型项目由于营销周期和推广时间短,采取单一主题推广比较合适。

(4)推广主题往往与项目的广告词联系起来考虑,但广告词并不等同于主题,有些项目甚至没有广告词。

2. 营销推广副题

副题就相当于文章里的小标题,每个标题表达独特的内容,当主题概念比较概括或者笼统时,为了让目标受众在最短的时间内掌握要领,需要设计副题加以辅佐。例如:项目推广主题是"健康生活,健康人生",副题就有可能是"全市第一家健康居住示范区";商业项目推广中也多采用主题、副题并存的方式,例如主题是"投资增值有保障",副题是"开发企业提供年6%的保底回报,回报率低于6%的,给予补足"。

副题具有承上启下的作用,有时主题内容太哲学化,离现实有点差距,目标受众难以在主题和项目具体价值之间建立联系,副题就充当桥梁作用。在主题概念不能完全表达项目的所有卖点时,也往往采用副题的方式加以表达,起补充作用,避免主题内容太单薄,没有市场冲击力。

价值链表达和推广

商业地产项目的最突出特点是价值活动的连续性,前后形成价值链。在推广活动中,我们必须准确地表达价值链,并实现有效传播。

项目的主题和副题是核心价值的表达,但并不是价值的全部。全部价值应该是由各个组成部分有机联系的价值链。从推广的角度出发,价值链中具有创新、个性特色的价值环节是最有价值的部分。例如,所有建筑都使用砖瓦和电力,而且离开它们就不会有建筑存在,是最基本的组成要素,但由于所有建筑中都使用它们,致使"砖石"不具有独特性,也就没有推广价值。一般地,商业地产项目推广重点在如下诸方面:

强调项目区位优越性。所在城市、区位、地段与城市商业基础设施之间的关系。因为任何物业的位置都是独特的,没有两个物业是相同的。交通发展直接影响物业的市场区大小,在城市干道两侧,交通便捷,物业的市场辐射范围就大,否则在城市次级道路或者小区道路内,商业物业的市场辐射范围就小。位置决定了商业环境,任何两个物业的商业环境也不相同。

租金收益和增值幅度是商业地产项目的突出特色。租金决定了物业价格和投资者对物业的认可度,投资增值对各类客户都有强烈的吸引力。

宣传项目经营特色定位和目标客户群的构成。例如,主力店、主力客户是谁,有何品牌效应。有的开发商还和大客户联手搞推广活动,借以提升项目形象和市场号召力。

表达政府对项目的积极支持力度。商业地产具有很强的公共性特征,离开政府的支持寸步难行。由于商业物业对城市建设、城市环境改造的贡献大,城市政府也非常支持商业物业的建设和经营。

宣传商业物业和商业经营管理措施。例如与商业物业管理公司、商业物业运营公司和擅长招商的顾问公司合作,营造专业化团队,给客户以持续发展的信心。必要时由这些单位提供一定程度的担保。

描述区域规划发展远景。区域发展态势直接影响商业物业的价值,例如在新开发区,投资者投资商业物业主要看中的是升值潜力,即使投资的前两年,物业空置也能承受,因为物业在持续增值。在成熟的商业街区,新的商业经营者进入或者紧邻物业的更新改造、拆迁重建都影响物业价值,在推广活动中要充分注意。

第七章 商业地产投资与资产运营

第一节 商业地产投资运营

商业地产投资运营要素及其特点

1. 商业地产运营要素

商业地产投资运营是指从商业项目立项开始到正式开展经营的整个投资开发和销售租赁过程中的投资经营过程。它由如下4大要素构成：

（1）经济实力雄厚的投资者。与住宅投资相比，商业物业各项投资都很高。例如，土地成本、配套费用、建安工程费用以及运营维护费用都比住宅高得多。中小公司很难操作商业地产项目。

（2）建筑策划与商业经营紧密结合。商业经营与建筑空间设计关系密切，完美的建筑空间有助于促进商业经营活动的开展，提高商业物业价值。

（3）政府支持与合作。商业地产是城市发展的动力所在，是区域经济发展面貌和经济实力的直接展示，所以城市政府非常关注商业地产的开发建设；反过来，商业物业如果缺乏政府支持，也不太容易发展。

(4) 融资和资产、资本运营连为一体。融资保证商业物业能够降生，资产运营则保证物业顺利成长，资本运营保证资产大幅度增值和变现。

2. 商业地产运营特点

(1) 商业地产涉及房地产开发和商业经营两大领域，每一领域都有自己独特的运营模式和规律，商业地产运营就是找它们之间的结合点。所以商业地产投资决策远比住宅复杂，这也是商业地产具有挑战性、艰巨性的原因。实践证明，如果不按商业地产运营模式，而是按房地产开发模式，易招致失败，留下烂摊子。

(2) 专业技术性强。体现在商业地产定位非常难，最佳使用功能和价值不容易确定，招商难度大，商业经营企业难以寻找，尤其难以寻找主力品牌商家进场经营。

(3) 动态性强。环境、市场、价格、竞争和消费者时刻变化，如果对商业地产和商业经营规律把握不准，难以有效应对环境变化。

(4) 高投入、高收益、高风险。建设购物中心、特色商业区、写字楼等需要大量资金投入，物业建成后还要经历2～3年的市场培养期，资金能否承受长时间的考验非常关键。商业地产高收益毋庸置疑。例如，某房地产企业开发的带底商的住宅楼底层商铺价格为住宅的3倍。即使住宅售价与成本价齐平，底商也让开发企业获利丰厚。除销售外，商业地产是一项绝佳的投资工具，具有租金、保值和增值三重效益。

(5) 投资回收难以预测。除了城市的黄金地段外，开发商、专业投资人士、银行投资审查专家都不可能告诉投资人什么时间能够收回投资。原因在于我们对商业运营没有把握，充满了太多的变量和不确定性。

商业地产投资运营成功关键点

1. 正确选择位置

地产界有句名言"第一是地段,第二是地段,第三还是地段",用在商业地产方面最为恰当。位置决定商业地产项目的商圈和市场容量大小,物业价值寓于商圈之中。实践中我们发现,位置选择不当的地产项目,空置率高,很容易中途搁浅。位置决定商圈,位置偏离市场区导致市场狭小,投资者不会为没有市场的物业买单。

2. 科学分析市场机会和价值,构建赢利模式

重点分析物业投资人、租赁经营者的目标客户和目标市场,经营赢利能力以及赢利模式。一般地,有两种赢利模式可以选择:开发—销售模式和开发—持有—出租模式。最佳赢利模式有时虽然科学合理,但并不符合开发商口味。例如,物业需要长期持有才能获得最大价值,但开发商并没有实力长期支撑下去。分析的目的是发现项目的潜在价值并设计挖掘方法,这是项目策划和运营的关键。

3. 筹划项目开发建设投融资渠道

商业地产项目运作需巨额资金投入,开发企业不但要准备启动资金,还要有顺畅的融资渠道和融资策略,制订完全满足项目投资需要并留有余地的计划,降低项目开发风险。融资策略是保证融资链条完整,避免资金链断裂的措施。同时降低融资成本,降低财务费用。

4. 制订最佳的业态组合和招商计划

业态、业种组合是物业价值最大化、经营者赢利最大化的重要措施。为

此除了经验分析、实证分析之外,应就组合状态进行情景模拟验证,评价不同业态组合对价值的影响。由于商业地产的业态、业种组合特别复杂,实践中应按次优组合方案制订招商计划。投入使用后,再逐步优化。

5. 分析财务可行性

项目的财务可行性要求非常高。例如,测算现金流量,估计销售收入和支出,在计算支出时,要把上缴税费和财务费用全部考虑进来,当贷款量大时,财务费用的估计和资金计划极为重要。我们认为企业应设定融资预案,防止资金链断裂。

6. 物业交付使用后的后续经营管理和资产运营

后续经营管理和资产运营包括:物业管理、商业品牌管理、租户结构调整、品牌资源整合和物业的改良和重定位等方面。其目的是提高物业租金和售价,增加物业的附加价值。

商业地产投资运营模式和任务分析

1. 中外投资运营模式比较

美国专家何瑞杰先生发现商业地产运营的中国模式和西方模式存在明显差别(表7-1)。中国模式着眼于商业建筑设计。根据规划参数形成大体概念后就请建筑师主导进行设计,根据设计进行评价,结果讨论限定在建筑师的框子里。而建筑师对潜在消费者、主力商店、目标客户知之甚少,即使对方案做些改动也解决不了根本问题。因此以建筑设计为核心的运营方式有很大的弊端。西方模式着眼于市场反应,以市场效果为开发、设计出发点。特别是花大力气进行市场研究、规划特点、业态组合、初步概算等。目前,业界已经意识到中国模式的弊端,并在实践中摸索出了一种价值最大化的投资运营模式。这从侧面说明建筑策划环节非常重要。

表7-1　中西商业地产运营模式(前期)对比

西方模式(着眼于市场供应)	中国模式(着眼于商业建筑的设计)
1.总体概念	总体概念
2.立体环境分析	立体环境分析(可能)
3.市场研究	市场研究(可能)
4.规划特点及详细说明	规划特点及详细说明(一点)
5.业态组合	
6.初步概算和融资	
7.初步设计	初步设计
8.分步开发	分步开发(可能)
9.业态研究	业态研究(一些)
10.方案调整/业态组合	
11.确定设计理念	确定设计理念
12.建筑方案设计/施工图设计	建筑方案设计/施工图设计

2. 理想投资运营模式——阶段任务分析

总体概念：一般是指企业根据地段的特性想发展成为一个什么样的物业，或者适合发展什么样的物业，有时我们称概念性规划。它来源于我们的调查研究，又受深入调查研究的拷问和评价。

立体环境分析。建筑的立体环境分析包括地下空间和地上空间两部分。立体环境应注意：一是建筑与周边环境的关系，千万不要忽视与周围环境的协调；二是建筑尺度要宜人，立体空间不能太压抑；三是垂直交通空间要快捷，方便行人上下，提升上层物业的价值。

市场研究。重点测算消费者和经营者(租赁者)的市场容量，位置和区位是决定商圈和市场容量的重要因素。有些大型超市为了扩大商圈，争取客户，不惜设计多条免费购物班车穿行在大街小巷，在计算容量时也应一并考虑。市场研究的另一个重点是竞争状况分析。

规划特点及详细说明。根据建设规划用地许可证、建筑设计通知书等的规定，邀请专家进行深入解读每个数据的市场含义，领会精神实质，掌握精髓，发现规划机会。

业态组合。根据市场分析和规划特点说明确立主力业态和辅助业态，并测算业态组合的效果以及价值，运营中是否存在冲突，并在招商过程中予以调整、优化。

初步概算和融资。根据规划和详细说明，参照市场同类项目的开发标准，做出项目的概算，目的是判断项目的可行性，公司是否有能力操作，操作的方法是什么，融资渠道如何解决，操作的后果是什么，避免竹篮打水一场空，清算时，白忙活一阵，因此，决策时要充分估计项目的机会成本和机会收益，选择机会成本最小、机会收益最大的项目。通俗一点说，就是如果有利润更好的项目，我们不必拘泥于商业地产项目，"勇敢地放弃"才能获得广阔的天空。

建筑理念设计。包括概念设计、方案设计和深化设计等阶段，施工图设计对营销策划的影响就很小了。建筑设计的指导文件是建筑策划任务书，或者说明书更为恰当。建筑策划任务书就是在总结大量实践经验的基础上得出的可行方案，是建筑师设计的依据。目前，商业地产建筑策划工作刚刚兴起，由于参考案例少，可比性差，难度大，需要大力研究。

建筑设计要分阶段进行，反复评价、优化。切忌急于求成。

大型商业地产投资运营分析内容

当我们按照商业地产投资运营的模式和要求进行了深入分析和论证，形成投资运营报告。投资运营报告的用途广泛，其主要用途有：投资者的基本参考，招商、融资工作的凭据，寻找投资合作伙伴、战略投资者的依据，建筑设计师的行动指南以及营销和招商的利器。因此，撰写完整有说服力的投资运营报告十分必要。报告的基本内容见表7-2。

表 7-2 大型商业房地产投资运营报告的基本结构

结论摘要	
项目公司概况	项目公司定位及运营目标概述
	项目公司的资本结构
	项目公司持股各方资源
	项目外界环境分析
项目简介	项目所在地段、区域、商圈及其变化趋势分析
	项目目标市场分析,市场容量和获利能力分析
	项目规划、建筑设计策划和建筑设计任务书
	建设计划,开工时间、竣工时间、与其他部门的衔接,如销售许可
市场和竞争分析	项目竞争环境:竞争总量和时间序列,竞争项目对比分析,典范样本分析意义重大
	项目竞争优势和劣势分析,创新点和突破点
项目运营和管理	项目公司组织与运营模式:取决于公司发展目标
	开发运营全过程管理模式和发展计划
	促销计划和招商计划
	广告及 SP 实效推广活动
项目财务分析	财务分析假设。参数设定非常关键
	损益预测:保证不要漏项
	运营收入预算:精确到每层可售面积和售价
	项目总投资测算:在各家报价的基础上估计
	项目成本和支出
	盈亏平衡分析:盈亏平衡点
	敏感性分析:分析敏感性因素并加以重点控制
资金需求及融资计划	资金需求计划
	融资计划和备用方案
	融资方案的财务效果评价。选择最合适的方案
风险和控制策略分析	系统风险:加强政策分析和宏观产业政策分析
	市场风险:时常关注市场发展态势
	经营风险:提高企业经营管理能力,防止欺骗
	财务风险:注意利率政策的变化

第二节 商业地产融资

商业地产资本流动与参与者

商业地产的资本市场主体由资金的供应者、使用者和中介结构组成,它们之间的关系见图7-1。

图7-1 房地产金融资本参与者与流向

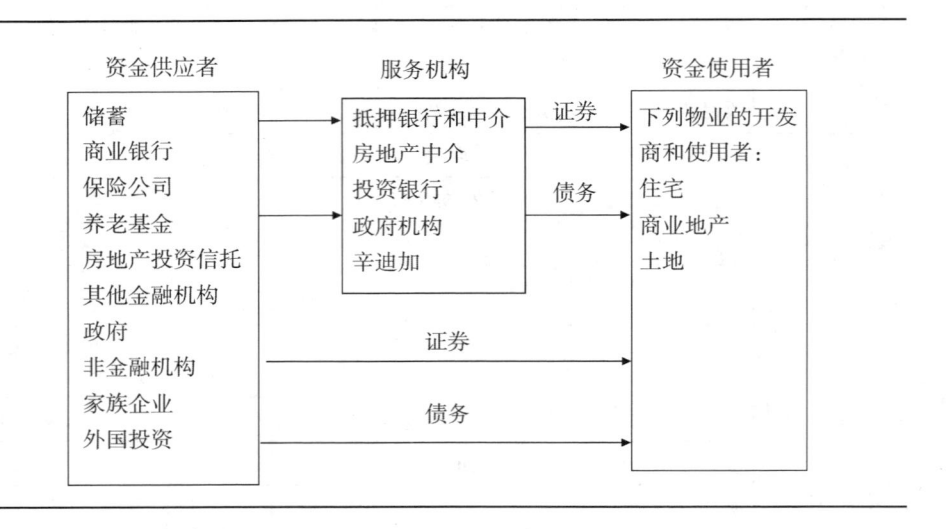

资金供应者	服务机构		资金使用者
储蓄 商业银行 保险公司 养老基金 房地产投资信托 其他金融机构 政府 非金融机构 家族企业 外国投资	抵押银行和中介 房地产中介 投资银行 政府机构 辛迪加	证券 债务 证券 债务	下列物业的开发商和使用者: 住宅 商业地产 土地

商业地产融资类型

1. 权益型融资

即项目开发所有人以出让企业股份的方式引资,吸引有经济实力的企业加盟,共同开发建设。加盟企业也把自己的资源贡献出来。这类融资方式包括:

(1)发行企业股票:企业上市融资是募集大量资金的有效方法,条件是企业让出股份给投资人,投资人享受相应的权利并承担投资风险。上市遵循证券市场的游戏规则,很多成熟的房地产企业通过直接上市和借壳上市等办法实现了证券市场融资。

(2)出让企业股份。非上市型的有限责任公司,投资各方为了达到目的可以采取按比例出让股份的方式吸引投资者加盟,实现直接融资。

(3)成立项目公司,以项目为共同的依托和开发商的谈判资源,投资者以资金和技术等为条件换得企业股份。

权益型融资的优点是融资成本低,不需要支付利息等财务成本,企业有赢利才分得利益,风险共担,资源共享。

2. 债务型融资

即企业向资金所有人借款,承担利息,到期一次性还本付息。它是我国开发企业主要的资金来源。下面以中国银行关于房地产开发贷款发放的条件为例简单说明。

按照中国银行的规定,土地整理储备、房地产开发与经营的各类融资贷款,授信对象包括土地储备机构、房地产开发与经营企业。贷款业务品种主要有土地储备贷款、住房开发贷款和商用房开发贷款。

土地储备贷款的申请对象为受政府主管部门委托负责土地的征用、收购、整理、储备和出让的机构或企业。住房开发贷款的申请对象为开发建造向市场租售的经济适用住房或各档次商品住宅的房地产开发企业。商用房开发贷款的申请对象为开发建造向市场租售的用于商业和商务活动的写字楼、办公楼、商场、商铺等商用房的房地产开发企业。申请住房或商用房开发贷款需要具备下列条件:

经国家房地产业主管部门批准设立,在工商行政管理机关注册登记,取得企业法人营业执照并通过年检,取得行业主管部门核发的房地产开发企业资质等级证书的房地产开发企业。需要满足:

- 开发项目与其资质等级相符；
- 已办理当地人民银行颁发的有效的贷款卡/证；
- 贷款用途符合国家产业政策和有关法规；
- 具有健全的经营管理机构、合格的领导班子及严格的经营管理制度；
- 企业经营、财务和信用状况良好，具有偿还贷款本息的能力；
- 落实中国银行认可的担保方式；
- 在中国银行开立存款账户，并在中国银行办理一定量的存款和结算业务；
- 项目开发手续文件齐全、完整、真实、有效，应取得土地使用权证、建设用地规划许可证、建设工程规划许可证、开（施）工许可证，按规定缴纳土地出让金及动工、土地使用权终止时间不早于贷款期终止时间；
- 项目的实际功能与规划用途相符，能有效满足当地住宅市场的需求，有良好的市场租售前景；
- 项目的工程预算、施工计划符合国家和当地政府的有关规定，工程预算总投资能满足项目完工前由于通货膨胀及不可预见等因素追加预算的需要；
- 项目自有资金（指所有者权益）应达到项目预算总投资的35%，并须在银行贷款到位之前投入项目建设。

随着金融政策的日益完善，房地产企业贷款越来越规范，达不到贷款条件的很难从商业银行取得商业房地产开发贷款。同样地，在政策越来越规范透明的情况下，规范经营的企业贷款能力将提高。

项目融资概念和特点

项目融资是指项目承办人（即股东）为项目运营成立公司，以该项目公司作为借款人筹措资金，以项目公司的资产作为贷款的担保物，以项目公司的现金流和收益作为还款来源。该方式一般应用于现金流量稳定的发电、道路、铁路、机场、桥梁等大型基建项目，目前应用领域逐渐扩大。有些地处黄金地段的商业地产项目也引入了项目融资方式。

项目融资分为两种：一种是无追索权方式，也称为纯粹的项目融资，即贷款还本付息完全依靠项目经营效益。但贷款银行为保障自身的利益须从该项目拥有的资产取得物权担保。如果该项目由于种种原因未能建成或经营失败，其资产或受益不足以清偿全部的贷款时，贷款银行无权向该项目的主办人追索。第二种是有限追索权项目融资，贷款者除有贷款项目的经营收益还款来源并取得物权担保外，还获得了第三方提供的还款担保。贷款行有权就债务向第三方担保人追索，担保人承担债务的责任以担保额为限。

项目融资至少有项目发起方、项目公司、资金提供方三方参与——项目发起方以股东身份组建项目公司；资金提供方为项目公司提供资金，主要依靠项目本身的资产和未来的现金流量作为还款保证。项目融资的根本特征就是融资不仅仅是依靠项目发起人的信用保障或资产价值，还依靠项目本身的资产和未来的现金流量来考虑贷款偿还保证。因此，项目融资风险分担及对项目融资采取周密的金融安排，不使任何一方承担项目的全部风险，是项目融资方案设计的关键。

所以，项目融资与传统融资方式相比，最大区别是风险分担方式不同，后者主要依靠公司历史形成的资产和资信能力安排融资。前者是以该项目的现金流量和收益作为偿还贷款的资金来源，以该项目资产抵押作为贷款的安全保障，因此贷款人不得不十分关注项目发展前景和潜在收益，尽可能化解一切风险，加强对贷款用途的控制管理。项目融资的最大好处就是把商机变成现实。例如某开发商有很好的项目但无资金或者资金不足，贷款人也看到该项目潜在的开发利益，只要投入前期资金就能顺利启动，那么该商业机会就有可能变成现实，否则该公司不可能独立完成项目的开发建设

任务。

商业地产项目融资模式

1. 商业地产项目融资目标要求

项目融资需要现金流量稳定,建成后有持续不断的资金收入还贷款。商业地产项目如果采取出租方式也有稳定的现金流,如果采取销售方式现金流非常不稳定。并且由于开发商(项目公司)自身实力弱,经不起风吹草动,所以一旦出租销售不理想,贷款人的风险即陡然上升。因此,商业地产项目融资模式必须解决现金流动不平稳、贷款人风险不确定的问题。我们认为设计商业地产项目融资模式时,应达到如下目标:

首先要达到债权的有限追索。追索形式和追索程度应根据具体的商业房地产项目的风险系数、投资规模、投资结构、开发阶段、经济强度、市场安排以及投资者的组成、财务状况、生产技术管理、市场销售能力来安排。尤其取决于商业地产开发企业自身的实力和项目的市场前景。

其次融资各方合理分担项目风险,除了采取措施规避外,对有些风险应该在投资者、贷款银行以及其他与项目利益有关的第三方间有效分担,分担程度据各方实力和利益关系确定。

第三,满足投资者资金要求。俗话说,行百里者半九十,商业地产项目投资差一点也不能投入使用。因此项目融资各方必须充分估计到资金需求数量并为之做好充分准备。因此,在设计融资结构时应最大限度地控制项目的现金流量,保证现金流量不仅可以满足项目融资结构中正常债务部分的融资要求,而且还可以满足股本资金部分融资的要求。

第四,贷款方与投资方就项目进度、市场发展之间的安排。例如,当房屋出租和销售达不到预期时如何保证贷款人的利益,是否应该采取第三方担保的方式;是否与项目投资者的近期融资战略和远期融资战略结合。

最后,实现投资者非公司负债型融资,这是商业地产项目融资的核心内容。

2. 项目公司融资方式

商业地产融资可以采用通过组建项目公司进行融资的方式,其优点是:法律关系较简单、融资结构较易于被贷款银行接受、项目融资的债务风险和经营风险大部分限于项目公司、易实现有限追索和非公司负债型融资,可利用大股东的资信优势获得优惠贷款条件,项目资产的所有权集中在项目公司,便于管理等。项目公司融资的缺点是:缺乏灵活性,很难满足不同投资者对融资的各种要求。例如,税务安排和债务形式选择缺乏灵活性。具体又分为如下三种模式:

项目公司融资。由投资者共同投资组建一个项目公司,把项目的所有权益统一装到项目公司名下,以项目公司的名义建设、拥有、经营项目和安排有限追索融资。项目建设期间,投资者为贷款银行提供完工担保。融资要点是:第一,项目投资者根据股东协议组建项目公司,并注入一定的股本资金;第二,项目公司作为独立的生产经营者,签署一切与项目建设、生产和市场有关的合同,安排项目融资,建设经营并拥有项目;第三,项目融资安排建立在对投资者有限追索的基础上。在项目建设期间,投资者为贷款银行提供完工担保。

通过项目子公司安排融资。建立项目子公司,以该子公司的名义与其他投资者组成合资结构安排融资。

通过合伙制项目安排融资。

专题:某高档商务综合楼项目融资途径

某市核心商务区有一位置绝佳的商业开发用地,规划建设商业+写字楼一体的商务楼。某开发商获得项目开发权,并办理了项目立项手续,但是该开发商没有足够的资金完成开发任务,即采取招商引资的办法寻找合作开发伙伴,要求伙伴能解决项目开发的前期资金投入,包括土地出让金、土地转让金和拆迁安置补偿费、建筑设计费和前期工程费等。由于该项目投资分析和商业投资分析商业计划报告反映项目经济效益可观(年投资收益率大于50%),抗风险能力强,市场预期良好,所以具备项目融资的先天优势。因此该公司采取如下步骤融资:

(1)出资者控股。在让投资者控股的条件下成立项目合作公司,发起公司各方同意把项目开发权无条件地转到合作公司名下。今后合作双方的经营行为以合作公司为核心运转。出资方是项目投资商,项目公司是项目的开发商。

(2)投资商以自己的资产和资信能力融资2亿元,其中1.5亿元用于补偿原用地单位和拆迁安置费用,5,000万元支付土地出让金。

(3)后来由于土地政策发生变化,土地出让金最低缴纳比例上升到60%,5,000万元不足,差额达到3,000万元。按照当时政策,60%土地出让金完成后就可以获得临时土地使用证,并办理相关手续,也可以抵押给银行。因此某信托投资公司愿意担保提供过桥贷款,过桥贷款的意思是只要办理完毕临时土地使用证,就过了难关,融资的渠道就豁然开朗。

(4)过桥贷款完成后,企业办理了临时土地使用证,同时拆迁任务完成,具备开工条件,由于合作双方投入了大量的资金,他们以项目公司的名义将土地使用证抵押,获得5,000万元的开发款,用于支付设计费、市政配套和设备的定金,前期建安工程费采取施工单位担保,项目公司贷款的方式解决。

(5)项目动工后为了减轻资金压力、降低资金成本,项目公司采取多种方式销售房屋,特别是寻找战略合作者,利用对方的品牌资源提升物业档次。通过这种方法回收资金3,000万元。

(6)获得预售许可证后加大推广的力度,保证按时归还银行贷款。如果销售情况不如预期,则采取与建筑施工单位达成战略投资合作协议,要求施工单位提供贷款担保,由项目公司贷款解决建设资金问题。

实践证明这种融资安排是正确的。项目融资使不可能变为可能,合作各方都获得了比较理想的投资回报。

第三节　商业地产投资信托融资模式

房地产投资信托（REITS）

1. 房地产投资信托

它包括两个内容：一个是资金信托，另一个是房地产资产信托。前者是由受托机构依法设立房地产投资信托，向特定人私募或向不特定人公募发行房地产投资信托受益证券以获取资金，投资房地产、房地产相关权利、房地产相关有价证券及其他经主管机关核准投资的项目，投资者从中获取投资收益。后者则是由委托人转移其房地产或房地产相关权利予受托机构，并由受托机构向特定人私募交付或向不特定人公募发行房地产资产信托受益证券，以表彰受益人对该信托之房地产、房地产相关权利或其所生利益、孳息及其他收益的权利。特别值得指出的是，房地产投资信托在大多数情况下投向那些收益型房地产（如公寓、购物中心、办公楼、酒店、工业厂房和仓库）。

2. 税收优惠措施

符合规定的不需要交纳公司所得税和资本利得税，但其资产构成、收入来源和收益分配均要符合一定的要求。REITS同其他信托产品一样，如果信托的收入分配给受益人的话，信托是不需要交税的。REITS免交公司所得税和资本利得税，但股东要对自己所得的分红按照自己的适用税率交纳所得税和资本利得税。美国目前资本利得税分两部分征收，增值部分的税率为20%，折旧部分为25%。例如，如果5年前以100万元购得某物业，5年后折旧20万元，账面价值为80万元，售得110万元。资本利得税 = 20% × (110 − 100) + 25% × 20 = 7万元。

公司的资产主要是由长期持有的房地产组成;公司的收入主要来源于房地产;公司至少90%的应纳税收入应分配给股东。

3. 房地产投资信托类型

房地产投资信托分为如下三种类型:

权益型信托(Equity REITS)。权益型REITS直接投资并拥有房地产,其收入主要来源于属下房地产的经营收入。权益型REITS的投资组合视其经营战略的差异有很大不同,但通常主要持有购物中心、公寓、办公楼、仓库等收益型房地产。投资者的收益不仅来源于租金收入,还来源于房地产的增值收益。

抵押型(Mortgage REITS)。主要以金融中介的角色将所募集资金用于发放各种抵押贷款,收入主要来源于发放抵押贷款所收取的手续费和抵押贷款利息,以及通过发放参与型抵押贷款所获抵押房地产的部分租金和增值收益。

混合型(Hybrid REITS)。顾名思义,此类REITS不仅进行房地产权益投资,还可从事房地产抵押贷款。

早期的REITS主要为权益型,目的在于获得房地产的产权以取得经营收入。抵押信托的发展较快,现已超过产权信托,主要从事较长期限的房地产抵押贷款和购买抵押证券。但混合型无疑是将来发展的方向。

另外,REITS还有很多其他分类方法。例如,按股份是否可以追加发行,可分为开放型及封闭型。封闭型REITS被限制发行量,不得任意发行新的股份;相反,开放型REITS可以随时为投资于新的不动产增加资金而发行新的股份。按是否有确定期限,可分为定期型和无期限型。定期型REITS是指在发行基金之初,就定为确定期限出售或清算基金,将投资所得分配予股东的事前约定;无限期型则无。按照投资标的确定与否,分为特定型与未特定型。基金募集时,特定投资于某不动产或抵押权投资者为特定型 REITS;反之,于募集基金后再决定适当投资标的者为未特定型 REITS。

目前,美国大约有 500 多个 REITS,其中有 200 家左右为已经上市的公募基金,剩余的为私募基金。公募 REITS 的市值总额已经从 1992 年底的 160 亿美元骤增到 2001 年的 1,550 亿美元。

4. 房地产投资信托优势

房地产投资信托通过集中化专业管理和多元化投资组合,选择不同地区和不同类型的房地产项目及业务,有效降低投资风险,取得较高投资回报;中小投资者通过房地产投资信托在承担有限责任的同时,可以间接获得大规模房地产投资的利益;房地产投资信托提供了一种普通投资者进行房地产投资的理想渠道。其特有的运行机制(组织形式、有限责任、专业管理、自由进出转让、多样化投资、优惠税收与有效监管)可以保证集中大量社会资金(从而产生相当大的市场强度与规模经济)、具有较高投资回报和较低投资风险,是一种比较理想的资本市场投资工具。房地产投资信托的股份可在证券交易所进行交易或采取场外直接交易方式,具有较高的流动性。

房地产投资信托的经营期限分为定期或不定期两种,财务运作对大众公开,透明度高。法律对其结构、资产运用和收入来源进行了严格的要求。例如,美国规定,房地产投资信托须有股东人数与持股份额方面的限制,以防止股份过于集中;每年 90% 以上的收益要分配给股东;其筹集资金的大部分须投向房地产方面的业务,75% 以上的资产由房地产、抵押票据、现金和政府债券组成;同时至少有 75% 的毛收入来自租金、抵押收入和房地产销售所得。可以获得有利的税收待遇,避免了双重纳税(房地产投资信托不属于应税财产,且免除公司税项)。

5. "旧时王谢堂前燕,飞入寻常百姓家"——REITS 的深远意义

由于公募 REITS 诞生,大到大型机构投资人(养老基金、商业银行、保险公司等)、小到个人投资者都可以参与房地产的投资,从而极大地壮大了房地产的投资者队伍。正是因为有了 REITS,美国的房地产业从一个主要由私有资本支撑的行业过渡到主要由公众资本支撑的大众投资产业。

REITS 专业化操作使得房地产投资越来越接近债券投资,房地产投资人逐渐从投机行为转向理性投资行为,同时 REITS 的多样性和灵活性可以使得房地产投资人能够根据各自的需求和市场判断决定是否参与。

房地产行业进一步细分,出现了专门的房地产投资管理公司、土地吞吐公司、物业开发公司、资产管理公司等,从而使得整个房地产价值链进一步丰富和完善。我们预计随着我国房地产投资信托的发展,将会出现更多的资产管理公司、资产评估公司、中介公司等,进一步活跃我国的房地产资本市场。

6. 房地产投资信托的作用

央行出台 121 号文件为信托公司与房地产业的牵手创造了契机。从长远发展看,信托资金对房地产业的融资需求是一个很好的补充。相对银行贷款而言,房地产信托融资方式可以降低房地产企业整体的融资成本,节约财务费用。而且期限弹性较大,有利于房地产公司的资金运营和持续发展,在不提高公司资产负债率的情况下优化公司结构。信托可以提供多种方式的资金供给,比如按照房地产企业本身运营需求或项目针对性强的资金信托以贷款模式介入房地产,以股权投资模式介入房地产,市场供需双方的选择空间较大。

信托产品的流动性和证券化发展空间大,可以在一定程度上缓解系统风险,为多种类型投资者提供新的投资产品,并在贷款证券化上进行尝试。

信托产品集合的是民间资金,一般房地产商在获得土地批文后,就可以信托融资,进行拆迁等前期投入,节约时间成本,同时也可分流部分银行储蓄,减轻银行系统的经营负担。

专题:法国欧尚天津第一店房地产投资信托计划

　　法国欧尚超市集团是世界500强企业之一,目前在14个国家和地区共有大型超市300家,小型超市600多家。欧尚在店铺选择上一向坚持"只租不买"的原则。2003年,欧尚看中了天津峰汇大厦一至三层,由于多种原因没能促成直接租赁,所以它就作为信托计划的发起人委托北京国际投资公司发起投资信托计划。2003年12月10日,北京国际信托投资公司购买了峰汇大厦一至三层的产权,并将该物业出租给法国欧尚。具体来说,三方的合作模式是:北京国投通过以信托计划募集来的资金,以相对较低的价格购买开发商隆迪立川公司开发的峰汇广场一至三层物业产权,然后出租给"法国欧尚天津第一店",以物业的租金收入实现投资人长期稳定的利益回报。北京国投对信托计划只是收取较低的管理费用。

图7-2　法国欧尚天津店房地产投资信托业务关系

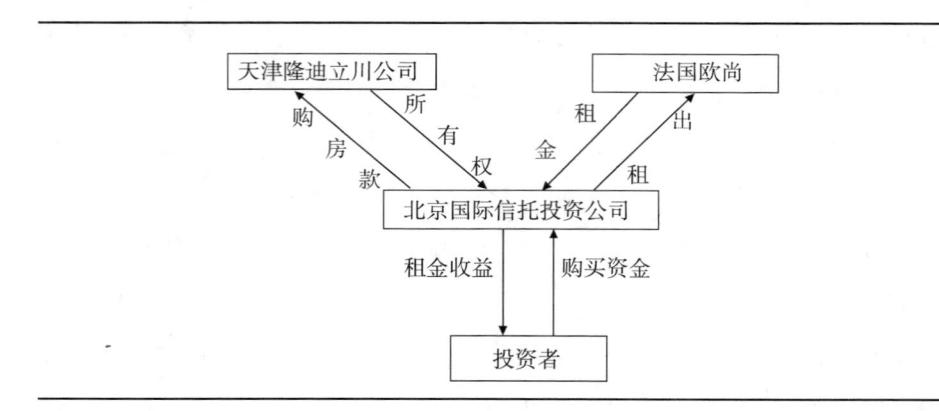

总之,房地产投资信托具备成为房地产业资金供给主流渠道的特性和条件,在银行紧缩信贷的政策环境下,房地产投资信托作为我国房地产速效途径的创新,已成为房地产融资的新宠。

房地产产业投资基金

1. 产业投资基金

《产业投资基金管理暂行办法》规定,产业投资基金是指一种对未上市企业进行股权投资和提供经营管理服务的利益共享、风险共担的集合投资制度,即通过向多数投资者发行基金份额设立基金公司,由基金公司自任基金管理人或另行委托基金管理人管理基金资产,委托基金托管人托管基金资产,从事创业投资、企业重组投资和基础设施投资等实业投资。产业基金实行专业化管理。按投资领域的不同,相应分为创业投资基金、企业重组投资基金、基础设施投资基金等类别。它是一种借鉴西方发达市场经济规范的"投资基金"运作形式,通过发行基金受益券募集资金,交由专业人士组成的投资管理机构操作,基金资产分散投资于不同的实业项目,投资收益按资分成的投融资方式。

产业投资基金具有"集合投资,专家管理,分散风险,运作规范"的特点。产业投向重点是高新技术产业、高效的基础产业,如收费路桥建设、电力建设、城市公共设施建设等,这些项目的建成投产将促进产业升级与结构高度化,以高风险实现高收益。基金以实业投资为主,但也作一定比例的证券投资,以保持基金资产的流动性。它还与"行业基金"有区别,其投资是跨行业、综合性的,以符合组合投资原则为依据。

2. 房地产产业投资基金

房地产投资基金以股权投资形式,将社会上的分散资金集中,形成资金规模优势,通过有丰富房地产投资经验的专业基金管理公司管理,可以实现分散投资,大大降低投资风险。由于产业基金主要投向优势企业的高赢利项目,客观上形成了对有限资源的配置,十分有利于行业龙头企业的脱颖而出。从某种程度上讲,产业基金的出现类似于证券市场上证券投资基金的出现,是为了超常规培养机构投资者。

3. *房地产投资基金将提升房地产开发、运营管理水平*

它将重塑房地产开发过程的产业价值链,加快建立行业标准,以此作为产业基金投资决策的依据。例如,产业基金要向优秀房地产企业提供投资支持,必须依靠评判公司经营战略、专业水平、财务状况、核心竞争力和投资项目优势的指标。产业投资基金实施专业的资金管理,实行独立的投资决策、横向整合、垂直投资,不参与被投资企业的经营管理,只是加入被投资企业的董事会,这对于建立和完善公司治理结构十分有益。如北京伟业顾问有限公司发起设立的伟业资产管理公司的运作模式是:以投资方式收购闲置、空置房产,形成资产池,通过物业租赁和销售等方法将不良资产转变为优良资产,再开展房地产阶段性权益投资、房地产证券化运作或者房地产信托,最终让资产流动起来,产生收益。

4. *房地产投资信托和房地产投资基金比较*

房地产投资基金和投资信托都属于基金形式的房地产证券化形式,但显然属于不同的金融产品。两者主要有如下三个区别:

(1)定义不同。房地产产业投资基金一般由一个负无限责任的经理合作人(基金管理公司)和一个或多个负有限责任的有限合伙人(基金投资者)组成,以公募或私募的方式募集资金,并将所募集的资金用于房地产投资。资金投向严格限定于与房地产有关的证券(包括房地产上市公司的股票、债券、住房抵押贷款债券等)、房地产开发项目、房地产的租赁与出售等方面。房地产投资信托一般以股份公司或托拉斯的形式出现,通过发行股票或受益凭证募集投资者的资金,然后进行房地产或房地产抵押贷款投资。

(2)运营模式有别。投资基金经理合作人负责经营,这要求他们具备专业知识和丰富的投资经验、经营技能,并承担基金债务的无限责任,有限合伙人只有所有权,并无经营权。投资信托通常委托或聘请专业机构和人员实施具体的经营管理。由于房地产投资信托除受到整体社会投资环境的影响外,投资对象选择不当、投资时机把握不好或者是管理不善等原因,都可能造成房屋出租率的下降、营运成本的增加或贷款偿还的拖欠,进而影响到房地产投资信托的营运业绩与市场价值。因此房地产投资信托常聘请专业顾问公司和经理人员来负责公司的日常事务与投资运作,并实行多样化投资策略,选择不同地区和不同类型的房地产项目及业务。

(3)资金集中渠道不同。投资基金通过公募或私募的方式募集。投资信托资金来源于发行股票,由机构投资者和股民认购,从金融市场融资,如银行借入、发行债券或商业票据等。

5. 我国的房地产投资基金发展

自2003年以来,外国的投资基金进入大陆的步伐加快,以各种各样的方式为房地产市场输送资金和信心,我国国内以房地产投资为对象的房地产基金、投资公司通过私募方式也不断出现,典型的就是住宅产业商会运作成立的精瑞基金(见下)。有关数据显示:在美国,投资房地产的年平均收益率为6.7%,日本、新加坡为4%,而在上海,年净收益率却可以达到20%~50%。因此国外投资基金争先恐后进入我国房地产市场。如2003年7月,美国摩根斯坦利投资了上海卢湾区"锦麟天地雅苑"项目,在短期内获得了超过预期30%的收益。目前,摩根斯坦利、荷兰国际集团、美国华侨民间基金、德意志银行房地产投资基金以及纽约凤凰金融有限公司等海外基金都先后介入了我国房地产业。

目前在我国设立房地产投资基金还受到多方面的限制。首先法律不健全,还没有关于房地产投资基金管理办法,与此相关的是《证券投资基金法》和即将出台的《产业投资基金管理暂行办法》。其次是资金募集数量限制。例如设立投资公司发起人要达到50人,如果按信托发行办法,只能发行200份,如果募集资金2亿元,每份100万元,募集资金额受到很大限制。最后就是缺乏行业规范,缺乏房地产投资收益管理规范。

专题:中国住宅产业精瑞基金模式

精瑞基金是中国住宅产业商会积极运作,在香港成立的以住宅为投资目标的投资基金。公司规模为1亿美元,资金采取私募方式筹集,是封闭的、公司型投资基金。基金管理结构是香港注册的中国住宅产业投资精瑞基金管理公司,在中国大陆投资的住宅产业项目以契约方式全权委托北京精瑞联合住宅产业投资公司管理。

由于国内还没有产业投资基金管理法,所以发起方在咨询各方意见后,决定采取"曲线道路"成立,首先达到"三合法",即:一要符合中国目前一切有关金融、投资的法律法规;二要符合境外基金注册地的法律法规,按照正式的国际基金方式运作;三要设计出一个模式,尽量符合将来出台的"产业基金法",以便于将来正式在国内注册。因此精瑞基金采取了在境外注册基金,在国内组建投资管理公司"曲线方式",海外拟募资1亿美元,国内以信托模式再募集10亿人民币。"中国住宅产业精瑞基金"由"中国住宅产业投资公司"控股,所募资金由投资公司定向投入国内的房地产项目。中国住宅产业投资公司主要由信托公司、一家投资公司和房地产产业链上的一家企业组成。国内则主要通过作为投资公司股东的信托公司募集资金,也通过投资公司进行房地产投资。

由于基金是价值型投资基金,基金投资目标是内在价值被低估或者有较高价值的项目,通过投资组合的动态调整分散和控制风险。在注重资金

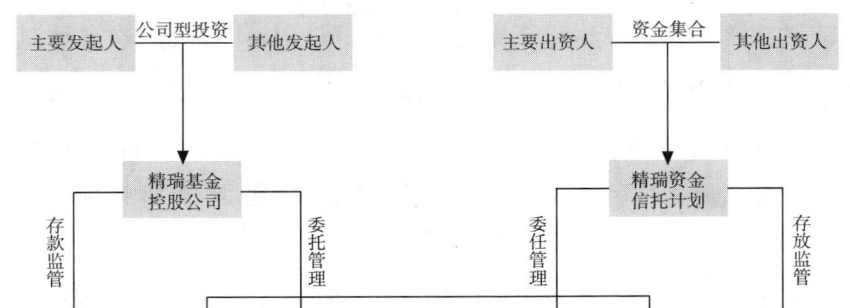

安全前提下追求资产的稳定增值和现金流通速度。投资范围限于各区域政府的土地一级开发，优秀企业的过渡项目、在住宅产业链中起关键作用的高科技产品、民营企业或者国有企业管理层股权收购等。

图7-3 中国住宅产业精瑞基金投资组织结构图

投资组合遵循安全性、收益性和流动性的原则，综合宏观经济和资本时常变化等因素，确定资产配置比例；遵循价值型投资策略，投资重点是价值被低估或者具有垄断优势的企业资源或者产品。为此基金采取了净现值评估法、经济价值增值评估法、投资资本回报率评估法和投资现金流收益率评估法等静态评估方法，采取的动态评估法为实物期权评估法。

精瑞基金将采取多种措施控制和防范政策风险和经营管理与财务风险。例如加强政策研究、宏观经济研究和产业发展态势、发展政策研究。加强投资项目研究，对项目管理企业的调查研究等等。

总之，在各种法律、法规还不完善的条件下，精瑞投资基金能够成立、募集成功并顺利在国内落地是巨大的成功。可以预见，随着我国产业投资基金法、房地产投资基金管理法的逐步出台,房地产融资难的局面将得到巨大改观。

房地产证券化

1. 房地产证券化概念

房地产证券化(Real Estate Securitization)是指把流动性较低的、非证券形态的房地产投资转化为证券资产的交易过程,使投资人与房地产投资标的物之间的物权关系转化为有价证券形式的股权或者债权。也就是说发起人通过发行基金权益单位,将小投资者涓涓细流汇集起来购买房地产,或房地产权益所有人按价值单元细分为产权单位出售,实现所有权和使用权分离。

房地产证券化因此包括房地产抵押贷款证券化和房地产投资权益证券化两种形式。前者是房地产证券化核心内容之一,是指以一级市场(即发行市场)上抵押贷款组合为基础发行抵押贷款证券的结构性融资行为。房屋抵押贷款银行选择优质的抵押贷款汇集起来形成资产包,把该资产包证券化后销售给投资人,投资人获得稳定的回报,贷款银行解决资金不足的难题。后者是投资者购买房地产投资信托证券,使投资者与投资标的物之间的物权关系转变为拥有有价证券的债权关系,专业信托投资公司负责房地产投资及其权益回收,然后根据收益和个人持有证券数量获得投资收益。因此房地产证券化实质上是不同投资者获得房地产投资收益的一种权利分配,其具体形式可以是股票、债券,也可以是信托基金与收益凭证等。

2. 房地产证券化特征

(1)基础资产的法律形式是合同权利。无论是房地产抵押贷款债权的证券化还是房地产投资权益证券化,在证券化过程中,基础资产都被法律化为一种合同权利。

（2）参与者众多，法律关系复杂。从基础资产的选定到证券的偿付，有众多的法律主体以不同的身份参与进来，借款人和贷款人之间的借贷法律关系，委托人和受托人之间的信托关系，特设机构（SPV）和原始权益人的资产转让关系，SPV 和证券承销商的承销关系，还有众多的中介机构提供的服务而产生服务合同关系等等，相互之间产生纵横交错的法律关系网。

（3）融资模式独特。一方面要设计一种严谨有效的交易结构，另一方面要达到不增加发起人的负债，是一种不显示在资产负债表上的融资方法。通过证券化，将资产负债表中的资产剥离改组后，构造成市场化的投资工具，这样可以提高发起人的资本充足率，降低发起人的负债率。

（4）高安全性。由于证券化风险隔离设计，投资风险只取决于基础资产现金流，可以说与发起人的整体信用关系不大，与发起人的经营风险隔离，也和特设机构（SPV）的破产风险隔离。证券化基础资产实行专项管理，SPV 的经营范围不能有害于证券化，对基础资产的现金流收入委托专门的金融机构专款专户。也就是说在发起人和基础资产之间有一道道防火墙，降低了证券化资产的风险。另外，证券化的信用级别也不受发起人影响，除了取决于自身的资产状况以外，还可以通过各种信用增级手段提高证券化基础资产的信用级别。

（5）政策性强。众所周知，美国是崇尚市场机制的国家，但与其他经济金融部门相比，房地产市场是美国政府干预较深的一个领域。一方面通过为抵押贷款提供保险和发起设立三大政府代理机构——联邦国民抵押贷款协会、联邦住房抵押贷款公司以及政府抵押贷款协会参与到证券化业务中来，直接开展住宅抵押贷款证券化交易，并通过它们的市场活动来影响抵押贷款市场的发展。另一方面它则通过制定详尽的法律法规来规范和引导市场的发展：美国政府调整了法律、税务、会计上的规定和准则，包括通过《税收改革法案》；以 FAS125 规则替代 FAS77 规则，重新确定了"真实销售"的会计标准;通过了 FASIT 立法提案等等。所以,房地产证券化市场受政府政策导向影响大产投资权益证券化即商业性房地产投资证券化。

3. 我国房地产证券化发展

我国的房地产证券化将以资产证券化的方式发行,商业银行持有的房地产抵押资产将以证券的方式卖给社会公众。2005 年 3 月,资产证券化试点已获国务院批准,国家开发银行和中国建设银行将作为试点单位,分别进行信贷资产证券化和住房抵押贷款证券化的试点。银监会和中国人民银行联合起草的《商业银行资产证券化管理办法》也将会出台。资产证券化将货币市场和资本市场有机联结,一方面实现银行信贷风险"减压",另一方面在为资本市场增添交易品种的同时,也为市场输送源源不断的资金"血液"。

第四节　商业地产资产运营

存量商业地产资产运营：形势与方法

1. 商业地产资产运营

商业地产资产是指正在工程建设之中以及建成使用的用于商业用途的物业。一般地，我们多指已建成商业物业，如厂房、宾馆、写字楼等。商业地产资产是资产大类的一个组成部分。图7-4是中国信达资产管理公司进行行业资产分类时，发现房地产是最大的一类资产。因此房产物业在银行资产池中所占比例最高，需要采取措施盘活，同时，开发商们也很关心采取何种方法才能提升物业价值。

图7-4　房地产类物业资产在不良资产中的比例最高

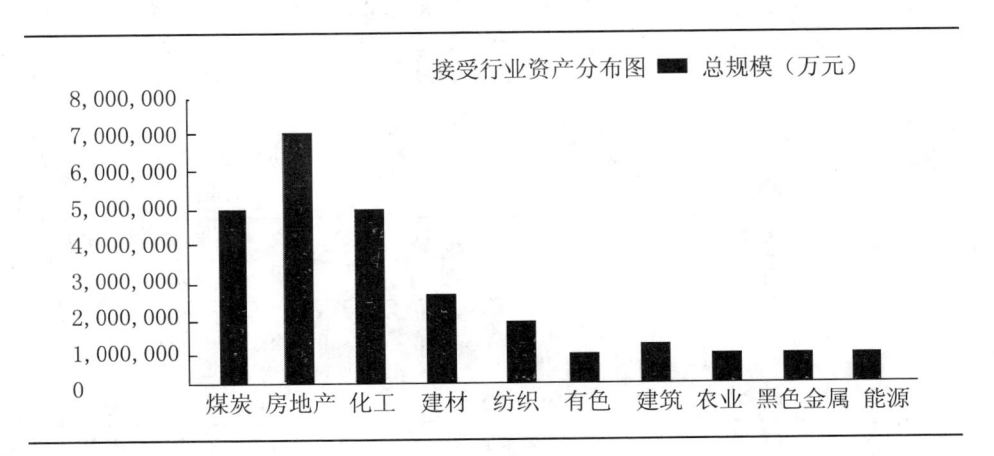

另据国家统计局统计资料，2005年一季度，全国累计完成的商业营业用房施工面积1.03亿平方米，同比增长20.4%。但同时问题也突出，到3月底，商业营业用房空置面积为2612万平方米，同比增长20.3%，空置面

积与开发面积几乎同步增长。它占了全国商品房空置面积 9,220 万平方米的 28%。如何避免新的积压,消化已经形成的积压,是商业地产资产运营需要解决的问题。

2. 商业地产资产分类及运营模型

资产分类有许多的标准、原则和规定,例如按照风险高低划分、按照资产赢利能力划分等。我们尝试一种按照物业质量为基本标准的分类方法(表 7-3)。

表 7-3 商业物业资产属性和分类

评价指标	劣质物业	中性物业	优质物业
物理状态	设备和装修老化,维修费用高,经济性差	可继续使用维修费用上升	设备状态良,维修费用低
空间位置	一般在商圈的外围或者偏远地带	位置适中,在商圈的范围内	在商圈的核心位置,通常为地标性建筑
市场区域	市场很小,不受重视	市场较大,影响范围广	市场区域大,具有区域性质
主力客户	无,不受主力客户重视	区域性主力客户,影响范围小	大客户,常常具有市场号召力
经营效果	差,往往低于营业的门槛值,客户随时放弃	较好,客户经营效果比较满意	很好,客户有比较好的商业信誉和市场
租金	低,甚至免费使用	可以,租金比较稳定	高,且稳定,有上升的趋势
售价	低,空置率高,甚至无人购买	售价适中,销售率适当	高,销售率高
在生命周期阶段	前期或者后期	中期和后期	全过程
产权结构	有瑕疵,多产权人	无太大瑕疵	产权结构良好,无瑕疵
标志性	无	一定水平	一般具有地理标志性

上述分类并不绝对,如有些物业的物理状态非常好,各项指标几乎都达到优质物业的条件,经营效果却很差,出租率低,租金低,这要归因于市场狭小。那么该类物业不算优质物业。我们认为只要关键指标有一项达不到要

求,就应降低物业质量评级。

点石成金——不同类型商业地产资产的运营方法

1. 资产运营的方法论

将物业价值提升就有沙里淘金和点石成金的奇妙。例如,某知名经济连锁酒店的选址和挑选物业的方法是:以物业为中心画方圆1公里的范围,调查该范围内物业的租金和销售价格,如果备选物业价格在该范围内最低或者比较低,说明有运作空间,买和租都可以(当然要考虑产权性质和房龄)。当房价比较高时,提升空间要么有限,要么难度太大。举个形象点的例子,如果某物业的价值已经达到了市场价值的95%,就好比纯度达到95%

图7-5 不同类型商业物业运营路线图

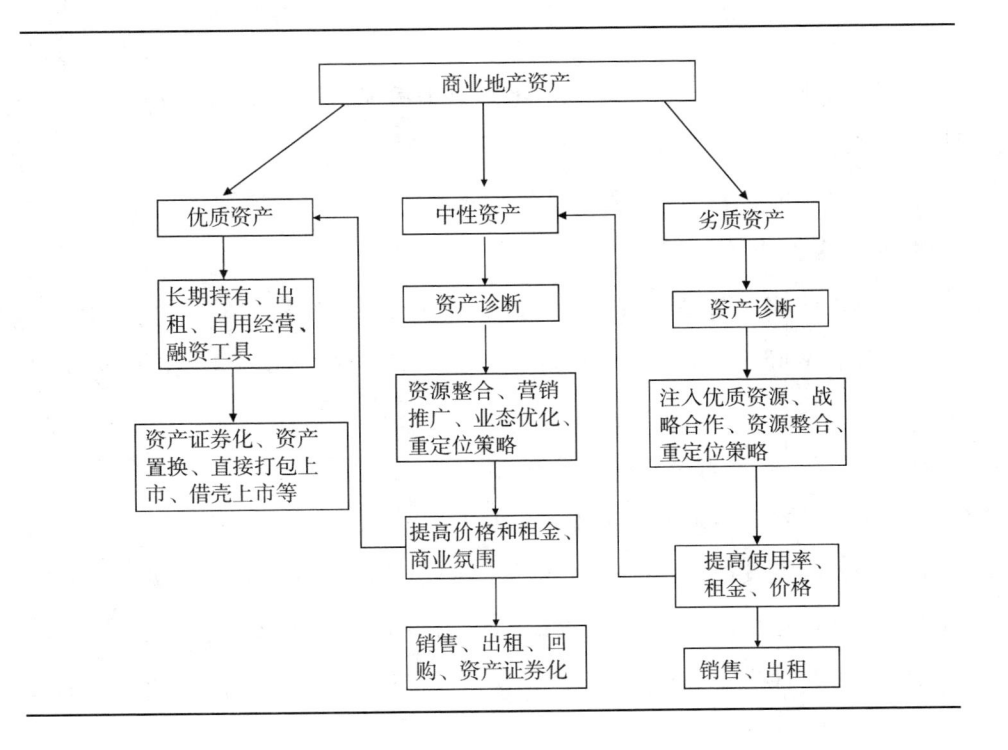

```
                    商业地产资产
          ┌────────────┼────────────┐
       优质资产      中性资产      劣质资产
          │            │            │
    长期持有、出     资产诊断      资产诊断
    租、自用经营、      │            │
    融资工具      资源整合、营销   注入优质资源、战
          │      推广、业态优化、   略合作、资源整合、
    资产证券化、资产   重定位策略    重定位策略
    置换、直接打包上      │            │
    市、借壳上市等    提高价格和租金、  提高使用率、
                    商业氛围      租金、价格
                       │            │
                    销售、出租、回   销售、出租
                    购、资产证券化
```

的金条,如果提纯到99.999,9%,不但难度大,而且也没有多少油水可捞。但如果房屋就好像满地的石头,别人发现不了它的价值,经他们的手一点拨,变成了黄金,价值增长幅度则相当大。

因此,物业运营的关键是识别能够成为金子的石头,并有点石成金的本事(技巧和资源)。

2. 劣质资产诊断及其改善方法

对于严重资不抵债的物业或者低价值物业,称之为休克鱼。一般地,导致资产质量降低的原因有:

(1)环境变化:例如市中心传统商业街区随着居民的大量外流(郊区化),导致需求下降,经营不景气,资产质量下降。

(2)物业硬件需更新,如写字楼的设备老化,装修退化,需要投入巨额资金改造。

(3)物业总体过剩。在区域需求总量不增加的情况下,不断有新的楼盘加入,供应量大幅度增加,租金和出租率下降。

(4)物业位置偏远,远离消费区域或者消费量超不过门槛营业额,没有经营者愿意进场经营,变为劣质资产。

(5)管理体制原因造成。在我国不少酒店、商场处在城市的繁华地段,经营非常好,但就是不赢利,严重亏损,甚至资不抵债,就是因为体制原因。

(6)业态、业种组合搭配不合理,相互矛盾冲突。

根据上述分析,采取的措施主要有:

(1)注入优质资源和战略合作。木桶理论表明:木桶容量取决于最短的那块木版。物业价值低的关键是核心资源缺位。例如有些物业位置偏远,缺乏市场,改善措施就是寻找有吸引力的产品、名牌企业、特色经营等创造市场,营造购物氛围。

（2）资产功能"重定位"。对于进行建设中的物业和存量物业，重定位则是一个非常重要的概念。由于商业物业的历史寿命长，例如高档写字楼的寿命甚至达到100年，在漫长的历史长河中，功能应与时俱进，依价值规律调整功能和业态组合。须指出，商业地产的重定位必须建立在战略研究和审慎的微观研究基础上，否则不但转型容易失败，还可能导致企业陷入深深的泥潭。

（3）再改造策略。有些物业资产质量差，收益率差不是物业的位置和环境造成的，而是因为物业的物理性状所致，需要通过改造系统提升物业资产质量。例如居民住宅因道路拓宽靠近交通主干道，噪音大，但是把它出租给商业经营户，改变用途，稍微改造，租金就可大幅度上升。

（4）以时间换空间，争取转机。部分劣质物业是因为定位不当，在根本没有市场需求的地方建起来，设计严重背离市场，导致严重积压，这只有采取"时间换空间"的思路，等待城市扩大，等待土地供应限制政策，使项目的价值逐渐显露。我们发现，从2003年开始有些物业的价值（地价和批文）又被重新发现，具有了使用价值，资产质量才得以提高。

3. 中性资产的改善方法

其市场表现是不温不火，前进一步则海阔天空，后退一步则是万丈深渊，经营者提心吊胆。中性资产有两类来源：一是劣质资产质量改善造成；另一类是自然形成，物业从使用开始就一直平平淡淡。我们认为应该采取如下措施提升资产质量：

（1）观察物业资产所处的发展阶段，例如周边环境是在改善还是在变坏？处在生命周期的哪个阶段？经营业态是否还存在竞争力？如果处在生命周期的下降阶段，就应该及时调整，不能将就拖延，要有壮士断臂的魄力。实践中，很多企业就是因为采取拖拉战术，每天都在努力解决问题，但每天的亏损额增加，感觉到物业质量还不错，如果拆掉旧装修岂不造成更大的浪费。但浪费事小，物业的价值存活事大。因此建议企业不能做温水之蛙，要敢于放弃，采取休克疗法，放弃旧的物业资产才能迎来全新景象。

（2）中性物业资产要敢于开放，引进战略投资者。由于物业赢利能力还可以，许多企业采取封闭式的态度，往往采取拒绝合作的态度。

（3）中性物业要区别情况逐步转型。要敢于放弃，放弃并不是推倒重来，而是"扬弃"，逐步向优质物业目标靠拢。例如市中心的店铺面对城市郊区化发展的浪潮，与开发商战略合作输出管理品牌，借机改善和调整市中心物业的业态和业种，向精、奇、特方向发展，向办公物业方向发展。

（4）增添帮手，扩大市场影响力。某些中性物业规模小，综合优势弱。为此在条件许可的范围内增建补充型的物业，相互创造市场。笔者策划的某商业物业从外观、装修、环境在当地都是一流的，上风上水之地，就是因规模过小致使物业赢利能力难以提升，因此我们建议在附近建设两幢高级写字楼，形成商务中心板块，物业将会向优质资产转化。

4．优质物业的运营方式

除选择长期持有外，还要以动态管理方法保持物业资产的高质量。具体有如下几个方面需要考虑：

（1）实施客户关系管理战略，保持和吸引优质客户。优质客户决定着物业的租金和价格定位，是贡献率最大的一个群体。为他们提供完善、及时的物业管理服务是合作的关键。俗话说，擒贼先擒王，所以要优先服务好主力客户，如写字楼中的大型企业、购物中心中的主力店铺，防止他们流失。例如在山东沿海某城市，韩国商品非常紧俏，是销售对象为外地游客的主要商品，主要资源如进货渠道、主要客户均掌握在韩国商会手中，新建大型物业为提升价值，以优惠条件向韩国商会会员销售物业，但要求韩国商会迁入办公，设立韩国精品商场，售卖纯正的韩国货品。结果，韩国商会除带动会员进场经营，还带动本地商户积极进场，极大地提升了物业价值，为招商活动创造了良好条件。

(2) 长期持有和资产运营是不矛盾的。一般地,长期持有的商业物业发展前景都比较好,具有持续增值的潜力。大型物业一般采取出租的办法,交由专业公司系统经营;小型物业一般自营为主。自营不但赚取企业经营利润,而且独享租金收益。

(3) 优质物业可以通过资产证券化和股权融资方式筹集资金。若不通过资本市场募集资金,大型商业物业的开发建设几乎是不可能的。物业可以通过抵押或者抵押证券化将难以流动的资产转化为可以流动的资金,支持下一步开发建设,越滚越大。

(4) 资产置换。优质物业收益稳定,深受投资人喜爱,所以物业运营能力强的企业把优质资产置换劣质资产,通过系统化的资本运作把劣质资产逐步转化为中性资产,经济效益极为显著。

5. 物业运营成效价值曲线分析

图 7-6 是根据生长曲线设计的物业运营发展周期阶段。图中的实体曲线是比较理想的物业价值成长状态,经过运营步步提升物业的价值。但是有些物业的生命周期短,在经过短暂的繁荣之后就衰落下去,价值降低。衰落的原因多种多样,例如出现新竞争者并抢走优质客户;城市规划发展导致物业位置被边缘化。

某些物业价值走势呈现低—高—低—更高。有些物业看似永久地被遗忘了,但因环境变化价值被重新发现,价值一飞冲天。例如,某市政府计划重点发展高新区,起初人们认识没有到位,物业价值在起步阶段的漫长时期在低位徘徊,多年后逐渐提高。但是,中央政府土地政策发生重大变化,限制开发区建设,区域发展受到限制,前景不明,物业价值又回落。若干年后,由于城市空间发展需要,该区域被重新发展,价值又会被重新发现,价格快速提高,似有"忽如一夜春风来"的感觉。

因此，物业运营既要注重眼前利益，又要保持长期发展，长期物业运营战略远比暂时的高收益运营谋略重要。例如，有些大型商业物业的销售代理公司为提高经营业绩，采取产权式商铺模式，允诺给客户稳定年投资回报率。销售业绩虽然很好，却埋下隐患。原因是物业经营定位不准，长期空置，没有经营收益，开发商不得不按照协议支付固定回报，有的年率10%，三年就达到30%，开发利润被蚕食，被迫从购房人手中回购物业。

图7-6中的虚线反映物业价值在不同发展阶段的波动情况，例如X_1—X_3阶段，就是低—高—低—更高的物业价值发展轨迹，X_2是物业价值从最低到再下滑的轨迹。从物业运营的角度看，我们如何在物业价值开始下降阶段采取重定位策略，不但扭转价值下滑局面，而且使物业价值重新走上新一轮增长趋势是非常关键的问题。但在实践中，我们发现房屋所有者和经营者在重新定位上行动迟缓，即使已经意识到价值的下降（相对），由于原经营业态仍然有赢利或者稍微亏损，推迟变革，希望以较小的变化改变态势，结果越滑越深。我们认为，该放弃的要放弃，战略要及时转型。

图7-6 物业发展的价值周期阶段和不同命运

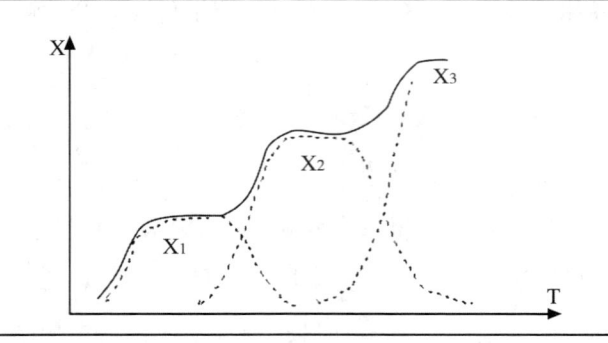

商业地产资产运营主体和模式

1. 运营参与者

图7-7显示,商业地产资产运营以开发商和资产所有者为龙头,主要参与方有物业管理者和资产运营者。前者为商业环境营造提供基础性工作,后者负责招引商家、出租和销售房屋。两者关系密切,不可分割。商业地产资产运营应该从项目立项时开始,贯穿房屋的整个生命周期,根据环境的不断变化和物业状态制定合适的方式。

图7-7 商业资产经营各方的关系与任务

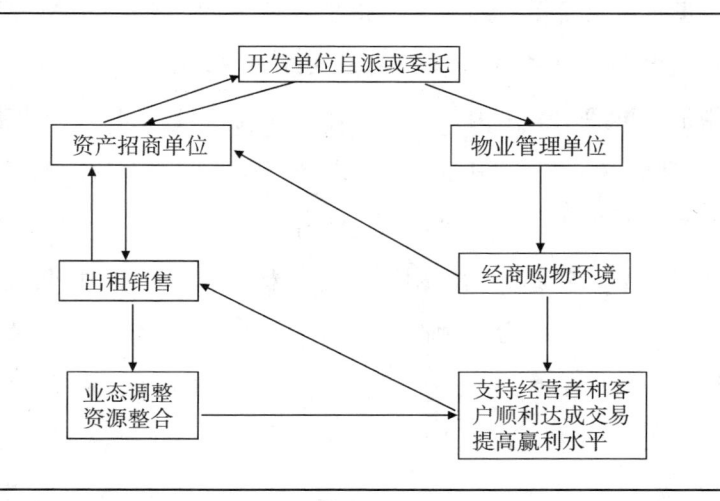

2. 运营模式

(1) 订单式商业地产运营模式

意思是先确定商业物业的使用者(租赁经营者),一般是商业集团公司或者连锁经营企业,由后者根据自己的需要提出规划设计要求,开发商则优先满足,然后开发商建设推广,除租给商业主力店的部分外,其余物业对外

307

销售，销售收入用于补充开发建设资金。

(2) 资产改良与重定位模式

某些物业因周边环境变化导致外观形象和内在环境不协调。例如，由于道路拓宽、周围房屋拆迁和环境质量改善，物业所在区域变成中心区，建筑成了城市形象标志。若物业外观仍保持原貌，不但政府要干预，而且物业价值也被严重低估。最佳解决措施是对物业进行重定位和改造。例如，物业原是普通办公楼，应提高定位档次，向中高端客户靠拢，据此重新设计、改造，全面改善物业质量，提高租金。这类物业被有些资产运营商称为价值被低估的物业，只要增加少许投资，价值就能得到极大提升。

(3) 资产功能重定位模式

功能重定位就是以新的功能用途替代原来的功能，新功能把物业潜在的价值发掘出来，原来的丑小鸭摇身一变成为白天鹅，价值倍增。

功能重定位的主要原因是商业物业寿命周期长，在其生命周期内，因环境变化、消费时尚变迁、物业相邻关系变化等原因，物业的原始功能也要随之变化才能符合价值变化规律，不应从一而终。例如，沿街商铺最初功能是卖杂货和日用品，当马路拓宽，对面建起高楼大厦，商铺功能可能变成高级时装店或者快餐店。因为这种改变能提高房屋的租金。目前，资产重定位模式比较成功的例子有：

(1) 上海新天地模式：把处在旧城中心的石库门建筑（居住功能）改造成商业街（商业功能），物业价值得到极大提升。实践中，住宅功能转变为商业或者办公用途都能使价值提升。

(2) 北京藏库 (Loft) 模式。位处北京朝阳区工体北路 4 号院内的藏库酒吧原来是工业用厂房仓库，随着周边酒吧、娱乐业的发展，物业价值被重新发现，被整修后用于商业用途，价值得到明显提升。上海黄浦江两岸的工业厂房、仓库部分地被艺术家们租用，稍加整修成为艺术沙龙。

(3) 历史文化建筑所形成的资产。北京皇家遗址、山西的平遥遗址、曲阜的三孔遗址等知名的遗存物业，无不焕发出商业地产的魅力。历史形成的物业只要适当开发，重新定位，就能焕发出蓬勃的生命力。我们根据泛地产的概念提出泛商业地产的理念，任何类型的历史遗留物业都有商业价值。很可惜的是，不少地方政府往往持历史虚无主义的态度，认为破破烂烂的房子没有用，却忘记它们是祖先的足迹和心血积累，是可以赢利的物业。

（4）资产与商业资源战略合作模式

有些商业物业或者因位置偏远、市场狭小，或者因为地处闹市但市场严重饱和，竞争激烈，导致物业价值降低或者无法实现，新开发物业或者衰落的商业物业尤其突出。为此，必须采取与大型商业物业、连锁经营企业战略结盟，以这些企业为增长点，带动相关商业活动的发育，形成商业氛围，形成从冷到热的转变，把劣质资产逐步转变为优质资产。

随着商业零售业大举对外开放，国际零售巨头抢滩一级城市，二级城市也成了攻击的重点目标，国内商家不得不采取三十六计走为上的策略，纷纷到三级城市称王称霸，成为当地的龙头企业，活跃了当地的市场。竞争结果是，大城市、中小城市的闲置物业通过与商业经营企业的联合重新焕发生机。

（5）托管模式

托管就是委托管理，当所有人不具备管理能力时就应考虑托管。商业地产的运营需要很高的技能和技巧，专业知识要求也很高。例如，酒店式公寓、星级酒店、高级写字楼等物业的经营管理必须有专业管理团队支持。专业管理团队不仅有专业技能，还有品牌资源、网络资源和人力资源，委托他们管理能够实现资源的高效整合，最大限度地提高物业的使用率和销售价格。实践中，很多高档物业之所以聘请知名公司作顾问，为招商、推广出谋划策，就是看中了这些公司的专业化和品牌、网络优势。实践证明，委托经营管理是物业保值、增值的重要举措。

托管类物业中最多的一类是酒店，国际和国内知名的酒店管理集团立

足于品牌和资源输出接手管理不太完善的酒店公司,在完善硬件基础设施的基础上,输入软资源往往取得很好的成绩。

从资产运营到资本运营——成就超级商业帝国

1. 商业地产证券化

资产证券化崛起于 20 世纪 70 年代末,如今已发展成为主流融资技术之一。资产证券化(Asset-Backed Securitization)是指企业通过资本市场发行有金融资产(如银行的信贷资产、企业的贸易或服务应收账款等)支撑的债券或商业票据,将缺乏流动性的金融资产变现,达到融资、资产与负债结构相匹配的目的。这种新型的融资方式是在 20 世纪 70 年代全球创新的浪潮中涌现出来的,其内涵就是将原始权益人(卖方)不流通的存量资产或可

图 7-8 商业物业资产证券化和循环投资模式

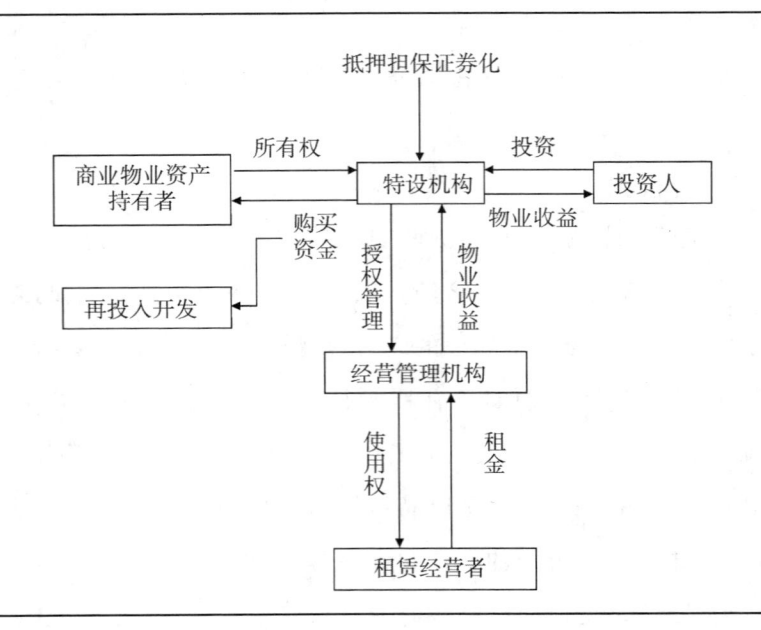

预见的未来收入构造和转变成为资本市场可销售和流通的金融产品的过程,具体来说就是将缺乏流动性、但能够产生可预见的稳定现金流的资产(如银行的信贷资产、企业的贸易或服务应收账款等),通过一定的结构安排,对资产中风险与收益要素进行分离与重组,进而转换为在金融市场上可以出售和流通的证券的过程,其实质是融资者将被证券化的资产的未来现金流收益权转让给投资者。

商业物业资产证券化的基本结构由物业使用者、企业(原始权益人)、发行人和投资者组成。即企业将向物业使用者提供产品或服务所取得的应收账款(债权:租金、销售收入、公共业权收入)真实"出售"给特设机构 SPV(Special Purpose Vehicle),SPV 公司以购买的应收账款组合(资产包或资产组合)为担保发行债券(Asset-Backed Securities),用发行债券取得的收入购买发起人(企业)的物业资产或者权益。经过这样的操作,企业就可以把自己不流通的存量资产或可预见的未来收入转换为现金流量。这就可以满足企业对现金的现时需求,进行投资扩大再生产、投资一个新项目或补足流动资金缺口维持正常生产。

一种可证券化的理想资产首先应该具有七个特征:能在未来产生可预测的稳定的现金流;有持续一定时期的较低比例的拖欠账款、低违约率、低损失率的历史记录;本息的偿还分摊于整个资产的生命期间;资产的债务人在地理分布和人口结构上具有多样性;资产能够继续保持正常的存续期,原所有者已持有该资产一段时间,有良好的信用记录;有相关担保品并且该担保品具有较高的变现价值或者对于债权人具有较大的效用;资产具有标准化、高质量的担保和托收条款。商业物业,尤其是大型商业物业,是难以流动的资产,但具有持久收益的特性,如酒店和大型商场,虽然难以流动,不好销售,但出租经营收益非常可观,具有投资价值。证券化方式把投资额降低,吸引大众投资,聚沙成塔,解决开发建设资金和资产变现的问题。

资产的证券化有助于拓宽融资渠道,缓解资金需求压力,使原始权益人

（企业）保持和增强自身的融资能力；提高企业资产的流动性及资产收益率，降低融资成本。据专家估计，相对于传统融资方式来说，资产证券化每年能为原始权益人节约至少相当于融资额 0.5% 的融资成本。资产证券化有助于保守企业的财务信息和商业秘密，为投资者提供了一种新的投资选择；从大的角度来说，发展资产证券化还可以推动我国的投资融资体制的改革和融资结构的调整。但是，我国的资产证券化（当然包括商业地产证券化）还面临着种种障碍，最突出的有如下 4 点：

（1）信用问题。资产证券化最基本条件是资产的信用情况易被信用评级机构及投资者了解，也就是说资产证券化的核心是信用；而目前我国的信用基础相对比较薄弱，商业信用环境尚不理想。

（2）法律问题。尽管我国的金融立法进展很快，一些法律法规为资产证券化的运作创造了一定的条件，但不可否认我国目前的法律建设还明显滞后，无法在现有框架下实施资产证券化的操作。

（3）税收问题。一般为发行资产担保证券所涉及的当事人都能享受到一定的税收优惠，以降低筹资成本。在这方面，可以借鉴一下国外的办法，对上述税收给予一定的减免税优惠。

（4）资金问题。我国境内资金供给总量已经具备一定的规模，但形成对资产支撑证券的有效需求还有待时日，这就需要政策的倾斜与引导。

2. 利用物业资产参股企业

物业资产价值高，拿出少部分就可以控股中小企业。特别是劣质资产甚至部分优良资产都是可以置换对象。本人曾经亲自参与以物业资产参股证券投资公司的方案设计。某证券公司为了扩展业务，购买了某公司持有的两层写字楼。在证券市场火爆的年头，参股证券公司是不错的选择。证券公司计划扩大营业面积为大客户营造良好交易环境，写字楼物业持有者经过权衡决定以物业价值入股证券公司，证券公司把物业抵押给银行获得流动贷款。物业持有者顺利进入证券经营行业，同时，由于证券公司的进入，相关企业也相继迁入该写字楼，使该物业的价值得以实现。

当时，我们还建议该写字楼持有者把少部分办公间免费交给高科技企业使用，或者用办公室作价入股，控制部分创新型高科技企业，进入高科技投资领域，其收益实在太可观。因为写字楼的出租率平均达到85%，总有15%空置，免费交给高科技企业使用的机会成本几乎为零，何乐而不为呢？

激活"劣质物业资产"步入资本市场

1. 投资银行大规模介入，购买并管理银行的不良资产

自从监管当局批准外国机构投资者进入中国的不良资产处置市场以后，众多的外国机构投资者都先后参与进来。其中有像摩根斯坦利、高盛集团、花旗集团旗下的所罗门美邦、瑞银华宝这样的华尔街知名投资银行，也有包括美国龙星公司在内的专门从事不良资产处置的公司和多只共同基金。近期，世界银行旗下的国际金融公司（IFC）出资 5,000 万美元发起设立了专门从事中国不良资产处置业务的"长江中国"投资基金。无独有偶，亚洲开发银行也出资 4,500 万美元成立了"扬子"基金专门从事与房地产有关的不良资产处置工作。

2. 部分有资金实力的企业已经开始介入不良物业资产的系统化运作

例如，北京首创资产管理公司先后运作了第五大道、巨库和白云家园项目，这三个项目都已建成，要么商业氛围低迷，要么价值被低估，可看成不良物业，该公司试图通过包装运作提升价值。再如，某些企业用新建物业置换处于城市核心地段政府办公物业，商业发展潜力巨大，企业置换物业后采取装修、增加设备方法提升物业价值。但是毕竟国内的房地产开

发商实力弱小，不太容易推动商业地产大船，所以国外的金融资本就有了可趁之机。在经过大发展后，存量物业的运营和价值提升将成为时代的主旋律。

3. 从商业经营入手控制商业物业，进入资本市场

全球最大的地产商就是麦当劳，它进入城市的核心地段，通过购买物业、控股和合作方式占领城市的顶尖物业。同时由于商业经营非常成功，具有持续增长能力。如此反复循环，企业规模越做越大。

国内企业知名的案例是国美电器。根据胡润富豪排行榜，35岁的黄光裕成为中国内地的新首富。黄光裕之所以能够脱颖而出，得益于其在资本市场上的成功运作。它把历年的商业资产经营成果与资本市场结合起来。2007年6月7日，黄光裕将国美电器的94家门店以88亿元的价格出售给中国香港上市公司鹏润集团，此次收购完成后，国美电器借中国鹏润在香港上市，中国鹏润也更名为国美电器，其主营业务随之转向零售业。其间，黄光裕通过减持"套现"总额约40亿元。

再如，经济型酒店在全国发展迅速。在锦江之星和如家快捷发展连锁店对物业和选址的要求中，有几条就是关于改造不良商业物业资产的。经它们的装修改造和品牌化运营，诸如旧工业厂房、旧办公楼、经营不善的酒店、长期空置的物业，甚至长期废弃的烂尾楼，又重新焕发生机和活力。根据如家快捷的商务运作模式，当连锁店发展到一定规模时，投资方会把如家的系列资产（物业、品牌、合同权益）打包上市，募集资金，投入再发展，实现价值的爆炸式增长。

4. 从商业地产开发商的角度看，国内的大连万达是商业地产成功运作的典范

万达经过多年的大规模开发，积累了大量的商业物业资产有待证券化，

募集资金。它因与大型商业经营企业长期合作,物业价值将长期保持稳定增长,是优质资产,具备从资本市场上募集资金的条件。实际上,为了募集足够的资金投入商业地产开发运营,大连万达已经把在全国开发大型购物中心打包以战略合作的方式转售给外国投资财团。

尤其值得一提的是,国美电器与大连万达于 2005 年 6 月 15 日签订了排他性合作协议。根据双方的战略协议,今后万达在国内开发建设的购物中心,国美电器保证以主力店形式进入。而国美开发的商业地产项目,万达也可以经营,或者双方合作开发、经营商业地产项目。目前在国内 19 个城市建了 21 个购物中心,总面积达到 300 万平方米。但"入住"的业主,全部是沃尔玛、百安居等国际巨头,至今还没有一家是国内企业。合作运营的目的从大连万达的表态中现出端倪:之所以"相中"国美电器,是因为国美电器近年来发展迅速,影响力与日俱增。万达及时地"霸占"了这块资源,可谓把订单商业做到了炉火纯青的地步。

商业物业资产运营的技巧

不论投资银行、房地产开发商还是商业运营商,单独进行商业地产的运营是不可能的。无数案例表明,商业物业资产运作共同的法门是:

1. 与商业经营资源联合

大连万达公司与世界知名的商业经营公司合作,把国美电器也装入自己的"篮子"里,无非是抢占商业经营资源。商业经营资源包括品牌、资金和技术优势,它并不限于商业零售业,还包括餐饮服务业、酒店业等行业,凡是有助于物业资产运营的行业都是可以利用的资源。

2. 立足于价值创造和共赢

两种资源的简单相加不是商业资产运营的精髓,精髓在于发现物业独特的价值,创造更多的价值,并实现价值,双方都从中受益。例如品牌经营商家发挥品牌资源的魅力,物业质量因品牌商家的合作而得以提升,实现价值创造。

3. 发挥优势资源的杠杆作用,以小搏大

杠杆作用表现在用少量的优质资产、品牌资源撬动规模较大的物业,用优质资源撬动劣质资产。例如,我们把商业街的一部分低价销售给名牌经营店,以此带动整体房价的提升,用"小失"而获"大得"。很多情况下,名牌商家提出的租赁和销售条件非常苛刻,即使如此,如果没有它们的加盟合作,就根本不可能激活资产。那么,就应该恰当运用杠杆原理,只租给它们一部分,剩余部分自己经营管理。

4. 连锁式扩张,形成资产池,为运营的证券化打基础

国美、万达、商业银行和麦当劳经营房地产,做大做强的共同特征是用成熟的商业模式在各地"克隆",连锁发展,这是形成庞大"资产池"的最有效、快捷的途径。当资产规模超过门槛值后,赢利空间被打开,产生核爆效应,为资产证券化和财富的快速扩张打下坚实基础。

5. 合纵连横,强强联合,资本化运作

当资源达到一定规模时,就具备了强强联合的资本。合作的强势企业不再限于本行业,而应是产业链的关联企业。强强联合首先基于战略整合,在战略层面合作,其次是战术层面。当两强企业合作后会产生超强企业。

案例4 北京伟业资产管理公司的运营模式

为了使读者更深入地了解商业地产物业运营的业务和内容,我们举例说明。图7-9系统说明了北京伟业资产管理公司运营模式。以传统业务为基础,通过导入资金与自己的优势管理资源、品牌资源嫁接起来,向投资银行业务、产业投资基金业务发展。根据公司的相关介绍,大体梳理以下思路:

1. 业务发展思路

在发展传统业务的基础上发展房地产投资基金。其传统业务[①](例如:房地产项目的资本运作、房地产的证券化及金融创新业务、项目融资和房地产项目管理)是公司的优势资源,做大做强,是业务增长平台。其未来业务立足于公司的主要业务(债权人房地产不良资产变现、房地产投资银行业务、房地产项目全程控制等)向着更广泛更深入的投资银行方向前进,逐渐形成以智力和产业关系为主并辅以资金密集为特点的核心业务,向着与投资公司合作的准基金模式、逐步向基金方向发展。

2. 资金与资产的有机结合

一手托两家,以自己为主形成资产池,自己与投资人发起成立公司募集资金形成资金池,统一汇集到基金层面。之所以企业能把各种资源整合起来,是因为公司有这方面的优势资源。

---

① 资料来源,中国资产管理网。

3. 资金运作，解决房地产投资缺乏资金的问题

图7-9 北京伟业资产管理公司运作模式①

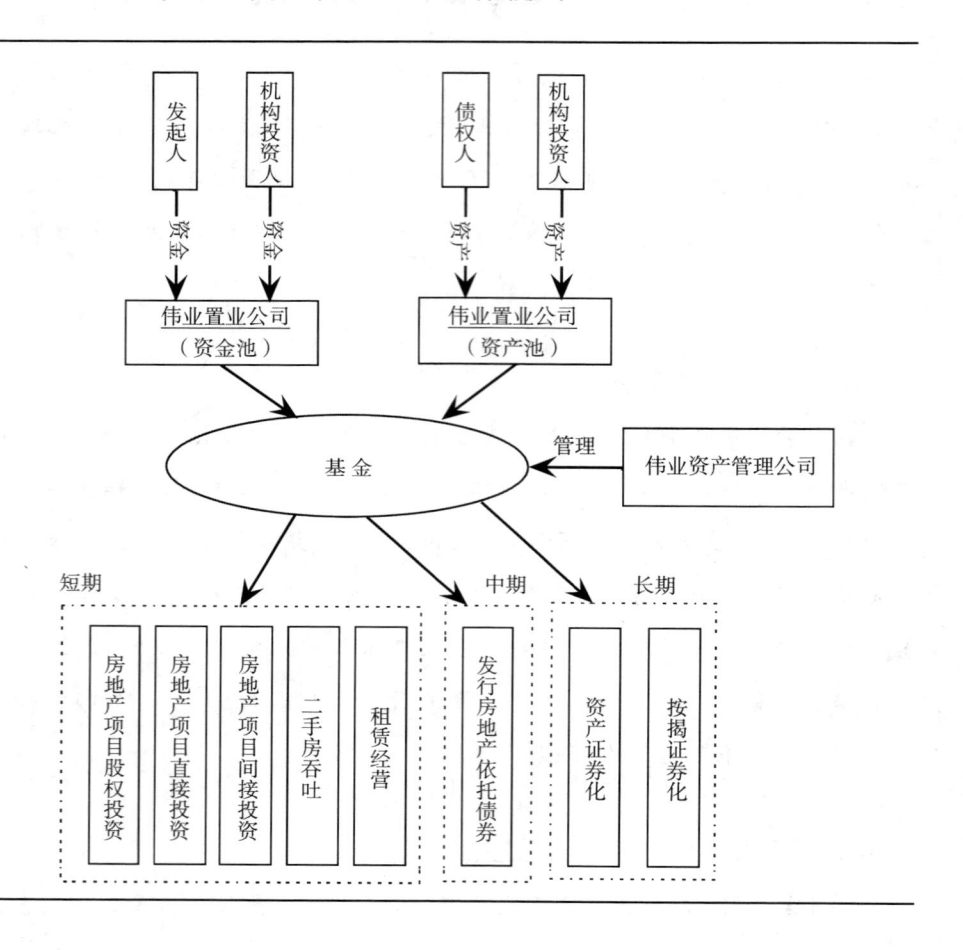

```
    发起人      机构投资人        债权人      机构投资人
      │资金        │资金            │资产        │资产
      ▼            ▼                ▼            ▼
    伟业置业公司                  伟业置业公司
    （资金池）                    （资产池）
         │                            │
         └──────────┐    ┌────────────┘
                    ▼    ▼           管理    ┌──────────────┐
                   基 金  ◄───────────────── │伟业资产管理公司│
                    │                        └──────────────┘
    ┌───────────────┼────────────────┐
    │短期           │中期            │长期
  ┌─┴──┬────┬────┬────┬────┐  ┌──┴──┐  ┌──┴──┬──────┐
  │房地│房地│房地│二手│租赁│  │发行 │  │资产 │按揭  │
  │产项│产项│产项│房吞│经营│  │房地 │  │证券 │证券  │
  │目股│目直│目间│吐  │    │  │产依 │  │化   │化    │
  │权投│接投│接投│    │    │  │托债 │  │     │      │
  │资  │资  │资  │    │    │  │券   │  │     │      │
  └────┴────┴────┴────┴────┘  └─────┘  └─────┴──────┘
```

---

① 北京伟业房地产顾问网站。

第五节　国内典型的商业地产运营模式

多年来，由于住宅开发受到国家宏观调控的制约，商业地产成了各路资金的避风港，专注于住宅开发的房地产企业受此吸引，纷纷介入商业地产开发领域。由于各企业背景不同、利益要求各异，便形成了不同的开发运营模式。综合看，国内的商业地产模式主要有如下几种：

SOHO商业模式

该模式可谓是潘石屹领衔的SOHO中国的"专利"，运用得出神入化，一以贯之。其特点是"立足央区、快速建设、化整为零、快速销售、现金为王"，商业经营则体现为"无主力店、无主题、无商业管理"，完全靠各个店铺的经营者在市场经济的大海里搏杀（详见第八章案例三）。

订单式商业模式和城市综合体模式

以物业主体，对外出租给商业经营企业、零散商铺全部销售为特征的是以大连万达、东方伟业为代表的"订单式商业地产模式"（参阅第八章案例一）。他们与大型零售企业结盟，与地方政府谈判获得十分有利的开发建设条件，把物业的核心部分低价出租给"结盟商家"，然后把剩余部分尽可能地高价卖掉，用销售利润弥补项目建设成本，以尽可能实现资金的项目内平衡。可是，这种模式如果得不到地方政府的巨大让步，很难实现项目资金的自平衡，就需要企业融资填补。当融资渠道不畅、打包上市无望时，就很难持续下去。2008年以后，当不少开发商准备涉足商业地产时，一级、二级城市的地方政府很难提供"便宜的粮票"，订单式商业地产模式就不得不向三线城市转移，因为这些城市旧城改造的压力较大，在前景不明时，很多地方的房地产开发企业不愿或者无力进入这个市场。"外来的和尚会念经"，这些与家乐福、沃尔玛、麦当劳等国际品牌建立战略联盟的房地产开发企业就趁"虚"而入。可是,当开发商不能获得地方政府的巨大让利时(旧城改造政策、配套费减免政策、土地出让金收益返还政策),仅靠商铺的销售利润无力支撑"联盟商家"占用物业的建造成本。"订单式商业地产模式"就遇到了难题。

在这种情况下,城市综合体应运而生,它提供一种将外部收益内部化的融资渠道和收益途径,即通过增加住宅开发量,把商业物业创造的物业升值内部划入同一个开发商囊中,这样开发商就可以维持项目投入产出的平衡,将商业物业低价租赁给大型商家经营,然后寻找机会将商业物业打包卖给股民或者投资基金变现。城市综合体模式因其对地方政府的旧城改造和城市副中心建设有巨大的推动作用而魅力无限,利用该模式,开发商又可以获得地方政府的让利和支持,从而能够再度启动"订单式商业地产模式"。因此,模式之转变就是"形、势、时"综合作用的结果,本质上是"策划"。

万科的"多元化"商业地产模式

万科地产脱胎于一个"特混舰队",其前身涉足的行业之多,可能连董事长王石都难以理清。后来他们壮士断腕、大作减法,把与房地产无关的产业全部剥离,卖的卖,送的送,成了全国首屈一指的"住宅地产"开发商,上市18年后,2010年销售额突破1,000亿元,成为行业第一,笑傲江湖。

但人无远虑,必有近忧。过度专注于住宅开发的定位就隐藏着风险,这种风险自2009年以来随着房地产市场宏观调控的步步深入而凸现——一旦住宅市场被打压将窒息。同时,万科也对人口变化做过深入研究,到2013年,首次置业人口开始下降,2017年,老龄化社会到来,住宅需求下降。作为一个大公司,如果不考虑这些因素,就是不合格的。考虑到这些因素,就要顺势而变。2009年11月16日,万科总裁郁亮宣布新战略:万科未来将加大商业地立的投入,并将陆续推出养老物业、酒店及商业配套等多种物业类型。可是,万科进入商业地产戴了两个紧箍咒:第一,商业地产开发量不超过总开发量的20%;第二,以住宅的配套商业为主,即社区商业配套为主攻方向。因此,有人称万科商业地产模式是"社区商业地产持有模式",核心仍然是为住宅开发服务。

从万科进入商业地产的角度看,它走的是"多元化模式",第一,进入城市综合体开发领域,发挥住宅和公寓建设的优势,进入商业地产,开发建设写字楼、酒店、购物中心等。实际上,大连万达集团之所以在商业地产领域如鱼得水,就是因为国内活跃的房地产开发商忽视了这个市场。就赢利能力而言,城市综合体一点儿也不差。第二,持有社区商业物业,变销售模式为 HOPSCA 为 HOTEL、OFFICE、PARK、SHOPPINGMALL、Convention、APARTMENT 出租模式,为此,在各地组建商业管理公司,负责持有物业的租务和招商工作。第三,介入核心地段的商业物业开发和运营,或持有或对外销售。例如,万科收购北京 CBD 内的赢嘉中心 B 座,经政府许可重新定位、装修,打造成为北京企业家们的私家会所。而位于北京 CBD 内的万科蓝山 G1、G3 号楼是写字楼,对外销售。可见,万科的商业地产种类是相当丰富的。第四,可以想象,万科下一步的重点是重回老路——组建或者控股、参股商业经营公司,像大连万达集团一样,培育商业品牌,以跟上商业地产快速扩张的步伐。如果没有商业经营品牌和品牌商家联盟,万科的商业地产是不彻底的。

凯德置地的长期持有、基金配置、资本市场套现模式

凯德置地是新加坡嘉德集团在中国内地的房地产开发商和资本运作平台之一,凯德商用公司则是该公司商业地产收购和商业经营运作的又一平台,凯德商用公司与沃尔玛、家乐福、百盛等国际零售巨头建立了双赢的战略联盟关系。新加坡嘉德集团又建立了"来福士中国基金",嘉德集团持有50%股权,并充当管理者,其余50%为亚太和欧美的养老基金和长线基金

所持有。因为上述几个要素,嘉德集团称雄于中国房地产市场,尤其是商业地产市场,形成了独特的"凯德商业地产模式"。其运作特点是:

第一,商业地产产业链完整。凯德置地不但有融资平台,还有战略联盟的支持,更有自己的商业经营品牌,如"来福士"(如上海来福士广场,北京来福士中心)和"嘉信茂"购物中心品牌(如深圳嘉信茂购物中心、泉州嘉信茂购物中心)。这些商品经营品牌负责自己开发的商业物业和收购的商业物业的招商和商业管理工作,收取租金和类似租金的费用。这些商业经营品牌又与世界著名的商业经营企业,如沃尔玛、家乐福等建立战略联盟,优先让它们选址进驻这些购物中心。

第二,私募基金(PE)和房地产投资信托基金(REITS)的综合配置,通过资本市场融资,以解决商业地产运作和物业持有对资金的巨大需求。第一步,先通过 PE 投资商业地产项目,获得项目权益,例如凯德商用和深国投、沃尔玛合作的案例,深国投与凯德双方投资 49% 与 51% 成立了商场管理公司管理,为商业项目提供市场营销和商场管理服务。2004 年年底,深国投以 9.3 亿出售其在建的 6 家商场 51% 的股份给凯德商用,2005 年中,又以 33.73 亿元出售另外 15 家商场 65% 的股权。不仅两年时间变现 43 亿,还获取了高额收益,而凯德置地自身为其商业资产打包上市又增加了筹码。第二步,当商业地产物业在凯德商用的综合运作下,经营形势日渐转好,便将那些经营效益较好、现金流稳定上升的商业物业打包,形成收益性资产池,该资产给予投资人"高收益和高增值利益",构建 REITS,兜售给广大的投资人。凯德系不但收回成本,还有巨大的溢价收益,并作为基金管理者、物业经营者、商业管理者收取管理费用。第三步,将通过 REITS 变现的资金再通过 PE 模式投入商业地产运作,形成良性循环。

第三,战略联盟的鼎力支持。凯德置地的 REITS 之所以受到各类资金的追捧,一方面在于商业经营效益;另一方面在于与国际商业巨头的战略合作。例如,沃尔玛长期租赁其物业,虽然租金水平低,但对于广大投资者而言,是信心的保证。如果没有这些商业巨头的进驻,恐怕其构建的 REITS 难以赢得投资者的芳心。

总之,我们可以把"凯德模式"视为商业地产运营的"组合拳",它不但整合了"订单式商业地产"模式,有着自己的商业管理品牌,还打通了资本市场,保持资金的充足供给。而 SOHO 模式、大连万达的订单式商业地产模式、万科的多元化模式,都似乎缺少了一个或者两个资源。大连万达模式在不断转变中,初步弥补了"商业地产经营内容"欠缺的短板(如万千百货、万达电影院线、电玩城等),但在 REITS 方面,因为国内还未放行 REITS,仍无法与凯德模式相比。但是,由于城市综合体模式提供了商业地产开发的内部融资方式,所以,大连万达集团大踏步前进,在全国广泛布局"城市综合体"开发。

因此,商业地产模式与企业的资金实力和融资能力是密切相关的,并无统一定式。别家的模式再好,若无资金垫底,还不是最好的模式。

第八章 商业地产策划与运营案例分析

案例一 订单式商业地产,双赢模式
——大连万达商业地产模式剖析

起源于1999年的大连万达商业地产在全国首创了商业和地产开发相结合的"订单地产"的全新模式,迄今开发的大型购物中心遍及大江南北、长城内外,是国内商业地产开发和运营的标杆企业,开发过程经历了风风雨雨,经验与教训是中国房地产行业的宝贵财富。本书对比专门分析,以期对从事商业地产开发和研究工作的人士有所启发。由于资料、见闻所限,有所纰漏请各方海涵。

一、订单式商业——招商于无形,合作双赢

商业地产运营关键环节是招商,如果事先确定了目标买家或者目标商家,那么开发建设过程就比较轻松了。大连万达在这方面有独到性,拓展了商业地产的经营空间,形成了订单商业地产模式。什么是订单商业地产?

万达集团总结如下四点：

1. 共同选址。合作双方事先约定发展的目标城市，然后由公司到这个城市找项目，双方共同评价，在规定时间期限内决定是否可行。

2. 技术对接。完成选址后，即展开规划设计。根据零售商的意见和要求，进行技术对接，修改完善设计方案，最后进入图纸设计阶段。

3. 平均租金。为了节约谈判时间，万达把全国城市划分为三等，每一等租金多少钱事先确定下来，合作双方不用就租金进行旷日持久的谈判。而把工作重点放在业态组合、商场规划方面。

4. 先租后建。当面积、租金确认后，先签租约，交保证金后再开工建设，量身定做。

从实践来看，大连万达公司在订单模式运作中还有独到之处，就是：

1. 强强联合、强中纳强。他们引进七大国际知名品牌主力店：沃尔玛、欧倍德、百盛购物广场、灿坤3C数码广场、红星—美凯龙国际家居广场、新加坡大食代美食广场以及时代华纳。与时代华纳的谈判相当艰难，聘请美国最优秀律师，仅协议书就有一千多页。从大连万达战略合作伙伴中可以看到，战略合作伙伴选择遵循如下原则：

（1）具有强大的吸引力和凝聚力的世界500强企业；例如与沃尔玛、肯德基的合作。

（2）社会知名度高，亲和力强的亚洲超一流企业；如与大食代、百胜餐饮等亚洲一流企业。

（3）国内相关行业的前三名。例如与国美电器的战略性合作就符合这一标准。

2. 以强带弱，共同发展。大连万达在全国各地发展的购物中心都是以强势经营企业为龙头发展起来，中小商家依附于大商家引来的人流而生存。在商铺分类中有旺铺、分享型商铺和借势型商铺之分，大商家就是旺铺，中小商家就是分享型和借势型商铺。值得注意的是，弱势商铺反而是公司的利润源泉(见下面的分析)。

3. 重视前期运作，前期把一切问题都解决掉。四个关键步骤都发生在前期，形成一套行之有效的办法，减少建设过程的变更成本和招商成本，表面上看浪费了时间，实际上节约了时间和金钱。为了强调前期运营的重要性，特举一首诗共勉：

手把青秧插稻田，低头方见水中天。

身心清净方为道，退步原来是向前。

有些开发商不重视前期运作，认为耽误时间，不愿在时间上向前期"退步"，却不知道，"退步"就是最大的进步，这是项目操作之"达道"。

4. 借助强势企业降低开发成本和机会损失。例如，每个强势企业都有自己的年度拓展计划，他们会把自己的拓展要求提出来，与万达共同研究，利用各自不同的角色与地方政府谈判，减少开发成本和运营过程中的阻力。因为地方政府对于大型零售商业公司进入城市，优化当地的商业经营环境持积极态度，在很多方面大开绿灯，予以支持，这也是各地购物中心顺利发展的前提。

二、明修栈道，暗渡陈仓——销售小店铺回笼开发建设资金

在资金运作上，大连万达也取得了巨大成功。它选址在城市的核心地段，把底层商业和沿街门市房分割出售，回笼开发建设所需资金。根据道，济南万达购物广场公开销售的第一天成交额达 7,000 多万元。这个项目运营资金自求平衡，等大商家进驻时，投资与收入基本持平，这连万达公司能迅速扩展的重要原因。我把这种运作方式称为"明修栈渡陈仓"。

所谓"明修栈道"就是大连万达和国外商业零售的战略合作，打造核心竞争力和品牌优势，给投资者以美好的赢利预期，为高房

撑。例如,沃尔玛的进驻会产生磁吸效应,表现在:强势营造新一代中心商圈,强烈凝聚人气和商气,急剧提升物业价值;"暗渡陈仓"就是大连万达公司把沿街黄金地段和底层商铺销售给中小投资者,销售收入用于补偿开发建设投资。由于地处黄金旺地,与国际商业巨擘为邻,由其带来的人流本身就是一笔巨大财富。如果营销策划工作再刻意宣传,那么投资者的胃口就会被吊得很高。销售人员向客户展示的预期收益率和回收年限的计算公式是非常具有诱惑性的。就长春万达购物广场来说,如果按2.5万元/平方米的均价计算,分摊到每层的销售价格是6,000多元/平方米,济南的底层商铺销售价格2~5万元/平方米,均价按3.5万元/平方米计算,每层价格接近9,000元/平方米,在像长春、济南、长沙等二线或三线城市来说,建造成本很难超过6,000元/平方米,也就是说若底层商铺成功销售,开发商当年就可以收回全部投资(还不包括二层以上的租金收入)。所以大连万达敢说2~3年就收回投资,实际上还是有点保守和谦虚。

按照上述经济学,开发商用少量的自有资金完成大型商业物业的开发,与大商家合作的物业基本是经营成果。大商家以低廉的价格进入大陆市场。买单的却是国内的中小投资者。如果要知道大商家拿到的物业成本是多么低,算一笔账就清晰了。当购物广场单店和主力店比例为15:85时,大连万达就是在为银行打工。也就是说大商家支付的租金基本相当于银行利息,如果综合造价按5,000元/平方米计算,银行利息按6%计算,每日每平方米的租金为0.82元,加上税费因素,商家支付的租金在1.0元上下。而小商家支付的租金少则每天3元/平方米,多则每天10元/平方米。大型商业物业的租赁情况与高档写字楼相似,由于开发商与国外巨头有战略合作关系或者有求于对方,常常以低价成交,卖给国人的价格却提高了。但无人否定,这就是商业规则,有本事,自己也做大做强啊!

三、击鼓传花——谁敢接"烫手的花"?

据《21世纪经济报道》,2003年12月26日,大连万达集团遭受了来自"衣食父母"——长春万达购物广场商铺购买者的商业广告欺诈诉讼,除了长春万达购物广场外,沈阳万达购物广场、济南万达购物广场和长沙万达购物广场的经营情况都不是太好。是什么导致了这种投资者、经营者、开发商等各参与方都不愿看到的结果呢?

(图片注释:位于长春市最繁华的金街商业中心区,由重庆路、崇智路、西安路、重庆胡同围合,占地面积约2万平方米,总建筑面积约8万平方米。项目引入沃尔玛、红星——美凯龙家居广场、必胜客等主力店进驻经营。来源:万达集团网站)

道理再简单不过,通过商业包装和炒作,商铺价格被抬升到极限,投资者恰好在最高价位买单。就像击鼓传花游戏一样,投资者总要把这烫手花传给下家——商铺的租赁者和经营者,商铺经营者再向下传给消费问题恰恰就出现在最后接力棒无法顺利地传递,消费者不买单。接力反向传递,到最后,投资者会找到开发商,意图让开发商为商铺买部那么,万达购物广场到底哪个环节出了问题?

万达的订单商业模式与国际通行的"SHOPPING MALL"建当接近,其中唯一不同的地方在于:万达模式留出了黄金商铺拿是全部出租。通过在知名店铺周边开发建设小型商铺出售,用以收回部分投资。世界商业地产之父、美国 KAMICO 购物中心创始人库珀先生指出:对于一个商业地产商而言,把物业出售给分散的所有者不是通行的做法,因为这样做的结果是难以控制的,需要开发商投入很大的精力管理,否则就会影响商业物业的投资价值。问题就恰恰出在所有权、经营权、各种商业业态组合不当上。

首先,黄金旺铺的投资者承担了极高的价格。少则 8,000 元/平方米,多则 60,000 元/平方米,都在梦想发大财,设立了很高的期望值。

其次,过高的购买价格导致租赁经营的螺旋式下降。据说,长春万达购物广场内铺价格达到 2.8 万元/平方米,沿街达到 6.68 万元/平方米。投资者之所以接受这种价格是因为有相应的高租金预期,所以他理所当然地按预期租金出租给租赁人,起初租赁者由于期望值比较高也基本接受含有泡沫成分的租金,导致商品定价期望值也比较高,消费者的眼睛是雪亮的,过高的价格导致需求量降低,商家难以收回成本,只好关门走掉。更换业态和经营者的结果不会好到哪儿去,只要投资者的租金预期不降低,换谁都难以支撑。

再次,消费者为什么不愿买单呢?其实人人心里都有一杆秤,开发商依靠出售黄金旺铺把全部投资基本收回,开发商不会从出租给国际大公司的房产占到太大的便宜,双方战略合作的目的就是"双赢"——开发商赚钱走人,大商家以低廉的租金占据城市的黄金旺地,散户投资者则是被吞食的"羔羊"。普通消费者据此会认为,既然商铺的投资者当了"大头",就必须通过租金,经营者通过抬高商品价格让消费者买单,所以消费者自到大连万达购物广场时就有一种抗拒的心理 。

第四,小商铺战不过大商家。底层商铺与沃尔玛的关系可谓"成也萧何,败也萧何"。由于沃尔玛光芒万丈,所以阳光普照,底层商铺与它最接近应该"先得月"。但是,我们从消费者购物行为上看,这种空间和业态组合对小商铺却是十分不利的。一是底层商铺与沃尔玛相比太小,引不起消费者的注意,二是沃尔玛商品种类太齐全,价格低是举世公认的,三是消费者到万达购物广场的目的就是到沃尔玛,消费目的非常明确,所以用在底层商业街的时间和精力非常有限,浏览时心不在焉,匆匆掠过,小商铺靠的就是消费者偶然发现的、激起的需求,所以在里面走动的人不少,真正购买的人太少。我把这种现象称为"灯下黑"(见第三章)。

最后,缺乏有效的商场经营管理是小商铺溃败的一大原因。小商铺各自为战,形不成综合优势和合力,要靠沃尔玛吸引来匆匆过客,不免有拾人牙慧之嫌。如果有一两家经营不善关门或者无人租赁而铁将军把守,对卖场气氛产生破坏性的影响,从而进一步影响经营者的业绩。一旦形成链式反应,就离全部关门歇业不远了。投资者的梦想就如肥皂泡破灭,租金实现价值回归之时就是商铺重新开张之日。业主和经营者接受统一管理之时也是散户投资者看到希望之日。

针对上述问题,好在万达公司进行了深入细致的研究,摸清了规律,及时调整了战略战术。

四、合纵连横——中型特色商家断档

上面分析显示,商业广场和购物中心不能缺少中型店。就像非洲大草原,不能光有羚羊和狮子,中间还要有猎豹和狼,才能构成丰富多彩的草原生态系统。万达对早期商业广场的商店组合所做的调整就证明了这一点

针对商业广场单店冷清,主力店红火的情况,长春、济南的商业广场业主的物业纠纷采取的解决办法是:万达自行补贴面积(约2,000平方的方式引进一家电器超市,3年内以固定租金租下各业主的商铺统一

业态和业种的调整是解决历史遗留问题的最好选择。济南底层合起来后以中庭为核心统一规划分割,形成以"世纪新浪"为中心,店集中布局的手机、电器大卖场。把散铺整合起来打造中型商场

缓解与沃尔玛的不对称现象,结果经营效果明显改善。业态从专卖店变化为商场化经营,在商场内由品牌专卖店担纲,打造特色"航母舰队",扩大市场号召力和吸引力。

业种则从多样化向单一化、特色化方向发展。例如,重点发展手机经营,打造"手机大卖场",自己也相对独立成为"主力店",摆脱过度依赖沃尔玛超市的"借市型"商铺的形象,结果比较理想。在济南的解放路和历山路交界口北侧坐落着家乐福超市,底层除了超市交通要道两旁的商铺生意好外,其他空置率很高,作者在春节期间考察时,独立店铺竞相撤退。后来该物业的业主把底层全部出租给一家电器连锁店,似有英雄所见略同的味道。总之它揭示了此类购物中心业态、业种和布局模式的共同规律——必须大、中、小店结合,大、小结构不是购物中心理想的组合形态。

自2002年4月28日长春万达商业广场开工以来,至去年底,万达商业地产项目共开工16个,其中11个已对外销售,涉及业主超过2,000人。万达第一批6个项目(长春、济南、长沙、南昌、青岛、南京)都是"商业广场"的形式,出售物业部分以单店为主;第二批则开始做购物中心(Mall)的形式,由主力店和单店构成。

五、租售变法——战略大调整

我国商业地产开发和运营的传统模式是先销售,后租赁,再招商。通过销售回笼资金重新投入开发。但实践证明这不是商业地产,尤其是大型购物中心开发建设的最佳模式。在反思的基础上,大连万达公司大胆变法。

2003年,万达有8个商业广场开业,但潜隐的问题也次第暴露。购物广场对周边的建筑和交通都有一定要求,但济南购物广场的后面是民宅,少数业主招商困难;虽然万达方面销售合同中没有向业主提出过售后包租、返租的承诺,但长春购物广场的几位业主却宣称开发商有广告欺诈之嫌。于是万达主动寻求商业品牌进行统一经营管理。虽然在已开工近20个项目的商业地产中有一两个项目出现问题并非大问题,但万达仍然认真对待,得出"从 2004 年开始,购物中心原则上只租不卖"的战略选择。

调整表现在两方面:一是加强整体营销,对部分已经售出的商铺大力包装与宣传;二是进行股份制改革与重组,商业公司与战略合作伙伴的关系将转变为股东关系。2004 年万达的调整还表现在放缓了商业地产的扩张速度上。2002、2003 两年万达提出商业地产开工项目"保 5 争 8",即争取新开工 8 个项目,并如期实现。2004 年万达只提出商业项目"保 3 争 5"的开工目标。

如果说 2000 年 5 月 17 日,万达确立商业地产和住宅地产"两条腿走路"的方向是重大战略的调整,那么 2003 年年底万达商业地产则是在进行一种战术的调整:只租不售,并且伴以业态的重新组合。在主力店和单店的构成比例方面,原来购物中心(Mall)的主力店占面积的 85%,单店只占 15%,后来调整为主力店、单店各占 50%。目的很明显,扩大单店的构成比例,在单店中适当发展中型品牌店,增加单店的竞争能力,形成较为平衡的市场竞争结构。

六、资产运营——搭建资金链

大型商业物业开发需要巨额的资金投入。大连万达公司一般选择在城市的核心地段,不但地价高,拆迁费多,难度大,没有雄厚的资金实力想顺利完成物业开发建设难以想象。他们计划称,2010 年前要开工 70 个购物中心。但万达目前开工的购物中心只有 20 个,未来 7 年平均每年至少开工 个。每个购物中心的建筑面积以 10～15 万平方米计算,平均约需总投 4～8 亿元。也就是说,仅购物中心开发万达每年就需投入 30～50 亿 前面已经说过,大连购物广场的资金主要依靠预售回笼资金,自求平衡 面对只租不售,大规模发展的豪言壮语,任何一个理智的人都会问, 哪里来?资金链会不会断裂?

资金自求平衡奠定发展基础。早期实行项目资金自求平衡制度,万达开发建设的第一批购物广场之所以多采用出售商铺的方式,正是出于实现快速资金回收的需要。万达2004年起"停售改租",商铺不卖,资金会更紧张,压力骤然上升,万达因此放慢了商业地产的扩张速度。

变法后,由于不能销售物业,资金压力非常大。在这种情况下万达加快了寻求其他资金渠道的努力。据说,已有4家公司同意做万达的战略股东,它们都是全球各自行业的领袖。同时万达商业地产公司积极重组,进行上市改造,通过公开发行股票募集资金。即使上不了市,商业地产公司也可以增发30%~40%的股份给战略股东,筹集资金。

万达另一方面还要防范资金风险。王健林认为:万达商业地产发展如此之快,没有出现大的问题,"秘诀是实行了资金封闭管理的制度"。按照规定,每个项目公司都不得占用其他公司的资金,跨公司10,000元以上的资金都得由总裁审批。2003年天津项目刚启动时资金极其困难,虽然南宁、沈阳、哈尔滨等项目的账上都趴着上亿元的资金,但天津项目一分钱也没能拆借到。

在第七章我们说过,商业地产大规模发展的出路是上市和产业投资基金,通过股权融资和物业的资本运营是筹集开发建设资金的必然选择。2005年3月,国务院批准了房地产证券化工作试点,如果是优质的房地产物业,通过银行抵押贷款,然后到资本市场融资是一个不错的战略选择。

七、单店的困惑与出路

单店就是我们平常说的"产权商铺"(与产权"式"商铺不同),也就是把大商场划分为小商铺,用商业步行街串联起来,再分割出售给中小投资者,由投资者自营或者出租经营。投资者一般用租金收益供楼。由于借势发展,且处于城市的黄金地段,经营状态应该非常理想,但各地的商业广场实践却证明经营效果与理想差距太大,导致一系列纠纷。

一方面,万达从单店的销售中获得巨大经济利益,另一方面单店的投资者却得不到期望的利益。不但投资者困惑,甚至愤怒,就连万达也困惑,为什么单店就不行呢?如果顺利经营,公司将赚取巨额的经济利润。

前面已经分析过,主力店所给予的租金是非常低的,因为他们虽然有求于万达,但万达更有求于他们,他们可是世界上的"稀缺资源",奇货可居,做生意做得很精。如果不能从他们身上捞到更大、更直接的便宜,万达公司便利用这些公司带来的人气和商业氛围(外部经济性),吸引中小型公司和个人加盟。这类投资群体与万达又不在一个档次上,是散兵游勇,易于各个击破。结果万达公司把这部分客户视为利润的主要源泉。在设计上把最黄金的位置让给他们,配以设计宽敞明亮的商业街。

早期开发的购物广场主力店和单店的面积比例为 85:15,按照王健林先生的说法,85%的面积基本为银行打工,说明商家支付的成本很低。15%的单店价值贡献很大。另一个佐证是:万达在执行"只租不售"的开发战略后,调整了主力店和单店的面积比例,变成 5:5 开,扩大了单店的面积。让更多的小商家借上大商家的势,万达从小商家获得更大的利润。

总之,单店支付的成本最高,收益最不稳定,要承受很高的风险。如何在规划设计方面解决这个问题是大家普遍关注的问题。他们以采取如下措施:

1. 单店的规模要尽量大些。目的是解决小商家和大商家的实力不对称问题,这样在大型购物中心内就形成大、中、小商家共存的生态群落结构,比例关系比较合理。没有中等规模的、特色经营的商家,小店的布局就是大问题,因为大商家交通流线两侧的位置有限,稍微偏离交通流线,商铺就难以经营下去。如果存在 2~3 家中型商家,在大商家和中型商家之间就有多条交通流线,由线形布局变成纵横交错的立体布局,小商家生存空间就大大拓宽了。形象地说,就是在小商家的地盘上放置"炸弹",用其威力引爆周边商业发展。

2. 引进特色品牌店。在特色店与大商家之间建立有机联系,经营品种是互补的。该类店具有独立生存的能力,也就是具有主力店的素质。例如济南万达购物广场一层引进了多家手机专卖店,如世纪新浪、中域,以吸引大量人流。

八、战略与战术——不得不付出的代价

有个寓言故事说,芦苇和大树是邻居,都说自己厉害,生存能力强,在说话间一阵大风吹来,把大树吹倒了,树枝被吹断,芦苇很高兴,大树也很懊恼。如果我们把万达比做商业地产上的大树,把在各地零星开发的地产商称为芦苇,那么,结果是什么呢?

第一,万达必须为自己的强大付出代价,在同样强度的风面前,万达必须具有抗击风浪的能力,而小公司则可以采取随风摆动的方式存活。否则万达永远也成不了万达,发展不起来,无法顶天立地。例如,有报道称产权商铺开发让大连万达付出昂贵学费。说的是地处沈阳市太原街的大型商业项目——沈阳万达商业广场在今年年初先后经历两次开业后,仍无法聚拢人气。感受到风险的中小投资者一度不断上访,并把开发商大连万达集团(以下简称大连万达)告上法庭。大连万达耗资约1.8亿元将300多户商铺全部整体返租,重新对整个商区实行统一规划管理。上面提及,济南购物广场采取万达自贴2,000平方米的物业,三年内按固定回报返租投资者的物业,把经营风险都揽到自己身上。

如果大连万达是墙上芦苇,就不必花费如此代价。我已经把房屋建好,交付给你,经营好坏与我有什么关系呢?投资者上告也不会有好的结果。例如各地官司打下来,投资者败下阵来。但万达不同,它有明确的发展战略目标——打造中国第一商业地产航母舰队,有着庞大的发展计划。旗下有10多项大型商业物业,几乎同时出现同样的问题。如果不像大树那样顶着风浪,冒着遭受重大损失的风险,那么,大连万达的商业地产梦就永远地到

头了。如果置沈阳万达购物广场的投资者利益于不顾,它就推倒了第一张牌,多米诺骨牌效应就发酵,跟随后面的所有牌都会随之倒下,从而输掉整个"游戏"。

公司公开说:"如果万达不是品牌企业,不是一个把购物中心作为长期发展目标的企业,只是打一枪换一个地方,那我们就不用对业主负责。当时有四五个业主起诉万达的案子,都以业主败诉告终,因为合同约定很清楚。但是我们以购物中心作为长期发展方向,作为品牌企业,就一定要解决业主的问题。去年和今年上半年,我们决定,卖出去的这10个项目,除了南京、青岛等项目,因为地理位置特别好,经营稳定之外,绝大部分出售商铺全都拿回来,保证业主若干年8%的回报率,个别地区9%。"

付出的代价是企业的"战略成本",也是战略投入。如果说只有投资没有产出,傻子也不会干。有人说,大连万达贴进的钱太多了,谁让它志向远大呢?战略目标如此明确,有时战略目标在企业自身可能是好的,但在客户那里反而成了自己的"死穴",就像神话中所说的阿喀琉斯之踵,是企业的致命伤。如果不认真应对客户的要求,客户就猛点"死穴",不怕你不害怕,不怕你不反应,你总要付出点代价。沈阳的也好,长春、济南的也罢,客户就看中了万达不愿意折腾,拿自己的命运开玩笑,所以就通过诉讼施加压力,结果他们部分达到了自己的目标,万达则慎重对待,认真研究,为他们着想,让出了不少利润。

第二,企业做大了,不得不诚信,不得漠视客户利益。大连万达与其说是自愿,倒不如说是维护自己的根本利益。在处理单店引起的诉讼纷争中,万达树立了负责任公司的形象,树立了为客户利益着想的企业道德文化,社会各界认可万达这个品牌。从这些事上,也让万达深深体会到"订单"模式也不是完美的,有其弊端。例如在营销推广过程中不能夸大战略合作伙伴的作用,不能有任何不实之词。有的广告或者销售人员说,买了商铺仅靠租金就能还清银行贷款,当房屋空置时,哪里有租金呢?没有租金,靠什么还贷款？客户不说你欺骗说什么？但另一方面，我国的投资客户不成熟也是问题，听风就是雨，人家买我也买。什么时候消费者、投资者成熟了，我国的房地产市场就彻底成熟了。

后来万达公司干脆放弃了单店销售模式，改成全出租方式。因为万达发现单店的随意性大，换手率高，如处在南京新街口的购物广场，一年内换手率超过40%，把好端端的商业氛围给搅乱了。为此倒不如不卖，租给客户，自己保留选择商户的权利，掌握着商场分割出租的权利，以不变应万变。

九、订单模式——克隆为哪般？

订单商业地产模式系万达创造，应用娴熟。如果他们仅仅限于兴建购物中心上，就低估了他们的智慧。实际上，该公司不断地在商业地产领域克隆订单模式，把它演绎到出神入化的境地。何以见得？

1. 万达集团通过与法国雅高酒店集团合作把商业地产开发领域拓展到酒店领域。万达集团表示要把经济型连锁饭店列为集团新的支柱产业，使饭店业、商业地产、住宅地产形成三足鼎立。2004年12月，法国雅高酒店集团旗下顶级品牌索菲特赢得了位于北京万达广场内的北京索菲特万达大饭店的管理合同。这间将以"白金五星级"标准建成的酒店位于北京新商务核心区。法国雅高酒店集团拥有多条产品线，4个知名品牌：索菲特（豪华型）是世界一流水准的酒店；诺富特（高级型）为具有国际一流水准的现代化商务酒店；美居酒店（多层中级市场品牌）以及宜必思经济型酒店品牌，突出特点是简朴，服务质量高，经济实惠。

据万达集团介绍，成都索菲特万达大饭店一年来的房价比整个西南地区的五星级饭店高出20%，上海索菲特万达大饭店也已经达成初步意向。这样，万达旗下已控股4家索菲特饭店。万达决定与雅高集团合作建设宜必思经济型连锁饭店，宜必思饭店将由两家公司共同投资。双方达成的意向是：每年投资10家宜必思饭店，每家投资约5,000万元，合作期限将远超过10年。

与雅高集团牵手后,万达发展商业地产的空间被打开,形成另一条产品线。该产品线不过是把商业地产开发向酒店行业延伸,把"酒店服务内容"装进"商业地产的笼子"里,而酒店服务也有了自己的"安乐窝",互有需求,相互得利,绝妙的商业联姻。

2. 与华纳牵手,进军电影放映业。2004年1月17日,在人民大会堂山东厅,万达集团和华纳兄弟国际影院公司正式签署了双方共同合作建设华纳万达国际影院的合作协议。协议规定,华纳将协助万达集团在所有在建及拟建的万达商业广场中建造世界一流水准的多厅影院,并对影院的设计及建设提供全面的技术支持,负责影院落成后的管理与运营。时机成熟时,美国华纳公司同万达集团双方将对影院合资经营。华纳兄弟国际影院公司是时代华纳旗下的全资子公司,在世界范围内拥有70多家多厅影院,650多个荧屏及数百万观众。

上述两个例子中特别值得提出的一点是万达留出了进一步合作的空间,例如相互参股,共同组建公司开发市场。我们可以把它看成是企业发展的增长点,一旦时机成熟,该增长点立即成为企业的主导产业和利润增长点。

万达商业地产模式的华丽变身

时间转到了2011年,我们有机会回顾万达商业地产所经历的两次华丽嬗变,每次的嬗变虽为形势所迫,但也是应运而生、顺势而为的系统策划成果。

第一次嬗变是:从商业综合体到商务综合体的演变,即从购物中心建设为主的阶段向商务综合体转变,形成万达广场品牌。此阶段,万达广场注入的主要元素是百货、酒店和写字楼,功能走向均衡。商业综合体一般由大型建筑单体构成,像济南泉城路万达购物广场,无写字楼、酒店和公寓配套。

而商务综合体则要增加酒店和写字楼,公寓占比低,无商业街配置。建筑规模30万平方米上下。

第二次嬗变是:商务综合体向城市综合体发展。就是说,在商务综合体的基础上更多地注入住宅元素,建设更多的"商务公寓"(其实是住宅)。由于城市综合体模式顺应了时代发展潮流而得以迅速发展,至2010年年底,万达广场遍布全国的主要城市,超过50个,并向三级城市延伸,成就了王健林的超级富豪地位。一般地,城市综合体的建筑面积超过50万平方米,就足以配置各类商业业态,扩大居住人口,形成磅礴的气势。在城市综合体中,住宅和商业街区占比大大提高,使自身看起来真像一座迷你城市。

第一次变身的"形、势、时"

前述分析显示,单店的购物中心模式暴露出种种弊端,由于分割型商铺遇到经营和政策的双重阻力,难以为继,万达放弃了分割出售商铺的模式,那么各项目"资金自求平衡"的开发模式遇到资金"瓶颈",如何解决?商务综合体模式部分地解决了这个问题,即增加写字楼和酒店含量,同时通过股权融资吸引投资基金和个人(如张大中)投资入股。市中心区、CBD内的写字楼、公寓、购物中心的部分独立店铺是可以销售的高档物业,用这些物业的销售回笼资金(投资和开发利润之和),支撑高档酒店和购物中心的建设,足以支撑项目的开发和建设。剩余未销售的物业为万达自己长期持有,形成海量的资产池,时机成熟就可上市变现,亦可打包卖给大型投资基金。

在开发模式转变的同时,万达的"商业"内容也日益丰满,首先它们构建了庞大的合作伙伴团队,一旦有项目要拍板定案,各商家会蜂拥而上,万达也会择优录取,构建商业生态群落,集体出击,让地方政府、百姓和投资人眼花缭乱,乖乖缴械,尽入"万达之瓮"。其次,为了体现项目的时尚性、娱乐性,配合项目快速复制、快速落地、快速开张,万达还自己培育商业内容,如万达国际影院、万千百货。因为与别的商家不同,自己的"孩子"会尾随着万达商业地产进军的步伐,而不太讲条件。换成别的商家,它们会测算赢利,讨价还价,可面对万达广场的迅速拓展,无论是沃尔玛还是家乐福,谁能有这么大的气派和实力两年内开50家店?万千百货就弥补了这一缺陷,当其他商家犹豫不决时,它可被用来"填空"。

第二次变身的"形、势、时"

第二次变身系商务综合体淡化,城市综合体大行其道,这种转变基于如下因素:

第一,在国家要求土地集约和节约利用的大背景下,各城市为提高土地使用效率,大力推进城市用地的"高密度、高容积率、高度整体性",大面积的整体性规划、一体性开发和建设,这是城市综合体产生的大背景。

第二,我国城市化的快速发展,推动了城市发展战略格局的转变。一线、二线甚至三线城市单中心格局被打破,副中心(新区)建设纷纷展开。副中心在城市郊区布点,由于缺乏历史建筑的羁绊,副中心往往能按照理想模式规划和建设,故而HOPSCA规划思想被广泛导入到新区的房地产开发项目中来,副中心型城市综合体开发亦乘势而起。

第三,正是因为上两点,为综合体中掺入"住宅、公寓"打开了方便之门。如果地方政府整体性规划和建设的冲动不是太强烈,市中心土地不是大面积的出让,开发商想建设城市综合体也不可能。当项目用地面积扩大,在规划功能均衡的思想指导下,住宅(公寓)的增加是自然的。所以,细心的读者会发现,城市综合体已经偏离了商业地产的范畴,滑向住宅地产了。大连万达通过商业地产开发侵入住宅开发的地盘,不能再称其为商业地产大王了。与大连万达截然相反的是,深万科却要向商业地产延伸,因为"建设—销售—再建设—再销售"的住宅开发模式存在着长期风险,当住宅需求停滞时,万科的房地产大厦恐将倒塌。为此,必须介入能提供持续不断现金流的商业地产,为此,万科就走了开发、利用和持有配套商业的模式,住宅配套商业立足于长期持有。

第四,2003年以来,住宅价格节节攀升,在政府的房地产市场调控政策重压之下,住宅价格非但没下降,反而涨得更欢,开发商们竞相介入住宅开发。而专注于商业地产开发的万达集团,则巧妙地通过"城市综合体开发模式"介入了住宅开发市场,以"高档公寓"、"商务公寓"、"豪宅"之名攻城拔寨。

第五,地方政府旧城改造和新区建设的强烈需求让万达如鱼得水,得以很低的门槛进入城市核心地段的房地产开发。例如,济南经四路万达广场,系万达 A 级城市综合体,吃、住、玩、乐、会融合一体,是济南的地标性建筑。在1993年时,本人就看到过航天部设计院所做的片区发展规划图,该规划即使以现在的标准看,也不是很差。这样的位置,开发动议是如此之早、迟迟无人接盘的主要原因是居民、单位密集,拆迁难度大,非得物业价格上涨到一定程度、政府充分让利后,才有开发的可能。万达介入后,自然要根据自己对地块价值的认识和开发理念重做规划,不出意外的话,地方政府会照单全收。事实上,万达商业地产模式非常成功,在与地方政府的谈判中,自然会有很大的收获,这是其他开发商难以企及的。

第六,在城市综合体中,住宅占比的大幅度增加彻底解决了项目资金自求平衡问题,也为解决拆迁难的问题打开了方便之门。一者,开发商可以采取就地安置和货币安置任选的方式加快拆迁步伐;二者,住宅可提前销售,回笼资金,投入商业物业的开发建设中,实现资金的内部平衡,不需要大规模对外融资了。这对于商业地产开发商,无疑是个天大的好消息。

第八章
商业地产策划与运营案例分析

案例二 定位与市场错位

——北京巨库运营案例解剖

记得著名评论员阮次山先生有句话好像说：一个人被骗了一次，会被人认为天真；被骗第二次，会被认为幼稚；如果被骗第三次，就会被认为是傻子。同样地，我们搞商业地产开发，如果已经有人跳进旋涡，你还要再跳进去，如飞蛾扑火一般，不是傻子又是什么？还有一种说法，失败是成功之母，一等聪明的人从自己的失败中学习，绝顶聪明的人从别人的失败中汲取营养。在全国商业地产营销策划和运营大潮中，有成功者也有失败者。其中，北京巨库项目被公认为失败的，被认为是影响2004年的十大管理危机，分析评论文章报道也不少。我们认为本案例非常符合本书的主题，所以就汇集各家评论，加上自己分析和评价，揭示商业地产开发和运营的智慧，为读者系统理解本书的内容提供实例。

一、巨库——英雄要问明出处

一句话，巨库是位于北京安定门的批发市场，北京首创资产管理有限公司在批发市场的基础上重新命名营销，销售业绩良好，而商业经营状况截至目前非常不好，呈现冰火两重天的矛盾景观。

具体情况是：

1. 位置与商圈。根据项目介绍材料，"巨库"地处安定门商圈中心，云集众多的商场、专卖店、快餐店，商业氛围浓厚；紧邻地铁安定门站，北京市正在建设中的地铁5号线距离"巨库"只一站的距离，13号轻轨柳芳站距离"巨库"公交车两站地，另有13条公交线路贯穿于此，是北京北部的重要交

343

公寓底商，人气低落（裴柯 2005 年 7 月 2 号摄）

通枢纽；是蒋宅口杰宝公寓底商，周围有诸多居民区，人气旺盛。可谓是天时地利人和，样样俱全。

2. 发展演变。巨库前身即北京嘉信长城小商品批发市场，由于经营不善和业主、租户之间的租赁纠纷，开业未满一年就倒闭关门。该项目后由北京首创资产管理有限公司接手进行市场开发和营销工作。然后按照产权式商场的模式对中小投资者销售，用了不到半年的时间就销售一空。开业后不到 4 个月就出现了重重危机——租户退租，要求降低租金，投资者寻求低价转让，好像万达购物广场单店模式的重演。

3. 性质与规模。系杰宝公寓底商功能为 4 层商场，总建筑面积达 3 万平方米，商铺建筑面积 23,000 平方米，装修投资 2,000 多万元。拥有地上 200、地下 150 个车位。卖场的每一层都被划分成小商铺，出售小产权，每家小商铺的面积都在七八平方米到二三十平方米之间，这样的商铺总数共有近千家之多。分割后的小商铺，单价不低总价不高。

4. 开发管理团队。它由北京首创资产管理有限公司（下称首创公司）投资，捷成行房地产经纪公司负责策划和销售摊位产权，由北京中实杰肯道夫物业管理有限公司负责经营管理。值得注意的是位于亚运村北部，安立路和大屯路交叉口附近的"第五大道"商业街项目也是该公司接手后运作起来的"高档时尚的休闲精品购物广场"，但随后的经营状况也没见起色。

5. 商场定位。巨库是中国第一家体验式主题卖场，分为"食库"、"装库"、"秀库"和"玩库"四大主题区，是青年人的大卖场，推广主题词是："秀库＋装库＋食库＋玩库，让你的消费体验酷到顶点！"

巨库是一种观念，是一种生活方式，是全新的商业经营模式，说在不久的将来这里就会成为时尚青年休闲娱乐的中心。

英雄的出处显示了很多矛盾之处，为后来物业的出租经营埋下了巨大的隐患。

巨库内部，人去楼空（裴柯2005年7月3号摄）

二、市场定位与错位——成功 VS失败

巨库存在两个关联定位，物业销售定位和物业经营市场定位。所谓物业销售定位就是把商铺卖给谁——卖给中小投资者，商业经营者和投机客。为达到此目的，营销策划公司与开发商为此吹了一个大大的泡泡——青年人的大卖场，因为这个年龄段的人收入比较高，消费能力强，给人以丰富的

想象空间。客观地说这种定位和包装是非常成功的,根据其定位或者说其战略,在概念设计、猫头 LOGO、产品的细分策略以及商场内的装修设计等方面有相当多的创意,在比较短的时间内就销售完毕。如果该项目性质是住宅,不是商场,价值链就此打住,应该说结局非常圆满。但它却偏偏是商场,而且是产权式商场。

物业经营市场定位出了大问题。因为该区域大部分是老房子,居住人口年龄偏大,也就是说根本不是营销定位所说的人群结构。再者,根据营销宣传,这里根本算不上什么商圈,零散的几家商场,在北京市没有太大的影响力,也不足以吸引北京时尚年轻人到这里吃喝玩乐。没有消费人群,即使有也不足以贡献商家期望的价值或者根本达不到营业的门槛值,商家只有退铺以示否定。

时尚定位与产权式商铺的经营品种之间错位严重。市场吸引的是无差别的消费人群,而巨库不论在目标客户的定位还是以此为基础的形象定位,都是要吸引35岁以下新青年,消费客群相对单一,这是一个矛盾。只要略懂一些商业知识的人都知道,百货商场卖的是时尚、便利店卖的是时间,而超市和市场卖的就是便宜。价格便宜就需要更高的营业额,需要更多消费人群支撑,既然巨库的定位在市场,但是价格又没有吸引力,就失去了消费基础。事实还说明,商铺销售的产品和服务的档次远远达不到时尚要求,都是些大路货,青年人去一次就不去了。为什么经营大路货?还是经营者对市场的把握准,他们认为这个地方只能是这样,可能是受嘉信长城小商品批发市场的启迪吧。

因此我们看到,营销的成功恰恰为经营埋下了失败的祸根。因此我们说是成功也是失败。但过去不能重复,首创资产管理公司只能重新定位,继续前行。

根据本书的价值链分析理论,我们认为商业地产经营不能漠视消费者的价值。如果没有消费者喝彩,不来埋单,价值链上其他人的价值只是竹篮打水一场空。所以说，商圈是商业地产运营的衣食父母，我们对商圈的研究、调查必须建立在实实在在的分析基础上，不能犯想当然的错误。

三、价值链设计——自信与现实

商业地产的价值链是一个完整的整体，任何一个环节出了问题，就有可能导致整体断裂。巨库的运作在价值链方面是有欠缺的。

1. 过于自信，推出物业2年返租。返租就是投资人购买商铺后由出卖人按固定租金将物业租下，然后再按照商业布局和业态、业种组合需要统一租给经营者。虽然建设部颁发的《房地产销售管理办法》明确规定：2001年6月1日后，不得以返本销售和售后包租的方式出售未竣工的房屋，返租受到严格禁止，但在全国各地仍有不少卖场采取返租方式销售房屋。返租对销售起到推波助澜的作用，因为在计算房价时将两年的租金一次性扣除，投资者认为占到很大的便宜。出卖者认为将来的租金肯定不会低，经营一定很火爆，结果却犯了过于自信的问题。

2. 前期包租风险大。根据第三章和第七章的物业价值运行轨迹看，商业物业在前两年是一个不断寻找市场价值，通过反复招商、实践、再招商的价值定位过程，客户和业态变化比较快、空置率较高、交易成本很高（装修、入场费用）的阶段，物业的收益率比较低，而进场经营者的期望值却非常高（租金推动型），矛盾很大。如果物业在城市商业中心区，还能比较快地适应市场，如果在非中心区，调整时间将相当长。从全国各地类似卖场的营业轨迹看，在开业的头几年物业经营很难美满，一定有磕磕绊绊，经过几年的调整和优化，才能逐渐找到自己在市场中的位置。而开发商一般选择在前两年包租，我们认为无异于自杀。目前各地的产权式商铺、产权式酒店的收益率都不尽如人意，我们认为这是正常现象，应该从30年、60年的长周期考虑物业的综合回报率问题。开发商应采取科学的测算方法告诉投资人长期收益率肯定高于同期银行存款利率。

3. 风物长宜放眼量，市场需要养，不能杀。首创公司建立在盲目自信基础上承诺的租金太高，向经营者索取的租金太高，据说有的商铺每平方米租金高达400～500元/月，照此测算，购买商铺非常有利可图，6年时间即可回本。特别地，向进场加盟经营的商户索要的租金太高，以为商户肯定能大赚特赚。实际情况时，消费者不是青年人，而是中老年人，挣不到那么多钱。换句话说，还没有精心养鱼呢，刚撒上鱼苗，就想捞上来吃。自己不但吃不饱，鱼苗们也喊冤枉。

4. 重视营销价值，忽视经营者价值，呈现严重的价值失衡。就是说价值链偏向于开发商或者资产运营商，经营者和消费者的价值被忽视。所有的营销策划和推广活动都是为了销售物业，而且价格不菲。为了销售物业，甚至还虚构消费市场，极力宣扬该市场的威力。在北京，青年人市场是客观存在的，三里屯酒吧一条街、西单明珠商场和王府井东方新天地等是青年人喜欢去的场所，但不是安定门这个地方，也不是喊两下就管用的。潘石屹先生说商场是长期形成的，是长期积淀、检验的结果。再好的东西也要经消费者的检验。

5. 合作伙伴价值与开发商价值、经营者价值的背离。销售代理商的利益在哪里？在销售提成，没有销售就没有提成，没有业绩。因此，所采取的策略、方式、方法都是为了一个"卖"字，卖完了我拿钱走人，后续问题交给开发商和物业管理公司处理。两者可以同甘，但不能共苦，如果说不采取卖的方式，代理商能和你打拼在一起么？不能把住宅的销售模式套用在商场上，应该是参与各方共同的心灵感悟！

四、产权式商铺——物业销售的商业模式论短长

举一个简单的问题：如果不是缺少资金，商铺不好卖，谁愿意冒法律风险去费力地折腾产权式商铺？把事情搞得那么复杂？根据巨库的市场反馈信息，我们把产权式商铺的优缺点列举如下：

1. 面积大划小，降低购房门槛，扩大市场购买力。例如，50平方米时，只有5个人能买得起，20平方米时有20个能买得起，当降到8平方米时，有60个能买得起。市场大了，水才能深，也好搅浑了水再摸鱼。如果只有5个人，水浅，清澈见底，任凭你怎么搅，水也不会浑。从巨库的推广广告词、语言和表达方式上，就有这方面的嫌疑，采取鲜明的广告色彩、动人的话语，谁看了都会动心！

客观地讲，小商铺符合国情。百姓都有一定的积累，但都不多，公司不足以持有大商场出租收益，个体户也没有实力整层购买，只能买一部分，自己经营或者出租经营都行，比把钱放在银行要好得多。所以说，产权式商铺在我国还是有一定市场。如果我们回想起1994年的"1平方米建筑产权"（本书作者就是始作俑者之一，被建设部叫停）在市场上的火爆局面，就更加清晰地认识到产权式商铺兴起是居民收入提高后的必然反应。

2. 产权式商铺的小商铺结构为商业经营埋下了隐患。我们反复说商业经营环境是一个生态系统，大鱼、小鱼和虾米一个都不能少。如果都是些虾米，根本不能抵抗风浪，也不能招蜂引蝶，时不时还要宰客，日久就会平淡如水，甭提要掀起风浪了。如果有大鱼更好，掀起风浪完全没问题，但大鱼狡猾，很难捕捉得到，即使抓住了自己也会伤筋动骨。所以对开发商来说，最好的商业模式就是采众家之所长，既有大商家坐镇，也有小商户捧场，自己则左右逢源。有些商业业态似乎自己没有大小之分，实际上，我们要到环境中去找，邻居是大鱼或小鱼都是可以的。显然，巨库并没有这样的环境，那就需要自己创造。自己创造不了，就没有进入赢利模式的轨道。

这里好像说产权式商铺倾向于小商家，其实并不是产权式商铺的本意。之所以叫产权式商铺，首创公司要回租，目的就是把卖出去的部分小商铺集合起来统一租给大商家，让他们当大鱼，带领其他的小商家共同发财致富。可惜的是，巨库在前期的成效不太明显。

从全国各地反馈的信息显示，产权式商铺不是最佳的商业模式，它仍沿

袭了住宅开发的商务模式,没有从市场、商圈的根子上解决问题,投资者的利益根本得不到保证。

3. 凡是购物中心采取销售模式的,全国成功的例子很少。譬如,东莞的某购物中心,销售得好,价格高,但是现在刚刚开业,已经出现经营问题,经营难以为继。无锡站前城投广场,钻石地段,商铺卖得相当火,至今开业不到两年,整体关门。北京的第五大道,开业时风风火火,现在经营效果也不好。大致的统计结果是:凡是卖商铺来做商业地产项目,九成以上运作不好,极个别靠天时地利人和获得了成功。

五、重新定位——回归物业的真实价值

首创公司负责人在总结经验时认为,最大的问题出在没有尊重市场规律,没有使用专业的商业管理团队。前者是指首创承诺包租包管理,即购买了"巨库"商铺产权的商户可以将店铺转租给首创的市场部,由市场部负责租赁,并且承诺在前两年内提供不低于8%的市场回报;定价过高偏离了市场价值,导致投资者对回报的预期太高;另外营业之后缺乏持续的推广和培育。而上述问题的关键是缺乏商业管理团队的介入,自己大包大揽。"首创绝对不会再花大钱去做新理念的'先驱',而是会直接去做一些成熟的项目"。真乃斯言,创新是有风险的,第一个吃螃蟹的人有勇气,但有时要付出代价,如果不是首创公司,还会有其他人倒霉。其实,这句话也是对市场推广策略的否定。

根据首创公司的研究,他们计划采取三个措施扭转不利局面,其核心就是重新定位,低下高昂的头,从天国下凡。具体措施有:

第一,重新定位市场。即由青春时尚卖场改为中档品牌市场,统一商品品质。

第二,让小商户来去自由,难以为继的只需付两个月的租金即可离开。选择留下来的,基本不收租金。

第三,重新调整商场布局。也就是调整建筑平面分割方法,重组物业价值。

我们认为上述三项措施与我们的分析结论一致,是正确的选择。我们对比一下大连万达在遇到类似问题的处理方式就会发现,重新定位与调整商场布局是紧密联系的,其中最关键的是引进大商家,培养市场,创造市场。

请记住:一个商业物业的价值必须经过长时间的调整才能最终找到自己的位置,确定下来。如果一夜之间能火起来,全世界的人都做商业地产了!

六、商业资产运营——良好的投资心态

我们说良好的投资心态不仅针对开发商、运营商,还针对投资者。很多时候,由于投资心态不正导致投资损失。例如,对投资回报率要求过高,恨不得一夜暴富。天上没有掉下来的馅饼,不经历风雨怎能见彩虹。树立良好的心态必须做到以下几点:

1. 尊重事物发展的客观规律,不能拔苗助长,梦想一夜之间由丑小鸭变成金凤凰。例如,巨库是在小商品批发市场的基础上通过再包装推向市场的,由小商品批发市场一步登天到"青年人喜爱的时尚卖场",跨度太大,如果说"时尚卖场"的市场基数还比较大,"青年人的时尚卖场"的市场基数就大幅度缩水,跨度太大,市场在短时间内是形不成的。我们试想,北京的王府井和西单、三里屯、秀水批发市场,绝不是2年、3年就形成的,而是在漫长的历史长河中砥砺磨练的结果,有基础消费群。我们再观察"第五大道"和"白云生活广场"的推广活动,都试图以"时尚购物"为诉求,有超越历史发展阶段的嫌疑。这种超越对销售有利,对持有有害,因为它建立在"小众客层"的基础上,该客层的消费地点很不稳定。

2. 推己及人时要慎重。开发商、策划人员、投资者切忌以自己的喜好推及某一片区的市场人群——因为你年轻,就认为别人年轻;因为你有能

力喜欢到时尚店购物,就认为别人也有能力。所以市场调查要深入细致,用客观事实说话。有时候,你的判断是对的,但时机不对,也不能认为自己是正确的。例如,预测10年后商场应该是时尚购物的天堂,但现在不是,开业5年内不是,而从开发到销售4年的时间足以解决所有问题,你的生死成败由4年决定,而不是10年。因此,我们推己及人时一定要建立正确的时空观,这是商业地产运营尤其要注意的问题。

3. 资产运营要遵循成熟原则。如果我们研究一下国外巨头进入我国商业物业市场的案例,就会发现他们优先选择成熟商圈和成熟商圈内的物业,虽然与他们资金雄厚有关,但也反映了他们选择物业的智慧。与大连万达合作的商家选择地点都是在成熟的市中心区域。现在国内不少商业地产项目的价值不是物业本身具有的,而是被"炒作"出来的,而越是不成熟的项目,越要炒作,因为周边没有可比较物业,任凭策划人员、开发商的"意象创作",只选择对自己有利的材料(如,计算收益率时根本不考虑税收因素),有时甚至对投资人实施心理控制。我们认为这是商业地产运营的大忌,不可能有可持续的发展。着眼于长期运营、可持续发展的公司应摒弃这种做法。

第八章 商业地产策划与运营案例分析

案例三　SOHO商业地产模式的成功密码

一、一场关于SOHO商业地产模式成与败的隔空对话

"SOHO中国的商业模式是非常独特的,在过去十几年的发展中也被证明是非常成功的。"2009年9月8日,潘石屹在其博客中开宗明义地说,"SOHO中国的商业模式是,开发商业(包括写字楼)地产,统一规划、建设、统一市场销售,统一出租和管理。"论及SOHO中国的商业模式成功之原因,他说:"它的成功就在于能达到物尽其用,物有所值。有一个媒体计算过,SOHO做过的12个项目中,有6个在SOHO接手以前是空置、烂尾项目,他们对SOHO模式的总结就是,'化烂尾为利润'。这体现了SOHO中国对城市和社会的贡献。同样,在过去十年时间里,SOHO中国的7,000多位客户都分享到了这种成功的商业模式带来的物业升值和回报。他们获得的出租回报比同时期购买的物业高出许多,这也形成了老客户不断重复购买SOHO中国产品的案例。一种商业模式成功与否重要的是看它能不能经受住市场波动的考验——SOHO中国商业模式经受了全球金融危机的冲击与考验,在同地区写字楼出租率大幅度下滑的情形下,SOHO中国开发的写字楼出租率一直保持在95%以上。同时SOHO中国在过去十几年的成长过程中,销售额的持续高速增长也是这种商业模式成功最好的证明。"潘石屹说,SOHO系列物业连续保持95%以上的出租率,2006年,SOHO中国的销售额才40亿元冒头,2008年突破70亿元,2009年突破100亿元,到了2010年年底,全年销售额达到183亿元,不正是成功的证据吗?另有数据显示,2009年年初,仅CBD内的4个SOHO项目,入住人员达到11.3万人,企业达到3,000家,每个企业平均从业人员40人,系典型的中小企业。这不能不说项目定位的准确、社会效益的彰明!

表 8-1　SOHO 中国 4 个项目的入住企业和人员

项目名称	入住企业数目	入住人员
SOHO 现代城	1,127	46,040
建外 SOHO	1,572	53,790
SOHO 尚都	139	7,200
朝外 SOHO	136	6,285
合计	2,974	113,315

数据截至 2009 年 2 月。

但是,《楼市》杂志主编、北京地产圈的著名人士蔡鸿岩颇为不屑,认为 SOHO 模式不可取:"对此,笔者不敢苟同,而且据我所知,绝大多数地产业内人士也不认同这样的结论。"针对潘石屹总结的 SOHO 商业模式,蔡先生说:"有两处矛盾,一是开发商业地产,然后是统一销售。这样的做法实践证明最起码是不完全正确的。……将他们所有的 SOHO 都卖出去了,从地产营销角度讲甚至可说是非常成功。但是这种切分产权出售出去的商业物业,特别是商业零售经营的商业物业,由于产权分散不能进行统一商业规划、业态组合和管理,所以导致了大部分购买商铺的小业主后期经营陷入困境……,第二处自相矛盾是'统一出租、统一管理'……写字楼和商业无一保留地全都卖出去了,怎么还能'统一出租'呢?!建外 SOHO 还出现了打人事件,物业公司与业主纠纷不断,统一管理又从何说起? 可以毫不夸张地说,SOHO 商业地产模式是典型的三无产品——无主题,无主力店,无商业管理。"蔡鸿岩还通过调查 SOHO 系列商业物业租金与其周边物业租金,得出结论,虽然出租率高,可租金比周边物业的"矮"一截,是故 SOHO 商业模式并非完美无缺——缺点就是"卖光走人",由物业管理公司应付业主和租户。

蔡先生进一步从商业地产理论层面指斥 SOHO 商业模式的"不是",他的依据是中国房地产业协会商业地产专业委员会关于商业地产的定义:真正意义的商业地产是不出售的、持有型的。商业地产中涵盖有商业、写字楼、酒店等这些靠租金收益,而不是靠出售为获益手段的物业。SOHO商业模式虽然开发的是写字楼和商业,但它采用了少有的全部出售的方式。如果按物业类型区分,当属于商业物业,但是经营手段又是出售,所以从某种意义上说,SOHO是一个难以定义的市场产品。一句话,潘石屹领衔的SOHO中国商业模式,在销售上是成功的,在商业运营管理上是不成功的。

其实,SOHO商业模式内涵丰富,并非出售、持有、运营那么简单,它还牵扯到概念生成的背景、资金运作、利润最大化、企业战略、概念转型等一系列问题。蔡鸿岩以SOHO尚都客户的集体退租抗议和建外SOHO的物业管理纠纷攻击SOHO商业模式,有以偏概全之嫌!例如,SOHO现代城的商业经营相当成功,又做何解释?

让我们运用本书的商业地产策划与运营知识,通过进一步分析论证,探讨SOHO商业模式的成败。

二、一个概念打天下:在继承和否定中获发展

潘石屹领衔的SOHO中国,从一开始就靠一个概念打天下:前期概念是名实相符的,后期则名实脱节,虚化为品牌了。但这个概念就像潘石屹手中的魔球,无论怎么耍,就是不离其手,赢得市场的喝彩。它就是"SOHO"。

1. SOHO之验明正身。原来它不过是"Small office,Home office"的首字母缩写,翻译成中文就是"居家办公",工作与生活不再切割、办公室与居家合而为一。

SOHO起源于美国,系劳资双方共同推动的生活工作模式——雇员在家办公可为企业节省办公空间,减少房屋租金,同时雇员也减轻了通勤成本,在家亦可照顾一家老小,工作生活两不误。企业一般为在家办公的员工提供整套办公设备(如电脑、网络、传真等),让他们有条件完成工作,互联网的发展又为此增添了助力。其实,居家办公并非新东西,人类社会"办公"首

先从家庭兴起,随着劳动分工的深化而独立出来,办公人群离开家庭,独立工作。可家庭生活与办公的分离又产生很多问题,如果条件合适,两者又有合并的动力。这个条件就是互联网和通讯技术,它们为居家办公注入了新鲜的内容,赋予新含义,才被冠以"SOHO"的美名!

于是,SOHO族应运而生,律师、摄影家、家教班导师、网页设计、平面设计、企划文案撰写人、编辑校对、翻译、家庭烘焙、传销业、保险业、配音员等等。这些人在家中接受各种各样的工作指令,按照指令完成工作。

于是,SOHO建筑应运而生,它不但要考虑居家生活需要,还要为办公规划功能空间和敷设网络、通信系统……

潘石屹敏锐地把握住了SOHO族扩张的形势,为他们规划、设计了崭新的"家"。

2.SOHO现代城——灵活性的居家办公空间,这是第一代的SOHO商业物业,其特点是住宅按写字楼卖。SOHO作为一种生活和工作方式,被引入中国后,必然被"结合中国自己的特点创造具有中国特色的实践"。潘石屹和张欣联合撰文说:"计划经济向市场经济过渡,公司的形态将由极少数的特大型公司和为数众多的中小型公司组成。公司管理的重心也将转移到迅速地反映市场变化和同行竞争上来,房地产发展商要及时地适应这种变化……在中国还没有出现真正的SOHO。我们决定在现代城建设'SOHO现代城'。"现代城在破译居住密码上很下了工夫,例如,设计了空中四合院、公共交往空间,尤其把当时还在朦胧状态的互联网、综合布线等技术导入住家,提高接入点密度,赢得时代新人的芳心。

SOHO现代城成功的秘密是:以住宅立项,通过居家办公概念向写字楼概念靠拢,住宅功能摇身一变,成了办公功能——从而"住宅卖出写字楼价"。在当时北京市并无相关政策规定不准"住改商"的情况下,SOHO得以大行其道。潘石屹说:"其实SOHO的核心价值就是让居住在里面的人更加有效率,更加方便,在里面办公和居住的成本低,这是核心价值。"结果,

SOHO现代城成了商住混用的大社区了——说不定你的邻居就是个公司，人员进进出出，反而不再适合居住了。在SOHO现代城，有家的外壳——灵活性的空间布局，里面装的却是大量的中小型企业，相当于灵活分割的写字楼了。由于SOHO的售价在住宅中最高，可在写字楼中价格又偏下，对众多的中小投资人来说有相当大的吸引力。一时间，全国各地的房地产开发商竞相学习，全国各大城市的SOHO如雨后春笋般地冒出来……

3. SOHO概念的拓展，走向复合商业地产。2004年，潘石屹获得了建国门外大街原北京第一机床厂用地，用以开发"建外SOHO"，是其第二个在北京CBD开发的项目，规划为写字楼及配套商业。他成功地把SOHO概念植入写字楼开发和营销中，把大空间化成小空间，实现了写字楼的"居家办公化"。他总结说："建外SOHO把SOHO理念扩展到了一个小区，它强调不同种类物业在功能上融合互补和相互平衡。市场接受能力和市场认可程度远远地出乎我们的意料，新的项目我们还将继续完善SOHO的指导思想和产品。因为SOHO是这个时代的一个新产品，它可以解决城市的交通问题，也可以解决城市的污染问题，可以使这个城市很有活力，有效率。随着时代变化，SOHO的内涵也会不断延伸和发展……"该项目的成功除了最主要的要素——位置之外，还在于导入商业街，将地下和地上空间融会一体，成了北京时尚生活的舞台。日本著名建筑师山本理显高超的设计理念更为它增光添彩。

4. SOHO的符号化与商业地产化。建外SOHO之后，盘踞在北京CBD的"SOHO中国"面临着缺粮断顿的问题，"粮票"不够了，为此他们走向了项目收购之路——SOHO尚都、光华SOHO、朝外SOHO等项目相继被收入囊中，这些项目及后来的系列项目早已不是什么"居家办公"的概念了，而成了"写字楼+底商"的代名词，更接近于"商务综合体"概念，大连万达的系列项目更倾向于"商业综合体"，侧重点不同，可同样获得了成功。

SOHO的符号化到SOHO中国在香港上市形成高潮，该公司于2007

年10月上市,上市后1个月,潘石屹就收购了任志强领衔的华远地产名下的开发项目:北京公馆和光华SOHO2。本人曾经是光华SOHO项目前期的参与者,对光华SOHO2的前身"世纪民源大厦"也印象甚深,这个楼愣是在CBD耸立了十多年,露出的钢筋锈迹斑斑,软弱无力。这些项目因为在程序上或者法律手续上、开发资金链等方面存在难以持续的瑕疵而成为烂尾项目,但解决起来难度非常大,政府主导下的重组消除项目手续瑕疵也不容易,非得土地增值到一定程度,"水"涨起来能掩盖掉一座座暗礁,然后再由市场高手发挥瞒天过海之计,才有希望。任志强的华远集团消除了"世纪民源大厦"的法律和债务瑕疵,潘石屹从任志强手中买过"粮票"来,继续表演他的魔法。他的理论根据是亚当·斯密的社会分工论——自己干自己最擅长干的事。有记者说他是烂尾楼终结者,这是他的特长。从后来事态的发展看,中国快速发展的时代成就了他,不管是烂尾楼还是烂尾项目,被他成功复活。

从SOHO现代城到SOHO中国,再到一系列的SOHO项目,SOHO不但是公司的品牌,还成了"产品线",一律披挂着SOHO的标签,从而造就了"SOHO商业模式"。这恰似王健林领衔的万达集团在各地开发的房地产项目,一律冠以"万达广场"的招牌,既有品牌的意义,又有商业模式的考量。

5. SOHO的四次转型。第一项转型是跳出北京CBD,去北京中关村、前门大街淘金,然后再到中国的经济中心——上海开辟天地。他们选择项目的标准仍然是城市核心地段,在上海的繁华区寻找项目。

第二项转型是决定成立自己的物业管理团队,原因在于:第一,建外SOHO业主和物业管理公司的尖锐对立,2009年年底,潘石屹在北京开发的第二个项目建外SOHO在一场大雪后,遭遇停水停电,起因是长达数年的业主与物业之间的纠纷,就连在建外SOHO办公的潘石屹本人也未能幸免,深陷"物业门"。他四处奔走,求爷爷、告奶奶方把问题解决,其间的无奈以及对品牌的伤害自然不小。潘石屹反思的结果是,必须由自己组建物业管理公司，纵使物业管理公司赔本，也不会影响公司开发、销售的大局；第二，SOHO尚都商业街业户的集体维权行动，2007年7月底，距SOHO尚都7月1日正式开业还不到一个月，西塔60多家商铺的店主们由于开业率不到50%、人气不足、商铺经营惨淡的原因，曾经发起过一次集体歇业以示抗议，希望开发商能够协助店主市场推广，并希望"与潘石屹对话"。其实，SOHO尚都商业街的位置并无优势，商铺投资人购买价高，自然希望高价出租，高价出租后，导致商品和服务定价高企，再说，刚刚开业一个月，还没有养商，就想摘下大桃子，本来就不合情理。罢工维权更与SOHO中国无关，可是，这牵扯到SOHO中国商业模式能否继续的大问题，潘石屹不得不应对。第三，业界的批评声，像蔡鸿岩一样，对"建成卖光，拍屁股走人"的商业运营管理颇有微词，认为SOHO中国搞的不是商业地产，商业地产应该是商业优先，尊重商业地产规律——商业管理能力、持有、主力店三者缺一不可。为此，在SOHO中国无意组建商业经营公司的情况下，成立自己的物业管理公司，为投资者和商户提供全方位服务，弥补"统一管理、统一出租"的短板，不失为上上策。

　　第三项转型是改变现金为王政策，转向"持有+销售"的共赢模式。SOHO中国开发的项目居于城市的核心地段，稀缺性强，非常适宜"持有"。可潘石屹是心有余而力不足，哪来那么多钱呢？如果他们有持有实力，仅SOHO现代城的增值额，就超过他辛辛苦苦到多少年赚的钱还要多！但2007年10月香港上市后，SOHO中国的融资能力大幅度提高，使其有资格和胆量谈论项目收购和自持物业的话题。例如，前门大街项目，他们打算100%自持，不对外销售，因为该项目全世界只此一家别无分号，更不可替代（替代弹性或者交叉弹性为0），持有并出租是最好的商业模式。在北京银河SOHO、上海的东海广场等项目中，SOHO中国计划逐步增加持有物业比例。

　　第四项转型是潘石屹放权搞起销售代理制和会员制，引入房地产销售代理公司销售房屋，原来的置业顾问转身为代理会员。潘石屹的销售能力毋庸置疑是一流水平，因而其销售团队时常成为"职场猎头"攻击目标。曾经一夜之间，他的营销队伍被"中国第一商城"的老板一窝端，集体跳槽，还在青藏高原度假的他颇为无奈。但是，这种自带营销团队成本并不低，财务报表显示，销售费用大约占销售额的 3%，由于他们开发的物业平均售价高达 60,000 元/平方米，相当于每平方米的销售费用 1,800 元/平方米。如果能拿出 600 元/平方米的销售佣金，代理公司保准能笑得合不拢嘴！

与此同时，SOHO 中国也探索"网上拍卖"的新路子。潘石屹的判断是：房产走向全面网络销售已为时不远了，他希望能在房产销售模式方面走在前面探路。2011 年 4 月 23 日网上卖房的拍卖活动举行了两场，首个推出的是北京朝阳门 SOHO 二期—122 商铺，在网上从零元底价起拍，经过 37 次激烈的角逐，被买家以 720 万元的价格购得；而后，位于北京东二环银河的 SOHO1—152 商铺经过 78 次激烈的争夺，被一名网友以 1,202 万元买下。2011 年 5 月，SOHO 中国与新浪乐居举办了第二次"银河 SOHO 商铺网上拍卖"。

三、SOHO 商业地产模式特征

从商业地产策划与投资运营的角度看，SOHO 商业模式成功除潘石屹总结的"三个统一"外，如下几个方面最重要：

第一，一个概念、一个区域、一个时代、一个市场和一个建筑理念的完美结合。SOHO 概念锁定了当时中国的一群中小企业——他们要降低办公成本，需要便捷的沟通方式，而北京当时的写字楼要么缺乏，要么定位高档。SOHO 现代城则瞄准机会专门为他们度身打造，自然能取得成功。同时，他们对建筑空间的理解也相当超前，建筑空间不但能满足中小公司的办公需求，而且还大大提高了舒适度、形象感和时尚感，成为"中国现代性"的代名词。北京 CBD 需要现代性的 SOHO，SOHO 更需要 CBD。正因为 CBD

的建设,为SOHO插上了腾飞的翅膀,地价、房价与租金齐飞,高楼与蓝天一色。在交叉缠绕般的上涨过程中,开发期间的土地增值就让他们大赚特赚。

第二,潘石屹的营销推广与项目运营能力的是SOHO成功的法宝。冯仑在《野蛮生长》中提到,潘石屹的营销才能在卖海南的第一批别墅时就显现出来。事实证明,潘石屹的营销才能是综合性的,他是一个思想者,建筑、艺术、市场、禅道、酷、博客、微博、网络拍卖、试水电影、《SOHO小报》、《茶满了》、博鳌论坛、任屹隔空对话等无不涉猎,以思想超越引起媒体和社会的广泛关注,同时,他的思想又与项目营销相连,其开发的项目成了报纸、杂志、专业分析的对象,给他免费做广告。

第三,建筑空间的地标性、时尚性、艺术性及领先性是SOHO商业模式的又一张王牌。SOHO系列项目,个个是艺术精品,堪称城市的雕塑和地标,集思想性与艺术性为一体。"长城下的公社"让知名设计建筑师比拼才艺,成为一个建筑艺术丰碑,从而使"建筑艺术化"成为SOHO商业模式的有机组成部分。

第四,"建成卖光"是商业模式成功的关键。有些专家认为SOHO不是商业地产模式,理由是商业地产应该是"持有型"的,不应该是"卖光拍屁股走人"的模式。这些专家是站着说话不腰疼,在开发SOHO现代城时,潘石屹大概预测不到房价会涨到如此之高,即使预测到了,凭他当时的实力和中国的融资环境,他的"持有能力"从何而来?即使到了2011年,业界呼唤了多年的REITS仍未获得市场通行证,集合信托融资规模小,成本高,哪有像美国、新加坡、香港的融资渠道和实力?当时的普遍想法就是房地产模式:卖光走人,赚取开发利润,谁还有工夫搞商业经营呢?在"卖光走人,滚动开发,永不停步"的模式下,SOHO中国呈现出滚雪球般的发展,变相地执行了"运动中持有"的理念,只不过获得的增值利益相对有限罢了。即使在2011年,万达集团、万科地产、SOHO中国也仅仅是"部分持有核心地段的核心物业",仍然要卖掉一部分回笼资金,以保持资金链的完整性。

第五,物业价值最大化的模式设计是企业高利润的源泉。有人指责SOHO模式"化整为零"的销售方式,不像商业地产。其实他们太教条主义了。SOHO快速发展的时期,正是我国中小企业快速发展、部分人先富起来的黄金阶段,来自民间的投资需求非常旺盛。民间投资的最大特征是数量多,实力不强。写字楼的化整为零、商业物业的化整为零都顺应了时代发展大势。根据物业价格规模递减率,售卖的物业面积越大,价格越低,反之则越高。潘石屹化大为小,实际上提升了物业售价,难道不是成功的模式吗?

第六,稳健的、反周期的经营理念。第一,无论在北京还是上海,SOHO中国拒绝诱惑,始终在城市核心地段选址布点。"第一是地段,第二是地段,第三还是地段"是商业地产的金科玉律,动摇不得。第二,拒绝囤地,因为国家明令禁止企业囤地,规定说:"获得土地使用权超过两年不开发的,无偿收回"。其他企业也许囤地5年、8年没一点事,可潘石屹SOHO囤地超过两年,就可能在劫难逃了,盛名之下,容易成为焦点。在别人身上也许勉强行得通,在他身上绝对不行,认识到这一点,是他们的高明。第三,把握经济发展周期,进行反周期操作。例如其收购的上海东海广场,就是海外投行为求自保不得不断臂求生而放弃的物业。

第七,重新发现物业价值,大力介入商业物业的二次开发和升级改造。SOHO尚都购自任志强的华远房地产公司,结果"土豆卖出黄金价",光华SOHO三天卖了14亿元,而在2003年时,本人计算该项目的总销售额不过11个多亿元,他接手后,三天就卖了14个多亿,不是运营高手又是什么?北京前门大街改造项目之所以交给SOHO中国来做,还是看重了他们盘活资产和营销的能力。光华SOHO2是原上市公司"琼民源"在北京建设的写字楼,几经周折,消除历史遗留问题后,还是由潘石屹接了最后一棒。他有盘活商业地产资产的四大法宝:建筑功能的全面提升、化整为零的提价方式、稳定的客户群、飞速发展的城市化。

四、SOHO中国的策划智慧点滴

通过上述分析,我们有必要结合本书主题提纲挈领地谈谈其策划智慧,以抛砖引玉。

第一,创新性概念 SOHO 是一个与网络时代、中国现代化、中小企业爆发时代紧密相连的概念。"洋为中用"后,潘石屹赋予其新的内涵。按照约瑟夫·熊彼特的创新概念,SOHO 概念创新由"产品创新和市场创新"构成。SOHO 被导入中国,属于市场创新,同时,它又被赋予了新的产品内涵,具有产品创新的特征。如果我们认为"SOHO"的市场是客观存在的话,从兵法角度看,"SOHO"就是策划空间的"奇门",经由此门进入并开拓新的市场空间,我们称之为"形、势、时"谋略空间。在该空间中,存在着各种各样的机会,潘石屹及其团队成员通过组织市场要素,培育并把握了这个市场,并根据市场的变化,不断赋予"SOHO"以鲜活内涵。

第二,品牌化的处理手法。SOHO 中国于 2007 年 10 月在港交所上市后,SOHO 已经脱离了"居家办公"的本意,向品牌转化了,2009 年潘石屹提出"SOHO 商业模式"。他们开发的所有项目都冠以"SOHO"的前缀或后缀,表示该项目为 SOHO 中国开发,又表示了一种商业理念,这是该公司的统一品牌。从产品概念逐步向品牌滑移,潜移默化,这是非常值得我们学习的手法。

第三,产品策划、产品设计与市场的完美结合。通过广泛求证、大胆假设和思考,建筑产品越来越艺术化,银河 SOHO 就是其中的佼佼者,光华 SOHO 通过圆形窗的外观设计解决了高度与宽度不成比例的难题。建筑、时尚、美感集于一身的气场,征服了那些想在北京投资的"乡下人",比如内蒙古、山西、陕西、山东、河北的暴发户(煤老板、铁矿老板、私营企业家等)。

第四,守正出奇,坚守商业模式的核心价值,并不断创新完善,臻于化境。"分割出售,价值最大化"是高售价、高利润的源泉,不论外界如何说,潘石屹坚持 SOHO 的核心商业模式不动摇,他们不去搞住宅开发,不到二线城市凑热闹,不论利润多么诱人,地方政府如何邀请,他们就是不出一线城市的框框。这实为"守正"之举。"SOHO"概念发展到 2008 年时,已经由创新的"奇门"转为"正兵"了,成了企业的核心原则和舞台,坚守不辍,然后再寻求创新,该创新实际上是在"SOHO"的大树上发出的新芽。

参 考 文 献

1. 〔美〕阿德里安娜·施米茨、德博拉·L.布雷特著,张红译,《房地产市场分析——案例研究方法》,中信出版社,2003 年
2. 〔美〕丹尼斯·迪帕斯奎尔、威廉·C.惠顿著,龙奋杰等译,《城市经济学与房地产市场》,经济科学出版社、培生教育出版集团,2002 年
3. 〔美〕威廉·邦奇著,石高玉、石高俊译,《理论地理学》,商务印书馆,1991 年
4. 〔美〕迈克尔·波特著,陈小悦译,《竞争优势》,华夏出版社
5. 郑华著,《房地产市场分析方法》,电子工业出版社,2003 年
6. 李定珍著,《中国社区商业概论》,中国市场出版社,2004 年
7. 郑凌著,《高层写字楼建筑策划》,机械工业出版社,2003 年
8. 庄惟敏著,《建筑策划导论》,中国水利水电出版社,2000 年
9. 陈劲松主编,《CBD 写字楼与国际公寓》,机械工业出版社,2003 年
10. 陈建明编著,《商业房地产投融资指南》,机械工业出版社,2003 年
11. 纪宝成等编,《市场营销学教程》,中国人民大学出版社,1989 年
12. 《实战型房地产 EMBA 课程精选——策划与设计(2)》,清华大学出版社,2004 年
13. 冯友兰著,《中国哲学简史》,新世界出版社,2004 年
14. 王学东著《商业房地产投融资与运营管理》,清华大学出版社,2004 年
15. 许学强、周一星、宁越敏编著,《城市地理学》,高等教育出版社,2005 年
16. 陈广著,《家乐福超市攻略》,南方日报出版社,2004 年
17. 段宏斌著,《中国商业地产大趋势》,中国建筑工业出版社,2009 年 11 月
18. 李盈霖著,《MALL 实务》,清华大学出版社,2008 年 6 月